新法学ライブラリ—13

商法総則 商行為法
第4版

田邊光政 著

新世社

編者のことば

　私たちの身のまわりに生じ，かつ，多くの人びとに利害をもたらす社会的，政治的，経済的な現象は，あまりにもたくさんある。そして，これらにかかわる認識の仕方や評価のありようは，人によってずいぶん違う。つまり，私たちにとって，ある意味で共通の利害関係がある事柄がたくさん出てきたばかりではなくて——たぶんたくさん出てきたということと関連して——，それらをめぐる議論の方もまた，大いに枝葉を出して活発に展開している。これが現代の特徴であると言えよう。

　法律学は，この特徴をいやおうなく反映している。法律学が現実に適合的であり，効果的な役割を果たすことができるためには，どうしても大胆に新分野を切り開き，それに合わせた特殊化・細分化をはかってゆかないわけにはゆかない。

　法律学の領域には，たくさんの教科書のたぐいが出まわっているが，私たちがあえて「新法学ライブラリ」の刊行に踏み切ったのは，うえに述べた状況に深いかかわりがある。このライブラリでは，ごく少数の例外を除き，年齢層の若い法律研究者，俗に言うイキのいい研究者がそれぞれの専門分野で現代に肉薄する考察を自由闊達に展開する仕組みになっている。

　えてして，現実に合わせた考察となると，樹を見て森を見ない，制度従属的・技術的な方向へと走ってしまい勝ちである。私たちは，この傾向を排斥する。

　現実を直視するが，現実に追随すべきではない。とくに法律の場合，現実がもたらす紛争を解決することを主要眼目においている以上，原理・原則を踏まえて出発し，最後にもう一度，原理・原則に立ち戻って点検することが大事である。原理・原則と矛盾した解決というのは，一時的な効果や気休めという点を別にすれば，けっして長続きしないからである。

　このライブラリは，原則として，各巻単独の書き手によって執筆される。それぞれの研究者が，包懐する哲学，原理・原則を踏まえて，その者の責任のもと，思う存分考察してもらうよう意図している。新進気鋭の執筆者たちはすべて，この期待に応える十分な力量の持ち主であることを私たちは誇りに思う。

奥平　康弘
小林　秀之
松本　恒雄

第 4 版へのはしがき

　本書の初版が出版されたのは平成 7 年であった。その内容は，当然のことながら，当時の商法及び商法周辺の法律に基づいて論じていた。その後，重要な法律（たとえば民法，会社法など）の改正に合わせて版を重ね，第 3 版は平成 17 年の商法改正・会社法の独立に合わせたものであった。その後も，本書の内容に関係する商法及び周辺の法律の改正が相次いだ。本改訂版の主たる目的は，平成 26 年の商法改正により新たに規定された詐害的営業譲渡その他に関する項目を追加すること，電気事業法改正による電気小売自由化（平成 28 年 4 月実施）など周辺分野の法改正に合わせることであった。

　本改訂版を出すに当たり，本書の内容について不備なところや種々の法律改正があったところの見落としについて新鮮な目でチェックすることを今井克典教授（名古屋大学大学院法学研究科）と広瀬裕樹教授（愛知大学法学部）に分担を決めてお願いした。両教授は，多忙ななか快く引き受けてくださり，短時日の間にそれぞれ分担分野における不備な箇所，法改正による条文の移動・制度の変更，法改正に伴う記述内容の訂正，新判例の追加など緻密なチェック・提言をしてくださった。両教授のお蔭で本書は不備な記述を訂正し，かつアップ・ツウ・デイトなものとすることができた。今井教授および広瀬教授のご助力に心からなる謝意を表する次第である。

　また，日ごろから本書の内容について種々有意義な助言をしてくださった山野加代枝女史（大阪電気通信大学）ならびに編集者魂を示されつつ，改訂の作業を進めてくださった新世社編集部の御園生晴彦氏，谷口雅彦氏及び彦田孝輔氏に厚くお礼を申し述べる。

　　　　平成 28 年 6 月

　　　　　　　　　　　　　　　　　　　　　　　　　　田邊　光政

第3版へのはしがき

　平成17年に商法が改正され，それまで商法第二編を構成していた会社に関する規定が無くなって，新しく会社法が成立した。商法総則中の規定であって会社についても適用された規定は，会社法中に「会社法総則」として規定が設けられ，商法総則は，会社以外の商人についてだけ適用されることとなった。そのため，商号（特に名板貸し），支配人，表見支配人，商業登記その他の制度についての規定が商法総則と会社法総則とに共通して存在することになった。

　改正後の商法総則は，会社には適用されないため，その適用範囲は個人商人などきわめて狭くなった。したがって，商法総則では，会社に関する問題は，会社法の書物に委ね，個人商人等を念頭において説けば足りるが，本書では，商法総則と会社法総則に共通して存在する制度については，会社法総則をも含めて説くことにした。商法総則上のほとんどの諸制度についての判例・学説は会社に関するものとして発展深化したものであるところ，会社を抜きにして論じるとすれば，きわめて軽薄なものとならざるをえないからである。

　講学上も，会社法の科目では，組織法上の諸問題，運営上の諸問題など，会社法固有の膨大な問題があり，総則上の諸問題を詳細に論じる時間的余裕がない。したがって，会社法総則上の諸問題は会社法とは別個に商法総則において同時に講義をするのが合理的と考えられる。このような視点に立つ本書は，実質的には商法総則・会社法総則・商行為法の基本書である。

　本書の出版については，新世社の御園生晴彦氏並びに安原弘樹氏に大変お世話になった。また，校正については山野加代枝氏（関大等非常勤講師）にお世話になった。これらの方々に厚くお礼を申し上げる。

　　　平成18年5月

　　　　　　　　　　　　　　　　　　　　　　　　　　　田邊　光政

第 2 版へのはしがき

　初版を実際にテキストとして使ってみて，足りないと思われた事項を補説するのが，まずこの新版の目的である。それは，二つの事項についてである。

　支配人については，一般にかなり丁寧に説かれるが，商法43条に定められる番頭・手代等については簡単に触れられるにすぎない。本書の初版もそうであった。しかし，現実の企業活動を考えてみると，営業活動の第一線で対外的な取引に関与する場面は，支配人よりも部長，課長などの方がはるかに多いのであり，実際にこれらの者との取引について紛争が生じている。担当部課長との取引に関して商法43条ではなく民法109条を適用した判例があり，わざわざ商法の立法者が商業使用人の制度を設けた趣旨を全く理解していない現状に驚くのであるが，その責任は商法学者にあるといわざるをえない。この問題に関する議論が手薄であるのみならず，明確な指針を学者が示していなかったのである。新版では，この点を意識してやや詳細に説いてみた。

　名板貸についての初版の記述には足りないものがあった。特に，第三者保護の要件について加筆した。この問題の権威者と評価される学者が，民法の類似規定の解釈に合わせて無過失を要求すべきであると説かれているが，商取引の安全保護のために設けている商法の規定の解釈を民法的に解釈しようというのは筋違いもはなはだしいというべきであろう。同様の議論は，商事留置権の効力についてもみられる。債務者が破産した場合には，民事留置権は消滅するが，商事留置権は先取特権とみなされる（破99条1項）。この点は，規定上明らかであるが，債務者の破産により商事留置権の留置的効力は消滅するのかどうかの議論において，同じ留置権であるから，できるだけ同じように扱うべきであるとして，商事留置権も民事留置権と同じく消滅すると解すべきであるとの論調がある。しかし，言葉は同じく留置権であっても，両者は沿革も制度趣旨も別であり，規定の上で明確にされていない問題については，商事留置権の制度趣旨に基づいて解決すべきである。この点に関しては，待望の最高裁判例が登場し，この判例を機に議論が深化されてきたことは歓迎すべきことといえよう。

　今回，版を新たにするについては，新世社の御園生晴彦氏に格別のご尽力をいた

だいた。厚くお礼を申しあげる。

平成 11 年 5 月

田邊　光政

　第 2 版を公にして以来，民法の「能力」に関する制度的改正や金融関連法に関する改正等が行われたため，第 2 刷においてこうした商法周辺の法律の改正に内容を合わせた修正を行った。

　本書の内容との関連でどの法がどのように改正されたかをいちいち点検することは大変な作業であり，筆者一人では看過したにちがいないが，幸いにも，名古屋大学大学院法学研究科の今井克典助教授の全面的な協力が得られ，きわめて緻密な修正作業を行うことができた。記して厚くお礼を申し上げる。

平成 13 年 9 月

初版へのはしがき

　本書は，新法学ライブラリの一冊であり，商法総則・商行為法についての標準的なテキストである。

　商法とは何か，民法典のほかに商法典が存在しているのはなぜか，商法典には，本来何が収められるべきか，といった商法対象論が，かつては商法学上の根本問題であった。商法は，一般私法の法律事実のうち，営利性，集団性，反復性などの商的色彩を帯びる法律事実を対象とする法であるという（田中耕太郎博士）商的色彩論が，商法学を一つの学問領域として形成した画期的な業績である。ところが，この説に対して，商的色彩論は，商法の対象である生活関係の表面に現われた特殊性を捉えているが，その特殊性を発現せしめている生活関係そのものを把握していないと批判し，商法は企業生活の特殊な需要に応ずるために形成された企業法であると主張したのが，その弟子である西原寛一博士であった。そして，現在，商法＝企業法説が支配的である。その意味では，この論争は結着したかにみえる。しかし，商法が企業法だとすれば，なにゆえに，根抵当に関する法が，民法に収められているのか

はしがき　　v

が問題になろう。根抵当とか根保証とかは，継続的な商取引を行う商人間でのみ用いられるはずである。このことは，商的色彩論の立場に立つか企業法説に立つかに関わりなく問題であり，われわれに残された問題である。

　会社法に関してのみは頻繁に改正され，非常な精力が投入されているが，総則や商行為の分野は久しく放置されたままであり，そのため，支配人，番頭，手代といった，明治とともに過去となったはずの用語だけが生き続けている。また，最も営利心の強い「貸金業者」の行為は，商行為ではないものとされている。商法の規定が，時代遅れになっているのである。

　本書は，商法上の制度や条文の解釈論を展開したものにすぎない。ただ，取引界の新しい動向については視野に入れている。金融機関等がいわゆる不良債権の処理のために，匿名組合方式を利用していること，商事留置権（手形と商事留置権）が問題になっていること，などである。

　本書の刊行にあたっては，多くの方々のご助力を得た。久行弁護士，山野加代枝講師からは，学習者がどのような問題点について疑問をもっているかについてアドバイスを受け，島根大学の坂上真美助教授には校正等の助力をお願いした。また，新世社の小関清取締役には，何度も大学の研究室まで来訪いただくなど格別のご尽力をいただいた。これらの方々に厚くお礼を申し上げる。

　　平成7年3月

　　　　　　　　　　　　　　　　　　　　　　　　　　　田邊　光政

目　　次

Ⅰ　総　　論

1　商法の意義　　3

- 1.1　形式的意義の商法 …………………………………… 3
- 1.2　実質的意義の商法 …………………………………… 5
- 1.3　実質的意義の商法と形式的意義の商法との関係 ……… 7
- 1.4　商法の特色 …………………………………………… 7
    1. 総説　7　2. 企業形成の促進と企業の維持　8
    3. 商取引の円滑旺盛化　10

2　商法の地位　　17

- 2.1　商法と民法との関係 ………………………………… 17
- 2.2　商法と経済法 ………………………………………… 19
- 2.3　商法と労働法 ………………………………………… 20

3　商法の形成と発展　　23

- 3.1　ギルドの法としての商法 …………………………… 23
- 3.2　国家法としての商法の出現 ………………………… 26

II 商法総則

1 商事適用法規 ... 33

2 商法の基本概念——商人と商行為 ... 37

2.1 商法の適用対象 ... 37
2.2 商人の意義 ... 38
2.3 商人資格 ... 44
2.4 商人としての資格の終始 ... 50

3 商行為の意義 ... 53

3.1 商行為の定め方 ... 53
3.2 絶対的商行為（商 501 条） ... 54
3.3 営業的商行為（商 502 条） ... 62
3.4 附属的商行為 ... 70
3.5 準商行為 ... 72

4 営 業 ... 75

4.1 営業の意義 ... 75
4.2 営業能力 ... 75
4.3 営業の自由とその制限 ... 81
4.4 商人の営業上の名称（商号） ... 82
4.5 商業帳簿 ... 101
4.6 営業の人的施設 ... 103
4.7 営業の独立的補助者（代理商） ... 117
　　1. 代理商の沿革　117　2. 代理商の意義　118
　　3. 代理商の権利義務　119　4. 代理商と第三者との関係　121
　　5. 代理商関係の終了　121

4.8 営業上の公示（商業登記） …………………………………… 123
1. 商業登記制度 123　2. 商業登記の意義 124
3. 登記手続 125　4. 登記官の審査権 126
5. 登記の公示 127　6. 商業登記の効力 127

4.9 営業所 …………………………………………………………… 140
1. 営業所の意義 140　2. 営業所の種類 142
3. 営業所の法的効果 143

4.10 客観的意義における営業 …………………………………… 143
1. 客観的意義の営業 143　2. 営業の譲渡 144
3. 営業譲渡と第三者 153　4. 詐害的営業（事業）譲渡 158
5. 営業の賃貸借・経営委任 160　6. 営業の担保化 162

III 商行為法

1 商行為の通則　165

1.1 総説 …………………………………………………………… 165

1.2 商行為の営利性 ……………………………………………… 166
1. 報酬請求権 166　2. 利息請求権 168
3. 商事法定利率 169

1.3 商行為の代理と委任 ………………………………………… 172
1. 商行為の代理 172　2. 本人の死亡と代理権の存続 177
3. 商行為の委任 177

1.4 商事契約の成立 ……………………………………………… 179
1. 契約申込の効力 179　2. 商人の諾否通知義務 180
3. 商人の物品保管義務 183

1.5 商事債権の担保 ……………………………………………… 184
1. 多数債務者間における連帯 184　2. 保証人の連帯 185
3. 流質契約の許容 187　4. 商人間の留置権 189

　　　　　　　　目　　次　　　　　　　　　ix

　　1.6　商事債務の履行・時効 ……………………………………… 199
　　　　　1.　商事債務の履行　199　2.　商事債権の消滅時効　200

2　有 価 証 券　　　　　　　　　　　　　　　　　　　　　205

　　2.1　種々の有価証券 ……………………………………………… 205
　　　　　1.　株券　205　2.　社債券　206　3.　運送証券等　207
　　　　　4.　手形・小切手　207　5.　抵当証券　208
　　2.2　有価証券の意義と特徴 ……………………………………… 209
　　　　　1.　有価証券の共通概念　209　2.　有価証券の特徴　211
　　　　　3.　有価証券の分類　213　4.　有価証券類似の証書　216
　　2.3　有価証券に関する一般規定 ………………………………… 217
　　　　　1.　有価証券の譲渡方法　217　2.　有価証券の権利行使　219
　　　　　3.　有価証券の喪失　219

3　商 事 売 買　　　　　　　　　　　　　　　　　　　　　223

　　3.1　商事売買に関する特則 ……………………………………… 223
　　　　　1.　緒説　223　2.　商事売買規定の特徴　224
　　3.2　売主の供託権・競売権 ……………………………………… 224
　　　　　1.　買主の受領拒絶・受領不能　224
　　　　　2.　売主の供託・競売の要件　225
　　3.3　買主の検査・瑕疵通知義務 ………………………………… 228
　　　　　1.　民法の一般原則と商法の特則　228
　　　　　2.　買主の検査通知義務　229　3.　売主の悪意　234
　　　　　4.　瑕疵・数量不足による解除と買主の義務　234
　　3.4　定期売買 ……………………………………………………… 235
　　　　　1.　定期売買の意義　235　2.　定期売買の解除　236
　　　　　3.　商法 525 条の適用範囲　237

4　交 互 計 算　　　　　　　　　　　　　　　　　　　　　239

　　4.1　意義と経済的機能 …………………………………………… 239
　　　　　1.　意義　239　2.　交互計算の経済的機能　240

4.2　交互計算の効力 ……………………………………………… 241
　　1. 消極的効力　241　2. 積極的効力　243
　　3. 交互計算の終了　243

5　匿名組合　　　　　　　　　　　　　　　　　　　　　　245

5.1　匿名組合契約 ………………………………………………… 245
　　1. 沿革　245　2. 匿名組合の対内関係　246
　　3. 匿名組合の対外関係　249　4. 匿名組合の終了　250
　　5. 匿名組合契約の終了の効果　251

5.2　匿名組合の特殊な利用例 …………………………………… 252
　　1. 金融機関の不良債権処理　252
　　2. 特別目的会社との匿名組合契約　252
　　3. SPC 方式の特殊性　254

6　仲立営業　　　　　　　　　　　　　　　　　　　　　　257

6.1　仲立人 ………………………………………………………… 257
　　1. 仲立人の利用　257　2. 仲立人の意義　258
　　3. 他の補助商との違い　259

6.2　仲立人の義務 ………………………………………………… 259
　　1. 見本保管の義務　259　2. 結約書作成・交付義務　260
　　3. 帳簿作成・謄本交付義務　261
　　4. 名称黙秘義務・介入義務　261

6.3　仲立人の権限と権利 ………………………………………… 262
　　1. 仲立人の給付受領権限　262　2. 仲立人の報酬請求権　262

6.4　当事者の報酬支払義務 ……………………………………… 263

7　問屋営業　　　　　　　　　　　　　　　　　　　　　　265

7.1　問屋の意義と機能 …………………………………………… 265
　　1. 問屋の意義　265　2. 問屋の経済的機能　266

7.2　問屋の権利義務 ……………………………………………… 267
　　1. 問屋契約の性質　267　2. 問屋の義務　269

　　　　　　　　目　　　次　　　　　　　xi

　　　　3. 問屋の権利　271
　　7.3　問屋の実行売買の効果 ……………………………………… 273
　　　　1. 問屋と第三者との関係　273
　　　　2. 委託者と第三者との関係　274
　　　　3. 問屋と委託者との関係　275
　　7.4　準問屋 …………………………………………………………… 277

8　運送営業　　　　　　　　　　　　　　　　　　　　279

　　8.1　運送の意義と種類 ……………………………………………… 279
　　　　1. 運送の意義　279　　2. 運送の種類　280
　　8.2　物品運送 ………………………………………………………… 280
　　　　1. 物品運送契約　280　　2. 荷送人と運送人との関係　281
　　　　3. 荷受人と運送人との関係　290
　　8.3　貨物引換証 ……………………………………………………… 293
　　　　1. 貨物引換証の意義　293　　2. 貨物引換証の流通　295
　　　　3. 貨物引換証の効力　295
　　8.4　相次運送 ………………………………………………………… 300
　　　　1. 相次運送の概念　300　　2. 相次運送人の権利　302
　　8.5　旅客運送 ………………………………………………………… 302
　　　　1. 旅客運送契約　302　　2. 旅客運送人の責任　304

9　運送取扱営業　　　　　　　　　　　　　　　　　307

　　9.1　運送取扱人の概念 ……………………………………………… 307
　　　　1. 意義　307　　2. 到達地運送取扱人　308
　　9.2　運送取扱人の権利・義務 ……………………………………… 308
　　　　1. 損害賠償責任　308　　2. 運送取扱人の権利　312
　　　　3. 運送取扱人と荷受人との関係　314
　　9.3　相次運送取扱 …………………………………………………… 315
　　　　1. 相次運送取扱の概念　315
　　　　2. 相次運送取扱人の権利義務　316

10 倉庫営業 　319

10.1 倉庫寄託契約…………………………………………… 319
1. 倉庫営業の意義　319　2. 倉庫営業者　320
3. 倉庫寄託契約　320

10.2 倉庫証券………………………………………………… 325
1. 倉庫証券の意義　325　2. 預証券・質入証券　326
3. 倉荷証券　331　4. 荷渡指図書　333

11 場屋営業 　335

11.1 場屋営業の意義………………………………………… 335

11.2 場屋の主人の責任……………………………………… 336
1. 場屋主人の寄託責任　336
2. 寄託を受けない物品に関する責任　338
3. 免責特約　339　4. 高価品の特則　339　5. 時効　341

参考文献 …………………………………………………………… 343
索引 ………………………………………………………………… 345
　　事項索引　345　　判例索引　350

I
総論

1

商法の意義

1.1 形式的意義の商法

(1) 商法典の制定

　統一的な商法典をもたない国もあるが、わが国には制定法としての商法典がある。商法という科目では、商法典に収められた条文や制度についての解釈を学ぶことになる。わが国の商法は明治32（1899）年に制定された。商法典が出来上がるまでには、どのような事情があったかを簡単に見ておこう。

　徳川幕府が政権を朝廷に返上したのが明治維新（1867年）であり、封建社会から近代社会へ移行することになった。明治政府は、国民国家として必要な近代法をあらゆる分野において整備する必要があったが、そのうち企業関係を近代化させる必要から各地に通商会社や為替会社を作らせたのを皮切りに、明治5（1872）年には国立銀行条例、明治8（1875）年には株式取引所条例、明治15（1882）年には為替手形約束手形条例などの法令を制定した。これらは、断片的でかつ応急的な法令にすぎなかった。

　幕末に徳川幕府は欧米列強との間で不平等条約を締結していた。日本は劣等国として扱われていた。明治政府は、先進諸国に日本を近代国家として認めさせ、不平等条約の改正のためにも統一的な民商法の制定を急がなければならなかった。明治6（1873）年に、フランスの法学者、ボワソナード（G.

E. Boissonade）を「法律並諸規則調成ノ補佐及顧問」として招き，明治12（1879）年に民法典の草案作りを依頼した。また同14（1881）年には，ドイツ法学者，ロエスラー（H. Roesler）に商法典の草案作りを依頼した。民法草案，商法草案はともに明治23（1890）年に元老院の議決を経て，同年に公布された。これが旧商法典であり，第一編・商通則（商事会社，商事契約，運送取扱人及び運送人，売買，保険，手形・小切手等），第二編・海商，第三編・破産から構成されていた。この法典は明治24（1891）年1月1日から施行されることになっていたが，民商法施行延期論が支配的となり，結局，施行は延期された。延期論の根拠は，商法典については，外国法の模倣でありわが国の慣習を無視していること（実業界），拙速主義でありもっと時間をかけて民商法・訴訟法を調和させるべきこと（帝国大学法学部卒業生の組織である法学士会）などであった。中には，英法系からの反対もあった。しかし，商法典の中の会社，手形，破産の部だけは延期が許されない事情があったため，これらの部分だけは明治26（1893）年7月1日から施行された。したがって，わが国の会社法の歴史は明治26年に遡ることになる。

　政府は，法典調査会を設けて民法，商法の修正案の起草を命じた。梅謙次郎，岡野敬次郎，田部芳(たなべ)の3名が修正案の起草に当たった。商法修正案は，明治32（1899）年に帝国議会を通過し，同年6月16日より施行された。これが現行商法典である。第1編・総則，第2編・会社，第3編・商行為，第4編・手形，第5編・海商からなっていた。その後，経済状況等の変化に対応するために頻繁に改正が繰り返された。編建てに関わる改正だけを見ると，昭和5（1930）年及び同6年にジュネーブ統一法として手形法及び小切手法の条約が採択され，わが国もこの条約を批准し，手形法（昭和7（1932）年）及び小切手法（昭和8（1933）年）が単行法として成立し，いずれも昭和9（1934）年1月1日より施行されたのに伴い，商法第4編・手形の規定は廃止されて，商法典から削除された。編別に関わるものではないが，第2編・会社の規定は，頻繁に大改正が繰り返された。

(2) 会社法の独立

　平成17（2005）年の改正によって，商法典の中核であった会社に関する規定が独立して，商法典とは別個の単行法として会社法が制定された。それまでの商法典は，第1編・総則，第2編・会社，第3編・商行為，第4編・海商から構成されていたが，平成17年の改正以後は，第1編・総則，第2編・商行為，第3編・海商の3編となった。しかも，会社法の中に，商号，使用人，代理商，事業譲渡人の競業避止義務等の規定が設けられ，第1編・総則の適用範囲は会社には及ばないことになった。その意味では，商法総則の規定が担う機能はきわめて小さなものとなってしまった。第2編・商行為，第3編・海商については，現代語化された規定もあるが，実質的な改正はなく，かつその適用を受けるのは，主として会社である。会社法は独立の単行法となったが，商法の中核であることに変わりはない。

　形式的意義での商法には，商法（典），会社法，手形・小切手法，社債等の振替に関する法，担保附社債信託法，金融商品取引法，商業登記法その他が含まれる。

1.2　実質的意義の商法

(1) 商法の対象の拡大

　商法は何を対象とする法律であるか，商法典にはどのような事柄が規定されるべきであるかという壮大なテーマが，すこし前まで学問の対象とされた。歴史的には，商法の対象は，固有の商，すなわち安く買って高く売り，その差額を収益とする商事売買であった。高尚な表現をすれば，商品の生産者と消費者の間に介在して，仕入価格と販売価格との差額の利得を目的とする媒介行為が商法の対象と考えられた。その後，商品の製造，加工それ自体も商法の中に取り込まれ，さらに，固有の商を補助する行為，すなわち商行為の仲立，取次，代理商，物品運送，倉庫業，損害保険，銀行業などが商法の対象として包摂され，その対象が拡大されてきた。

(2) 商的色彩論

物の売買とか金銭の貸借など一般私法の法律事実をその規制の対象とする点で，民法と商法は共通であるが，一般私法の法律事実のうち商的色彩を帯びるものが商法上の法律事実であり，したがって商法は「商的色彩を帯びる法律事実を対象とする法」であるという見解がある（田中耕太郎「方法としての商的色彩」竹田省先生古希記念論集1頁）。その商的色彩とは，商法上の法律関係が帯びる営利性，集団性，反復性，個性喪失などの特殊な性格をいう。この見解に基づけば，経済社会の発展に伴って新たに商的色彩を帯びた法律事実が生じてくれば，それも商法の規制対象とすべきことになる。この見解に対しては，商法の対象である法律事実の表面に現れた特殊性を捉えているが，その特殊性を発現させている法律事実そのものを内容的に把握していないとの批判がある。

(3) 商法企業法論

商法は企業に関する法であるというのが現在の通説である。商法の特異性と統一性はその対象である法律事象（企業活動）の特異性と統一性に由来する。過去，現在，将来を通じて妥当する商法の対象は企業であり，したがって商法は，企業関係の特殊な需要に応ずるために形成された法分野である（西原寛一・日本商法論第一巻16頁）。企業は，一定の計画に基づき，継続的意図をもって独立の組織により営利行為を実現する主体である。企業に関するすべての事柄が商法の対象となるのではなく，企業関係に特有な需要を反映する法的事実だけが商法の対象である。主体が企業であるか一般人であるかに関係なく両者に共通の法的事実については民法が適用される。企業関係に特有の事象が商法の対象であると解されている。

1.3　実質的意義の商法と形式的意義の商法との関係

　実質的意義の商法を企業法として捉えた場合，これと形式的意義の商法である商法典の規制対象との間にはずれが生じている。実質的意義の商法は，純粋な学問的理論であるのに対して，成文法としての商法典に収められているものは，歴史的事情，その時代の経済的・政治的事情等に基づく立法政策を反映したものであるから，両者が一致しないのはやむをえない。

　商法を企業関係に特有の事象を対象とする法（実質的意義の商法）であるという立場からは，商法典が絶対的商行為を定め，一般人が1回限り行っても商行為となって，商法の適用を受けることにしている点については，批判がある。商法が企業関係に特有の法であるとする立場からは，企業が一定の行為を営業として行う場合にだけ商行為として商法の対象とすべきことになる。

1.4　商法の特色

1.　総　　説

　商法は，本来，資本主義経済社会における企業の組織及び活動に関する法である。そして，商法の理念は，企業の健全な発展をはかり，旺盛な企業活動を促進し，そのことによって国民経済の発展に寄与することである。

　企業は多くの人々に職場を提供し，従業員やその家族の生計を支えている。その意味で人々の生活の根源となっている。企業が健全に発展し，収益を上げることによりそこに職場を得ている人々等の生活を維持しまた質的向上に寄与することになる。企業は国や地方自治体にとって重要な納税者である。企業の収益悪化は，国や地方自治体の財政悪化につながり，行政に打撃を与えることになる。

　都市化された現代人の生活はあらゆる面で企業の提供する商品やサービスに依存している。企業経営が破綻してその供給する商品やサービスがストッ

プすれば，人々の日常生活は破壊されかねない。現代社会における企業は，このように人々にとって不可欠な存在となっていることから，企業法である商法（会社法を含む）は，第一に，企業の組織面でその維持発展をはかるための考慮が必要であり，第二に，企業の活動面でその取引の円滑旺盛化をはかることを考慮すべきことになる。

2. 企業形成の促進と企業の維持
(1) 企業形成の促進

　一般の法人は「一般社団法人及び一般財団法人に関する法律」に基づいて設立され（準則主義），「公益社団法人及び公益財団法人の認定等に関する法律」に基づいて公益法人としての認定を受ける。これに対して営利法人である会社の設立に関して，商法（会社法）は準則主義を採用している（会25条以下）。予め法の定めている手続に従って自由に会社を設立することができることになっている。会社には，株式会社，合名会社，合資会社，合同会社の4種があるが，いずれも準則主義が採用され，それぞれ会社法が定める手続を踏めば自由に会社を設立することができる。平成17年の商法改正以前においては，株式会社では1000万円，有限会社では300万円が最低資本金とされていたが，同年に改正された会社法は，株式会社についても最低資本金の制度は廃止され，理論的には1円の出資で株式会社を設立することができることになった。有限会社は廃止され，株式会社に統一された。

　このような準則主義のもとでは，人々は自由かつ容易に会社（企業）を設立することができ，企業の形成が促進されることになる。現在，わが国にはおよそ360万社（平成26（2014）年現在）の会社が存在するが，準則主義にあずかっている。

　4種の会社の中で，株式会社は巨大な企業を形成することができる種類の会社である。株式会社への出資者である株主は，会社の債務については責任を負う必要はなく，しかも出資単位である株式は同種のものはその権利内容が同じであり，出資者はそれぞれ自己の資力に応じて資本参加することがで

きる。したがって，社会に散在する資本を容易に集中させることができ，巨大な企業を形成することが可能な仕組みになっている。

営利法人である会社は，営利を目的として設立されかつ活動しているが，企業活動にはつねに損失の危険も潜んでいる。この場合，出資者が多数であればあるほど，損失の割合は少なくて済む。その意味で，多数の出資者により形成されている企業は，損失の危険を分散する制度でもある。

平成17年の改正において，有限会社は廃止されたが，既存の有限会社は特例有限会社という名の株式会社として存在することになった。有限会社に代わって，合同会社が創設された。合同会社の社員はすべて有限責任であり，その点では株式会社の株主と同じである。しかし，株式（会社に対する地位）は同種のものは均一であるのに対して，合同会社の社員間の関係は定款で自由に定めることができ，たとえば，出資額に差がある場合でも，議決権を同じにすることも，また出資額が違うのに利益配当は同じにすることも可能であり，自由度の広い会社である。

(2) 企業の維持

商法は準則主義により企業の形成を促進する政策を採用するのみならず，一度，形成された企業がその存在を維持することができるように種々の配慮をしている。企業はその存在を維持することが重要である。企業が消滅（破産）すると，その構成員（出資者）が損失を被るだけでなく，その企業と取引関係にある取引先企業やその従業員等に重大な影響を及ぼすなど，社会的・国民経済的に損失が生じる。

企業の解体・消滅をできるだけ防止するための制度が会社法の中に見られる。会社事業は，好調な年度もあれば不振で損失を被る年度もある。事業年度に得られた収益の全部を株主等に分配させないで収益の一定割合を準備金として企業内に留保させ，営業不振の年度があっても直ちに企業が破産しないようにさせている。また，事業年度ごとに正確な計算書類を作成することを要求し，資本金等（純資産の部）その他一定額を控除したのち配当可能剰

余金を算出させ，配当可能剰余金の範囲内でのみ収益の配当を許容している。これらは，商法（会社法）が企業維持を考慮したものであって，これにより会社債権者その他の利害関係人の利益を保護しようとしている。

　事業譲渡（営業譲渡）の制度も企業価値の破壊を防止するものである。営業譲渡は，営業を構成する財産を有機的一体として結合している状態で譲渡することである。営業を構成する財産の個別的な価値の合計額よりも，ある営業を構成する財産として有機的に結合した状態にある営業の価値ははるかに大きい。そこで，ある営業を構成する有機的一体としての財産をそのまま譲渡する制度が存在し，それが営業の譲渡である。

　人間に病気や死亡があるのと同じように，企業にも病気（経営悪化の状態）や死亡（破産による清算）がある。経営が悪化し，苦境にあるが再建の見込みがある企業についてその事業の維持更生をはかることを目的した会社更正法，民事再生法などがあり，病的状態にある企業を治療して健全な企業にしようとするものである。

3. 商取引の円滑旺盛化

(1) 営　利　性

　商法は商人に対して適用があるが，商人は「営利を目的」として商行為をする者である。また，会社法に基づいて設立される会社は，すべて「営利を目的」とする会社である。商法の対象の特色は，行為の営利性である。営利行為をする主体ないし営利行為が商法の対象となる。会社企業の場合には，「営利の目的」とは，その事業によって法人としての会社が利益を得て，その利益を配当等の形で構成員（株主など）に分配する目的をいう。

　後に詳細に説くが，商法の規定の中には，企業活動の営利性を直接的に表現したものがある。たとえば，民法は，特定の行為を他人に委任したり物品の保管を委託する寄託について，これらを原則として無償としているが（民648条1項，665条），商法は，企業がその営業の範囲内において他人のために行為をしたときは，特約がなくても，当然に報酬請求権があるものとして

いる（商512条）。また，民法では，金銭の貸主は当然には利息の支払を請求できないのに対して，企業間で金銭の貸借が行われたときは，貸主は当然に法定利息の支払を請求することができることになっている（商513条）。企業活動に営利性をもたせることにより，商取引の旺盛化を期待している。

(2) 契約の定型化

企業の取引は，不特定多数の者との間で，反復的・集団的に行われることが多い。通勤・通学で利用する鉄道会社（電車）のサービスは不特定多数の者との間で，同一の料金（条件）で運送契約が行われて提供されている。ガスや電気の提供も同一地域の不特定多数の世帯との間で同一料金で行われている。これらの多くは，1回限りの契約ではなく反復的・継続的に行われている。そのほか，保険契約，銀行取引なども同様である。

これらの企業取引においては，不特定多数の者との間で簡易かつ迅速に取引を成立させる必要がある。この要請は取引の定型化によって応えられている。商品ないしサービスを提供する側の企業が普通取引約款を作成し，その約款の内容を契約内容とするものである。消費者ないし利用者は，その普通取引約款を契約内容とすることを承諾して，その企業の提供する商品ないしサービスの提供を受けることになる。

(3) 取引の安全保護の強化

① **取引の安全保護の意義**　法律生活においては，静的安全保護の要請と動的安全保護の要請が存在する。たとえば，BがAの高価な腕時計を盗み，これをCに売却した場合を考える。Bが盗み，CがBから買った事実を知ったAは，Cに対して腕時計の返還を請求することができるであろうか。ここでは，法律生活における静的安全保護の要請と動的安全（取引の安全）保護の要請とが対立する。静的安全とは，人はその意思に基づかない限り，権利を失いまたは義務を負わされるなどの不利益を帰せられるべきでないという要請である。Aは，自分の意思で腕時計を処分したのではないから，そ

の腕時計の所有権は依然としてAにあり，誰が所持しているかにかかわらず，「法はAの所有権に基づく腕時計の返還請求を認めるべきである」という要請が，静的安全の要請である。他方，Cとしては，Bとの間での通常の売買契約（取引）によって腕時計を購入したのであるから，Bが無権利者（盗人）であったというCには不明の事情によって取引は無効にされてはならず，Cは腕時計の所有者になったから返還する必要はないものとされるべきであるという要請，すなわち，動的安全（取引の安全）の保護を要請する。動的安全は，法律上の取引においては，その者に不明な事情によって取引が無効にされてはならないという要請である。

　ここでは，Aについての静的安全保護の要請とCについての取引安全の保護の要請とが衝突している。AもCもともに自分がこの腕時計の所有権者であると主張したいのであるが，法律はどちらに軍配を上げるであろうか。この事例については民法が適用される。Cに悪意又は過失があったときは，AはCに腕時計の返還を請求することができる。Cが善意（Bが無権利者であることを知らない）で，知らないことにつき無過失であったときでも，腕時計はAから盗まれたものであるため，Aは盗まれたときから2年間はCに腕時計の返還を請求することができる（民192条，193条）。BがAから盗んだのではなく，借りていて，それをBがCに売却したのであったときは，Cが善意かつ無過失であったときは，即時取得でき（民192条），Cが完全な所有権者となる。このように，民法でもある程度は，取引の安全を優先することがある。しかし，商法においては，取引の安全保護が一層強化される。その一例を上げてみる。

　BがAの事務所に侵入し，Aが事務所で保管中であった甲会社の株券を盗み出し，それをCに売却したとしよう。Bが無権利者であることにつきCに悪意又は重大な過失がなかったときは，Cは株券を善意取得することができる（会131条2項）。商法（会社法）が適用される株券の場合には，Aが株券の占有を失った事由（盗難，紛失，寄託その他）を問わず，第三者Cは善意取得することができ，また重過失がなければ軽過失があっても保護される。

このように，商法においては取引の安全保護が強化されている。

それでは，取引の安全（動的安全）の保護がはかられているのはどのような考慮によるものであろうか。人々の旺盛な経済活動を奨励するためである。活力に満ちた経済社会は，人々の盛んな経済活動によって実現する。商取引は，財産権ないし権利の対象である財産（商品）を移動させる人々の行為であるが，人々の財産権の移動に向けられた意欲ないし積極的な経済活動を円滑に実現することができる法的制度が必要である。当事者の予期しない種々の事情が，財産権の移転その他の法律関係を阻害する場合には，人々の経済活動は慎重にならざるを得ず，積極的な経済活動は期待できない。誠実な取引をする限り，当事者の期待した法的効果を付与することが重要であり，当事者に不明な事情が不測の損害を及ぼすことのない法制度が必要である。一言でいえば，善意の当事者ないし第三者は，原則的に，保護される法制度でなくてはならない。

取引の安全を保護するための法理論が，英米法においてもドイツ法においても発展してきた。以下において，それぞれについて，やや詳しく説くことにする。

② **エストッペル**　エストッペル（estoppel）とは，「人は自己が一度した表示に反する主張をすることは禁じられる」という原則である。禁反言則ともいわれる。この原則は，「嘘をいうな」という道徳訓に支えられて，イギリスの法廷で発展してきたものである。最初は，訴訟法上の原則として生まれた。原告と被告は，法廷で種々の主張を展開するが，書記官は当事者の法廷での陳述を記録する。何カ月にもわたって訴訟が継続するうちに前に行った陳述と異なる事実を述べる当事者がある。当事者が法廷で述べる事実がその都度違っていては，裁判所はいつまでも事実を確定することができないことになる。そこで，当事者が裁判所で述べたある事実が裁判記録として一度記録された場合には，その当事者はその記録に反する主張をすることは許されないとの原則が，訴訟法上の原則として成立した。これが「記録による禁反言」である。

ついで,「捺印証書による禁反言」が認められるようになった。慎重であるべき捺印証書(deed)によって契約を締結したときは,証書中に記載された重要事項の真否について,その契約の履行時になって争うことは禁じられることになった。捺印証書による禁反言を認めるということは,法廷外での人々に行為についてもエストッペルが成立するということを意味するのであって,これが認められるのであれば,契約が捺印証書によって行われた場合に限定する必要はなく,広く取引において相手方を信頼させるような表示をした者は,その表示に反する主張を許すべきでないとの考え方に発展していった。こうして,「表示による禁反言」(estoppel by representation)が承認されてきた。

「表示による禁反言」が法原則として承認されるようになってから,エストッペルは,広く取引法において善意者保護のための重要な法則となった。契約の当事者の一方が,その契約に関して一定の表示をし,相手方がその表示を信じて契約を締結するにいたったときは,表示者は,その表示は事実に反するとの主張をして契約の履行を拒むことはできないのである。その表示は,言語,文字,行為など,取引上,相手方を信頼させるに足るものであれば足りるが,甲とも乙とも採れるような曖昧な表示や大言壮語は禁反言を成立させない。表示を信頼した者が保護されないとすれば,その者に損害が生じる場合であることが必要である。

わが国の民商法において,エストッペルの法理が背景となっていると考えられる規定は少なくないが,この法理は,直接に条文として表現されている場合だけでなく,法解釈の次元でも考慮されることになる。たとえば,会社の支店長は,法律上は支配人に該当し,その支店の営業に関する一切の権限を有することになるが(会11条),甲会社がAを取締役会において正規に支店長として選任するのではなく,肩書きだけ大阪支店長として勤務させていた場合には,Aと取引をする者はAを真正な支店長と誤信することになる。Aが甲会社にとって不利益な取引をしたときに,会社が,Aは正規に選任されておらず,実際には支店長でなくそのような取引をする権限がなかったか

ら無効であると主張することはできないことになっている（会13条，なお商24条）。会社はAが支配人であるとの表示をしたのであり，取引の後になって，「Aは真実の支配人ではない」というのは，先に一度した表示に反する主張であって許されない。エストッペルの法理に合致する。

　③　**レヒツシャイン法理**（Rechtsscheintheorie）　　これは，ドイツの学者が発展させてきた法理論であって，わが国では権利外観法理と呼ばれる。権利又は法律関係が存在するかのごとき虚偽の外観を有責的に作り出した者は，外観を信頼して取引をした者に対しては，その外観に従った責任を免れないという法理である。法律生活においても，真実ではないが，真実らしく見える外観が生じることがある。そのような外観を信じて取引をした者は，その外観が出現するについて原因を与えた者の不利益において保護されなければならないという考え方である。

　レヒツシャイン法理は，20世紀の初めウエルスパッヒャ（M. Wellspacher）により，「私法における外部的事実に対する信頼」（1906年）という書物で提唱されたのが最初である。彼は，ドイツ私法の中に，法律又は取引の観念に従い，一定の権利又は法律関係もしくは法律上重要とされる要件を構成する外部的事実を信頼して法律行為をした者（甲）は，もしその外部的事実がある者（乙）の助成によって出現したものであるときは，その者（乙）の不利益において，甲が信頼したという理由で保護されるという原理があることを明らかにした。その後，多くの学者によって理論的に純化され，20世紀の中ごろにヤコビ（E. Jacobi）による有価証券法理において完成された。

　権利外観法理は，真実ではないが，真実らしく見える外観（レヒツシャイン）が存在し，その外観を信じて取引をした者は，その外観の出現に原因を与えた者の不利益において保護されるという法理であり，三つの要件から成り立つ。第一に，真実らしく見える外観が存在しなければならない。株主総会において選任されていないのに取締役として登記されている者，支配人として任命されていないのに肩書きだけ支店長とされている者がそうである。第二に，外観を真実と信じて取引をした者が保護される。民法上は軽過失が

ないことが要求されるが，商法上は重過失がなければ保護される。第三に，不利益を帰せられるのは，虚偽の外観の出現に帰責事由があると認められる者である。

　自己（A）の商号を他人（B）が使用することを許諾したときは，Aの営業であると誤信してBと取引をした第三者に対してAもまた債務を弁済する責任がある（商14条）という名義貸の制度がある。BがAの商号を使用して営業すれば，「Aの営業」という虚偽の外観が出現する。第三者はAが営業主である誤認することになるが，この虚偽の外観が出現するについては，AがBに自己の商号の使用を許したからであり，虚偽の外観の出現についてAには帰責事由がある。このように，名義貸の規定は，権利外観法理に合致したものである。

2

商法の地位

2.1 商法と民法との関係

(1) 企業間取引と民法

　商法は企業に関する法であるが，企業活動に関する事柄のすべてについて商法が定めているわけではない。企業関係に特有の事項だけが商法において定められているにすぎず，企業であれ一般人であれ共通の事項は民法において定められており，そのような事柄については，企業活動にも民法が適用される。企業の商取引は，売買，消費貸借，請負，委任，代理，保証その他の契約として展開されるが，これらについての一般原則は民法において規定されていて，商法が特別な規定を設けている場合は別として，それらの民法の規定が企業の商取引についても適用される。民法の規定ないし制度の中には，実際上，企業間でのみ利用されるにすぎないものもある。根抵当に関する規定がそうである（民398条の2以下参照）。根抵当とか累積根抵当などの制度は，銀行と企業又は商社取引において利用されるにとどまる。

　民法と商法の規定内容との関係は，次のようになっている。第一に，一般原則である民法の規定ないし制度であって，それをそのまま企業ないし企業活動に対して適用することができるものは，商法で重複して規定することはせず，企業についても適用する。たとえば，企業が売掛債権を他の企業に譲

渡するときは，民法466条以下の規定に従い，また企業が他の企業に事務所を賃貸しするときは民法601条以下の規定に従って取引が行われる。

第二に，民法の制度を基本的には適用するが，一部商法的に変更する規定を商法で定める場合がある。消滅時効に関する民法の制度を原則的に商事債権にも適用するが，時効期間だけを変更するのがその例である（民167条と商522条を対照）。

第三に，民法の制度を企業活動の特別な要請に基づいて定型化する場合がある。民法の代理制度は顕名主義であるが，商行為の代理は非顕名主義の原則を採用し，さらに民法の代理は個別の行為ごとに代理権を授与することを前提としているのに対して，企業の使用人の代理権は定型化されている。一定の地位に任命されると，商法ないし会社法により法定の範囲内における代理権が付与される。支配人はその営業に関する一切の代理権を，部長・課長その他「ある種類又は特定の事項」の担当を任された使用人は任された事項のすべてをその地位にある間は引き続いて代理権を有する。委任についても同様である。取締役（その他の役員も同じ）と会社との関係は委任関係であるが，民法のようにその都度，個別的に委任が行われるのではなく，取締役等に就任した場合には，包括的な法定の職務権限について，その地位にある間は引き続き委任関係が継続する。このように，商法においては，委任，代理等が定型化されている点に特徴がある。

第四に，民法には存在しない制度を商法が独自に設けているものもある。商業帳簿（商19条），交互計算（商529条以下）などがそうである。商法の中核である会社法は，営利法人を設立する場合の根拠法であり，会社企業は会社法に基づいて設立される。

(2) **民法の商化現象**

商法は，企業の活動の面では私法の一般原則を定める民法に広く依拠しつつ，企業関係の特別の要請を考慮して，民法の原則・制度を商法的に修正し，定型化しあるいは独自の規定・制度を設けている。商法がその活動（取引）

面で民法の規定に広く依拠することができているのは,「民法の商化」現象が進んでいるからである。商法の分野において形成され発展してきた法規ないし原則が民法の中に採り入れられているのである。契約自由の原則,方式自由の原則などがそうである。かつては,契約は当事者が合意するだけでは足りず,長老や有力者などが立会うなど儀式が必要な時代ないし社会があった。当事者を拘束する契約として効力が生じるためには,契約が行われたことの証人が必要であったということでもある。文字による証拠として契約書を使えない(文字がなく,又は文字が読めない人の)社会では,当事者だけでなく人々の立会いのもとで契約をする必要があったということである。

債権の譲渡性についても同様である。友人間の金銭貸借(債権)においては,債権が高利貸しに譲渡され,厳しい取立てに遭うことを避けるためには,債権は個性のある人と人との関係であってこれを譲渡することはできないとの原則を民法が採用しても不合理とはいえない。しかし,企業が他の企業へ商品を販売して発生した売掛債権(販売代金債権)は,商品が債権に形を変えたにすぎず,商品と同じく売掛債権も企業の財産権として金融目的などのために自由に譲渡できて当然である。商法的観点からは,債権は自由譲渡性をもつのが合理的といえる。わが国の民法は債権の譲渡性を認める原則を採用している。すなわち,商法から要請される原則が民法の原則として取り入れられており,民法の商化現象が見られるのである。資本主義経済の発展につれて,一般市民生活そのものが商化し,一般市民生活が商化してくれば,商法の原則が次第に民法に浸透するのは自然である。

2.2 商法と経済法

商法と同じく企業活動を規制する法分野として経済法がある。独占禁止法と呼ばれる「私的独占の禁止及び公正取引の確保に関する法律」,不正競争防止法,不当景品類及び不当表示防止法などが経済法の分野に属する。商法は,個別の企業についてその組織及び取引について定め,各企業の私的な権

利義務ないし企業相互間の取引から生じる利益を調整する法であるが，経済法は，国民経済全体の立場から企業の行動を含め，広く経済の秩序を維持することを目的としており，両者はその規制の目的・方法を異にする。

　商法は，各企業が経済の法則に従って営利を追求する行為を行うことを確保する法であるが，経済法は，個々の企業の利益を越えた国民経済全体の利益を調整しまた国民生活の安定をはかるという観点から，自然な経済法則から生じる矛盾や弊害の予防ないし排除を目的としている。商法が，基本的には，各企業が利潤最大化を求めて行動することを保障するのに対して，経済法は，各企業が利潤最大化を求めて活動することから生じる独占や不当競争，不正取引等を排除して，企業間の公正な競争を維持し，それによって国民生活の安定をはかろうとするものである。一つないし少数の企業が一定の分野における商品ないしサービスの提供を独占すれば，国民はその企業が定める一方的な価格ないし条件で商品等の提供を受けることを余儀なくされる危険があるため，消費者である国民が選択することができるように，商品等を提供する側が公正な競争をしなければならない状況を確保するのが独占禁止法の目的である。

2.3　商法と労働法

　企業は物的要素と人的要素からなっており，企業には多くの使用人が従事している。使用人には，二つの側面がある。「企業に対して労務を提供する関係」と「企業のために対外的な法律行為をする関係」である。前者の関係においては，使用人の生活利益の保護や労働条件等が問題となるが，それは労働法の問題である。労働法の分野には，労働基準法，「雇用の分野における男女の均等な機会及び待遇の確保等に関する法律」，「労働者派遣事業の適正な運営の確保及び派遣労働者の就業条件の整備等に関する法律」，労働組合法その他多くの法が含まれる。

　商法は，使用人が企業のために対外的な行為をする場合の代理権の範囲に

ついてのみ定めている。企業のために対外的な行為をする使用人と法律行為をする相手方にとって，当該使用人が企業のためにその行為をする権限があるかどうかが不明であっては，円滑な取引を期待することはできない。そこで，商法は，支配人又は「ある種類又は特定の事項の委任を受けた使用人」には，どのような権限があるかについて，すべての企業を通じて共通の定型的な代理権を法定し，その代理権に加えた制限をもって善意の第三者には対抗できないものと定めている。

3

商法の形成と発展

3.1 ギルドの法としての商法

(1) 商人法の成立

　市民の一般法である市民法とは別に，それから独立した商法が中世（9世紀）に地中海沿岸に位置するイタリアの商業都市で生成したといわれる。これらの商業都市の商人は，ギルド（guild）と呼ばれる商人団体を形成していた。ギルドは団体の自治規則を作り，都市当局の許可を得て，その規則をギルド構成員に適用した。ギルドは，閉鎖的・独占的な団体であって，その構成員以外の者には，営業を許さなかった。商人として営業を行うためには，ギルドの構成員にならなければならないが，ギルド構成人（親方の株）の数を制限し，新規加入を厳しく制限して仲間の営業を守った。

　ギルドは，一般市民法を排除し，商人仲間の間でのみ通用する商人法を形成した。その必要があったのである。ローマ帝政末期である当時のローマ法は，きわめて厳格で商取引に関し多くの制限規定があり，しかも煩雑で厳格な解釈が行われていた。教会法は利息を禁止していた。そのため，一般私法とは別に商人の取引の要請に応じる特別法としての商人法が必要であった。

　ギルドの規律とその構成員間の紛争については，ギルドに自治権と裁判権が認められていた。ギルドは集会において自治的に選出された役員によって

運営された。役員は，製品の品質・量の管理，仕入価格・小売価格を決定したほか，自治規則の違反に対する裁判権をもっていた。その裁判権は，当初はその構成員に関する懲罰的・営業警察的事項及び構成員間ないし構成員（親方）とその使用人との間の私法的関係に関する事項に限られていたが，やがてその裁判権に関して変化が生じてきた。一方では，ギルド構成員の商人としての地位に無関係な犯罪に対する刑罰権が都市の裁判所に移行するとともに，他方では，非構成員の構成員に対する訴訟もギルドの裁判所に提起することができるようになった。したがって，非商人から商人への訴え，商人から非商人への訴えもギルドの裁判所へ提起することができるようになった。ギルドの裁判所は，いわば商事裁判所としての役割を果たすことになった。

　ギルドは単なる商人団体であるにとどまらず，主要な納税者であり，また宗教的・社会的活動において，重要な貢献をした。教会等が著名な芸術家の作品で飾られているが，ギルドの貢献に負うものが少なくない。

(2) 商人法の広がり

　イタリアの諸都市におけるギルドの規則は徐々に周辺都市へ広がっていった。しかも，各商業都市におけるギルドの規則の内容には大差がなかった。その第一の要因は，各商業都市を転々と遍歴する商人（ギルド構成員）が存在したことである。遍歴商人は歴訪地で知った合理的な規則ないし制度を他の商業都市に伝えていったと考えられる。第二に，ギルド規則の類似性にとって，より重要な要因はハンザ同盟に見られるような各商業都市の商人の接触である。各商業都市におけるギルドの代表が一同に会して，各ギルドに共通の問題を討議した。そこでの合意内容が各都市のギルドの規則として採用されたと考えられる。

　現代における多くの商業制度，たとえば商号，商業帳簿，合資会社や匿名組合の原型とされるコンメンダ契約，合名会社，交互計算などは，中世の地中海沿岸の商業都市のギルドの自治規則と商慣習によって形成されたといわ

れる。

(3) 自治規則としての商人法のその後

ギルドの時代に一般私法とは別に存在して，その構成員に対して適用される自治規則であった商人法は，その後，強力な中央集権的国家が成立するとともに，国家法に編入されて消滅していくが，特定の商業団体が自治規則を作成し，その構成員の行為基準とされる例は，現在でも世界各地に多数存在している。

わが国における手形交換所規則は，手形交換所に加盟する銀行の行為を規制する自主規制であるが，6 カ月間に 2 度目の不渡手形を出した企業へ手形の信用秩序を阻害したものとして不渡処分を定め，加盟銀行のすべてが不渡処分を受けた企業への与信行為（貸付など）を禁じている。直接的には加盟銀行を規制するものであるが，不渡手形を出した企業に反射的効果が及ぶものとなっている。

ロンドンのシティ（The City of London：ロンドンの国際金融街）の自主規制は，世界的に最も有名である。ロンドン証券取引所には，イギリスだけでなく国際的企業が株式等を上場し，資金調達の場として利用している。そのシティには，「株式公開買付及び合併に関するシティ・コード」（The City Code on Takeovers and Mergers）という業界団体の作成した自主規制がある。株式等の証券を発行する一般企業団体，証券投資会社団体，商業銀行団体，証券業団体等，証券の発行及び投資に関わるすべての団体が参加して作られた自主規制であり，一般に事業会社等が他社の支配権を取得するために株式の公開買付をしようとする場合又は支配権を強化するために大量の他社株式を取得しようとするときの行為基準を定めている。たとえば，甲社が乙社の支配権を取得しようとして乙社の株式について公開買付をしようとする場合，乙社の現経営陣の猛反対に遭遇し，攻撃をかける甲社と防衛しようとする乙社経営陣との間で激しい攻防が繰り広げられることがある。シティ・コードは，攻撃をする側，防衛する側が遵守すべき規則である。わが国やアメリカなど

では，証券取引法という法律において規定され，紛争が生じれば，一般の裁判所へ提訴されるが，イギリスでは，証券の発行，仲介，投資にかかわる諸団体が定めた自主規制に従って行われ，かつ紛争の裁定及び運用が国により制定された法律によってではなく，自主規制によって行われている。

公開買付の攻防においてルールに違反した企業は，ロンドン証券取引所から排除され，株式の上場ができなくなるという罰則がある。公開買付期間内における関係当事者の行為は，シティ・コード・パネル（常設の裁定委員会）が監視しており，攻防のための個々の行為（たとえば不適切な内容の新聞広告など）についてはその都度，パネルが裁定を下している。ギルドが自主規制を作り，自ら裁判権をもって構成員間の紛争を裁判した原型に近い形で運用されている。

3.2　国家法としての商法の出現

(1) ヨーロッパ諸国

近世に入り，封建制度が崩壊し，都市国家から強力な中央集権的国家が成立してくる。それに伴って，商法は商人団体の自治法から国家法へと変わってきた。その最初のものが，フランスにおけるルイ14世の二大法典である商事勅令（1673年）と海事勅令（1681年）である。その後，フランス革命における階級制度の廃止（平等思想）と営業の自由に基づいた商法典（1807年，ナポレオン法典の一つ）が制定された。これが現行のフランス商法典であり，フランス革命の理念に基づき，商法をギルドの階級法から解放し，法が列挙する商行為をすればすべての者に商法を適用する客観主義（商事法主義）を採用している。

ドイツでは，普通プロイセン州法（1794年）が制定され，その中に2000条に近い商法関係の規定が設けられていた。ドイツ全土に通用する商法を制定する必要が生じ，ドイツ連邦議会は「普通ドイツ商法典」（1861年）を制定した。これがドイツ旧商法典であり，フランス商法典と同じく客観主義の

立場を採用していた。その後，1897年に新商法典が成立した。新商法典に，当初は収められていた株式会社及び株式合資会社に関する規定は，1937年の株式法の施行により商法典から削除された。新商法は，非商人が1回限り行っても商行為となる絶対的商行為を廃止し，商人の営業に対してのみ商法を適用するものとする商人法主義（主観主義）を採用している。

　商人法主義は，かつてのギルド時代の商法に逆戻りすることを意味しない。ギルドの時代には，排他的な商人団体があって，商人になることに制約があったが，新しい商人法主義は，営業の自由が認められ，誰でも商人になることができ，商人として営業する者にはすべて商法が適用されるというものである。なお，ドイツ新商法はEU指令に基づき，1986年に改正されている。

　スイスは，民法と商法を同一法典に収めるスイス債務法（1881年）を制定しており，イタリアでは，民法，商法，労働法を統合した民法典が1942年に制定されている。

(2) 英米の商法

　制定法主義のヨーロッパ大陸諸国とは異なり，イギリスはコモン・ロー（Common Law）主義を採用している。そこでは統一的な民法典も商法典も存在しない。議会によって制定されなくても，私人間に適用されるべき法は，一般法ないし共通法として存在すると考えられ，裁判官はそれを発見して具体的な紛争に適用し，裁判官が適用した法が判例・先例となるのである。中世のイギリスにおいては，普通法（コモン・ロー）とは別に商人法（Law Merchant）が存在し，何世紀もの間，商人間の紛争は商事裁判所によって商人法及び慣習に従って処理された。しかし，17世紀の初めに，裁判所は商人間の紛争に対しても普通法の原則を適用するようになり，その傾向が進展し，ついに18世紀には商人法は完全に普通法に吸収されたといわれる（R. M. Goode, *Commercial Law*, p.31）。

　イギリスでも，19世紀以後，多くの単行法が制定されている。それらは，たびたび改正されているが，成立年度だけを示しておく。問屋法（Factors

Act, 1823年), 手形法 (1882年), 動産売買法 (1883年), 商船法 (1894年), 会社法 (1947年) その他, 多くの個別法が制定されている。これらの単行法のいくつかは, 判例の要旨をまとめたにすぎない。たとえば, 手形法は, チャーマー (M. Chalmers) 卿が手形に関する判例を体系的に整理したものである。チャーマー卿は, 手形に関する判例を成文法化するに当たって「良いものも, 悪いものも, できるだけ現行法 (判例) を忠実に再現することを心がけた」と述べている (Chalmers on Bills of Exchange)。手形法とは反対に, 判例の立場から離れて, 政策的に作られた法もある。会社法がそうであり, 現実の経済社会における会社の組織・運営等に関し, 不祥事を防止するため, また国際的競争力を強化させるためなど, 時代に応じて政策的に内容を盛り込まれる法もある。コモン・ローの国ではあるが, イギリスにおいても膨大な数の成文法が存在することはいうまでもない。

アメリカもイギリスと同じくコモン・ローの国である。商事に関する立法権は, 原則として各州に属しているため, 州ごとに異なる法が制定されている。各州が, それぞれ異なる内容の商事法をもつことは州を越えた商取引にとって不便・不都合である。そこで, 州法の内容を統一する努力が19世紀の末に始まった。1890年以来, 統一州法全国委員会議が組織され, 特定の分野について統一法を作る作業が開始された。最初に採り上げられたのが流通証券法 (わが国の手形法に相当) である。ニューヨーク州の商人が商品代金の支払のためにバージニアの売主に小切手を送付した場合に, 小切手上のある記載がニューヨークでは有効なのにバージニアでは無効であるということでは不都合である。したがってまず, 支払取引に関する流通証券の内容的統一をはかろうとしたのである。そして, 1896年に統一流通証券法が作成され, 各州にその統一法の採用を勧めた。同会議は, その後, 統一売買法 (1906年), 統一倉庫証券法 (1906年), 統一船荷証券法 (1909年), 統一株式譲渡法 (1909年), 統一割賦販売法 (1918年) など, 個別分野における多くの統一法のモデルを作り, 多くの州がそれらを州法として採用した。

1942年に統一州法全国委員会議は, アメリカ法律協会と共同で各種の商

事法を統合する作業に着手し，1952年に統一商法典（Uniform Commercial Code）を採択し，これを公表した。統一商法典はルイジアナ州を除くすべての州で採用された。その後，改正を重ね，時代の要請に即応するよう新しい事象についての規定が追加され，現在にいたっている。現在，同法典は，第1編・総則，第2編・売買，第2A編・リース，第3編・流通証券，第4編・銀行預金及び取立て，第4A編・電子資金移動，第5編・信用状，第6編・包括譲渡，第7編・権限証券，第8編・投資証券，第9編・担保取引から構成されている。

会社法関係の立法はどうであろうか。アメリカでは，会社は州法に従って設立される。まず，18世紀末にマサチュセッツ州，ノースカロライナ州において一般会社法（General Corporation Law）が制定された。19世紀に入ってニューヨーク州（1811年）で制定されたのに続いて各州が一般会社法を制定した。これらの一般会社法は準則主義を採用しており，会社法の定める手続・要件を具備することにより自由に会社を設立することができることになった。

統一商法典はほとんどの州で採用され，商事法の分野では内容的な統一がみられるアメリカであるが，会社法の内容は州ごとに異なるのが現状である。1928年に，統一州法全国委員会議は，統一事業会社法（Uniform Business Corporation Act）を公表し，すべての州にその採用を勧めたが，これを採用したのはわずか3州にすぎなかった。その後，アメリカ法律協会は，1946年に模範州事業会社法（Model for State Business Corporation Act）を公表し，さらに1950年にそれを全体的に修正した模範事業会社法（Model Business Corporation Act）が公表された。概して，アメリカの会社法は州ごとに別々に制定され，その内容の統一化は達成されていないのが現状である。州会社法は"race to the bottom"（最低への競争）であるともいわれる。会社の登録免許税が州に収められるため，各州はできるだけ多くの会社が自州の法に準拠して自州で設立されるころを期待し，そのため会社経営ないし会社の行為において多くの自由を認める内容の会社法を制定しようとするのである。

会社法の分野で注目すべき動きがあった。それは，1996年の統一有限責任会社法（Uniform Limited Liability Company Act：LLC）の出現である。この種の会社の社員（構成員）は対外的には有限責任であるが，対内的には定款で自由な内容の定めが可能な会社であって，一般会社法の適用を受ける会社の場合には，その組織・運営について会社法が一律に規制しているが，LLCについてはその組織・運営について定款で自由に定めることができる範囲が広い。投資ファンドその他この種の会社は急速に拡大している。LLCは，2005年の商法改正によってわが国でも合同会社という呼称で採用された。アメリカでは，LLCの収益には課税されず，配当された出資者に課税されることになっている（pass through）が，わが国では，一般の会社と同じくLLCには法人税が適用される。

　アメリカは，コモン・ローの国であるから，コモン・ローが中心であって，制定法はそれを補完するものであるにすぎないといわれてきた。ある時代まではそうであったであろうが，商事法に関する限り，会社法のほか多数の商事法に関する州法が存在するのみならず，連邦法も存在する。それゆえ，アメリカは，制定法中心の国となっており，コモン・ローの方が補完的になっている。

II

商法総則

1

商事適用法規

　商法は商人の営業その他の商行為について適用される（商1条1項）。商人の営業その他の商行為（商事）であるが，商法に規定がない場合には，「商慣習に従い，商慣習がないときは，民法の定めるところによる」（商1条2項）。
　これとは別に，法の適用に関する一般原則を考慮しなければならない。特別法は普通法に優先する。商法は商事に関する普通法であるので，商事特別法があれば，まずそれを適用する。たとえば，「船舶の所有者等の責任の制限に関する法律」は商事特別法に該当する。
　会社の定款及び各種の約款（保険約款，運送約款等）は商事自治法と呼ばれ，商事自治法は商事特別法に優先すると解されている。会社法は，取締役会を設置する会社の取締役は3人以上でなければならないと定めているが（会331条5項），取締役会設置会社が定款で取締役の員数を5名とする旨を定めているときは，商事自治法である定款が普通法である会社法に優先し，その会社では5名の取締役を選任しなければならない。
　商法に規定がない場合には，商慣習に従い，商慣習がない場合に民法を適用すると定められている。商慣習が商事に関する法源となること，しかも商慣習が民法に優先することを定めたものである。旧法では「商慣習法」が法源となるものと定められていたが，平成17（2005）年改正の新法では「商慣習」に入れ替えられている。商慣習法は，事実としての商慣習のうち法規範を意味する商慣習であって，商取引において法的確信にまで高められたもの

をいう。従来は，事実としての商慣習は，当事者の意思表示（法律行為）の解釈の材料となるにすぎないと解されてきたが，新法のもとでは，民法に優先する法源とされたのである。商慣習は，商取引において合理的ないし進歩的なものとして発生しかつ維持される。

商慣習は，その後の法改正においては，明文の規定として採用されることがある。判例上，商慣習として認められたものに次のようなものがある。営業全部の譲受人は，譲渡人がその営業において負担した債務を引き受けるという商慣習（法）があると認められた（東京控判大 1・12・24 新聞 870 号 8 頁）。この商慣習は，昭和 13（1938）年の商法改正において商法上の規定として採り入れられた（商 17 条 1 項参照）。そのほか，昭和 41（1966）年改正前の商法 205 条は「記名株式の譲渡は株券の裏書によりてこれをなすことを得」と定めていた。記名株式においては，株券に株主名が記載され，したがって記名株券は記名証券であるから，それを譲渡するには株券自体に裏書署名したうえで交付すべきものと定められていた。この規定は，有価証券法理に適合した，理論的には当然の規定といえる。しかし，人々はこの規定通りの譲渡方法をとらないことが多かった。100 枚とか 1000 枚とかの株券を一度に譲渡する場合には，1 枚ごとに株券の裏面に裏書署名をするのは煩瑣に耐えなかったのである。

そこで，人々はこのような場合に，名義書換についての白紙委任状を付けて株券を交付するだけの方法で譲渡し，そのようにして譲り受けた者が発行会社に名義書換を請求するのがつねであった。初期のある時点で，会社がそのような譲渡は商法の規定に従った譲渡方法ではなく無効であると争ったケースが登場した。大審院は「株券の売買取引に付き，白紙委任状を添えてこれを売り渡しときは，買受人は同一委任状を添えてさらにこれを他に転々譲渡せしむる権能あることは我邦現時の商慣習として本院判例の認むる所なり」と説いた（大判明 30・3・3 民録 3 巻 3 号 26 頁）。株券自体に譲渡裏書をしないで，株主名簿上の名義人となっている者の名義書換についての白紙委任状を添えて株券の交付を受けた譲受人が，その委任状を添えて株券を交付

する方法で次の者に株式を有効に譲渡することができるのであって，株主名簿の名義書換請求する者がこのような方法で株式を取得した場合には正当な譲受人として会社は名義書換に応じなければならないということである。ちなみに，昭和41年の商法改正において，記名株券の譲渡も，単なる交付により譲渡できるものとされた。

　商事に関して民法を適用すべき場合にも，民事特別法があればそれを民法に優先して適用し，民法に規定がなくても民事慣習（法）があれば，民法を補充するものとしてそれを適用すべきである。したがって，商事に関して適用すべき法規範の順位は，①商事自治法，②商事特別法（条約を含む），③商法典，④商慣習，⑤民事特別法，⑥民法典，⑦民事慣習（法）となる。

2

商法の基本概念——商人と商行為

2.1 商法の適用対象

(1) 緒　説

　商法は，企業活動の主体を商人と呼び，企業活動を商行為と称している。そして，商人の営業，商行為について商法を適用するものとしている（商1条1項）。「商人の営業」及び「商行為」が商法の適用対象である。「商人」の営業というのであるから，商人とは何かを明らかにする必要がある。また，「商行為」について商法が適用されるが，この場合の主体は商人に限定されない。商人及び商行為の意義については，のちに詳しく述べる。

(2) 一方的商行為

　Aファイナンス（株式会社）からサラリーマンのBが生活費の不足を補うために金銭を借り入れた場合には，商法が適用されるのであろうか。Aは株式会社であり，その事業としての金銭の貸付行為は商行為である（会5条）。しかし，Bは商人ではなく，生活費に充てるための借入行為は商行為ではない。したがって，この金銭の貸借は，Aにとっては商行為であるが，Bにとっては商行為ではない。この点について，商法は「当事者の一方のために商行為となる行為については，この法律を双方に適用する」と規定している

（商3条1項）。AにとってBは商行為であるときは，Bにとって商行為でなくても，AとBの双方に商法が適用されることになる。その結果，この貸付債権の時効期間については商法が適用され，5年となる（商522条）。

当事者の一方が2人以上ある場合において，その1人のために商行為となる行為については，その全員に商法が適用される（商3条2項）。たとえば，飲食店を経営するAとAの店舗に隣接した住居を有し農業を営むBとが共同の倉庫を建設することとし，そのために必要な資金をA・B連名で，C信用金庫から借り入れたとする。Aは仕入れた商品を保管し，Bは収穫した農産物を保管することにした。判例によれば，信用金庫は商人ではない。Aは商人であって，この金銭の借入はAにとっては商行為（附属的商行為）であるが，Bは商人ではなく，この借入れはBにとっては商行為に該当しない。この場合には，全員に商法を適用するということである。

2.2 商人の意義

(1) 固有の商人

商人とは，「自己の名をもって」「商行為をすることを」「業とする者」をいう（商4条1項）。これが固有の商人である。「自己の名」をもって商行為をする者とは，自己がその商行為から生じる権利義務の主体となろうとする者である。たとえば，甲が何らかの商業を営むために「甲商店」を開店した場合，甲が自ら店に出て，商品を注文し販売する場合はもちろん，甲は店に出ないで，他人の乙に一切の権限を与えて，乙が甲商店の営業を自己の判断で行っても，甲が商人となる。

甲が出資をしてA会社（株式会社でも持分会社でも同じ）を設立し，その社長に就任して会社を経営するときは，甲ではなくA会社が商人となる。会社はその種類を問わずすべて商人となる（会5条）。会社はすべて法人格を有し，権利義務の主体となるが，会社組織でない甲の甲商店は法人格をもたず，自然人の甲が商人となる。

ある者が自己の営業のために他人の名義で行政官庁に届け出る場合がある。夫が妻を営業名義人として行政官庁へ届け出ていた場合につき，判例は「商人とは，法律上商行為より生ずる権利義務の主体となりて実際上その業務を経営する者をいい，営業者として公署に届出あると否とにかかわらざる」ものと説いている（大判昭11・8・7新聞4033号8頁）。役所には妻の名を営業名義人として届け出ていても，夫が，営業より生じる権利義務の主体となる意思があり，実際に夫が経営をしている場合には，夫が商人となるということである。甲がその営業より生じる権利義務の主体となる意思で，乙の名で営業している場合には，乙は甲の別名ということになる。

なお，一般に，ある営業が甲，乙いずれの営業であるかは，実態に即して判断すべきであるというのが学説上の通説である。その判断に際しては，経営に関して最終的な決定権を持っているのは誰かを考慮すべきことになる。

商行為を「業とする」者が商人である。それは「営業とする」と同義である。それゆえ，利益を得る目的をもって同種の商行為を反復継続することが必要である。営利の目的があればよく，実際に利益を得たことは必要でない。反復継続して行うことが必要であるが，その期間の長短は問わない。夏の海水浴の期間中とか，博覧会の期間中に売店を開くことでもよい。

(2) 擬制商人

商行為に該当する行為を営業として行う者が商人であるから，商行為に該当しない行為を反復継続して行っても商人にはならないことになる。何が商行為であるかについては後に詳しく述べるが，「利益を得て販売する目的で物品を買い入れる行為又はそれを販売する行為」は商行為の典型とされている。したがって，AがBの果樹園で作られた果物を販売の目的でBから仕入れて，Aの店舗で販売することは商行為となり，これをAが反復して行えばAは商人である。

この場合，Bが自分の果樹園で実った果物を自分の店で販売する行為は商行為ではなく，これをBが反復しても，Bは商人には該当しない。商行為

となるためには，利益を得て販売する目的で物品を買い入れたうえでそれを販売することが必要とされている。Bは果物を販売しているが，その果物（商品）は誰からも買い入れたのではなく，自分の果樹園で実った物である。果物を店で販売する行為は全く同じでありながら，商品である果物を有償で仕入れた（承継取得した）Aの行為は商行為であり，Aは商人であるが，自分の果樹園で実った果物を原始取得したBの行為は商行為とならず，Bは商人とならない。

以上のことから次のような差異が生じる。同じく店舗改修の目的でA及びBが非商人のCから資金を借り入れた場合，CのAに対する貸金債権は5年で時効消滅する（商522条）が，CのBに対する貸金債権の時効期間は10年（民167条1項）となる。遅延利息について約定がなければ，Aは年6％の割合で，Bは年5％の割合で遅延利息を請求されることになる（商514条，民404条）。

制定当初の商法では，このような差異が生じていた。しかし，昭和13（1938）年の商法改正によってこのような差異は解消した。Bのような行為をする者も商人とみなされることになったのである。すなわち，「店舗その他これに類似する設備によって物品の販売をすることを業とする者は，商行為を行うことを業としない者であっても，これを商人とみなす」との規定が設けられた（商4条2項）。このように商人とみなされる者を擬制商人という。

上記のBの行為が商行為とならないのと同じ理由で，地中から鉄，マンガン，ニッケルその他の鉱物を採掘して，これを他人に売却して利益を上げることも商行為とはならない。地中から鉱物を採掘した者は，鉱物を原始取得しているからである。鉱業を営むためには，相当に大規模の設備・機械が必要であって，企業の形態を採らざるを得ない。そこで，同じく，昭和13年の改正において，「鉱業を営む者」は商行為を業としない者であってもこれを商人とみなすこと（擬制商人）とされた（商4条2項）。個人として鉱業を行う場合に適用される規定であって，実際には，会社企業が鉱業を営むのが普通であり，その場合には，会社は商人であり，商人に擬制する必要はない。

2.2 商人の意義

❖平成17（2005）年改正前においては，商行為をすることを業とする目的をもって設立された会社（商事会社）を固有の商人とするとともに，商行為をすることを目的としないが営利を目的として設立された会社（民事会社）を擬制商人として商法の適用を受けるものとしていたが（旧商52条2項），この規定は削除され，新会社法は，商行為をする目的であるかどうかを区別せず，会社の行為はすべて商行為としている（会5条）。

(3) 小　商　人

① **小商人の意義**　　商行為を営業する者は商人であり，商人には等しく商法を適用するのが原則である。しかし，商人の中には，行商人や露天商など，営業規模がきわめて零細な者もいる。営業規模がきわめて小さいものにまで商法上の規定のすべてを適用するのは適当でないとの考慮から，商法は小商人（こしょうにん）の概念を定め，小商人には，商法のいくつかの規定を適用しないものとしている。

制定当初の商法は「戸々ニ就キ又ハ道路ニ於テ物ヲ売買スル者其他小商人」には，商業登記，商号，商業帳簿に関する規定を適用しないと定め，明治32（1899）年勅令271号は「商行為ヲ業トスルモ資本金5百円ニ満タザル者ハ之ヲ小商人トス」としていた。商法の規定とこの勅令の解釈について疑義が生じた。「戸々につき物を売買する者」（行商人）又は「道路において物を売買する者」（露天商）は，資本金5百円を超えても小商人なのか，勅令は商法の規定する「その他小商人」だけを定義したのか，さらに，資本金5百円未満なら会社も小商人なのか，解釈上の疑義が生じたのである。このような疑義を無くするため，昭和13年の改正において，商法の行商人，露天商を表す例示的文言を削除するとともに，商法中改正法律施行法（昭和13年）3条は「新法8条の小商人とは資本金額5百円に満たざる商人にして会社にあらざる者をいう」と定めた。これによって，小商人とは，資本金額5百円未満でかつ会社でない者をいうことになった。資本金額（財産の価格）は，物価の変動に合わせて改正され，現在は50万円を超えないこととなっている（商7条，商法施行規則3条2項（平成17年の会社法施行規則附則10条に

より改正。以下同様))。

　平成17年改正前の商法は，株式会社（1000万円以上）及び有限会社（300万円以上）について最低資本金を定めていたが，新会社法は最低資本金制度を廃止した。そのため，資本金額が50万円以下の会社が存在する可能性が生じたが，会社は商号を定めて設立登記をする必要があるがゆえに，商号及び商業登記に関する規定の適用を排除することはできず，会社はいかに零細でも小商人ではない。

　小商人の要件を定める財産の価格は，会社の資本金とは異なり，「その営業の用に供する財産の価額」である（商7条，商法施行規則3条1項）。それは，営業のために使用する資金，商品その他の営業財産をいうのであって，積極財産から借入金，買掛金など負債を差し引いた純資産をいうのではない。たとえば，借金をして300万円の営業用自動車を購入した者又は代金後払いで100万円の商品を転売目的で購入した者は，小商人ではない。わずかの金額で商品を仕入れて販売する行商人や露天商などが想定されている。

　ある商人が数個の営業を行っている場合に，それぞれの営業ごとに財産の価額をみるか全部の営業財産を合計するかの問題がある。同一の商人が関連する営業を営む場合には，その営業財産の合計額を基準として小商人に該当するかどうかを判断し，自宅で小さな喫茶店を営み，家族に従事させるとともに，自らは観光客に同行してビデオ撮影のサービスを提供する場合など，関連しない営業の場合には各別の営業財産の価額を基準として判断すべきものと解されている。商人が関連しない数個の営業を営んでいて，そのうちの1個の営業のための財産額が小商人としての要件である財産の価額を超えるものについては，完全な商人と扱われ，営業についての財産が小商人としての要件である財産の価額を超えないものについては小商人として扱われることになる。

　② **小商人への商法の適用排除**　小商人には，未成年者登記，後見人登記，商号登記を含む商業登記，商業帳簿に関する規定は適用されない（商7条）。商人は商業帳簿を作成し，10年間保存する義務があるが（商19条3項），

この規定は小商人には適用されない。小商人には商業登記に関する規定（商8条以下）は適用されないので，登記事項が生じても登記をする権利も義務もない。

　小商人は支配人を選任することができるであろうか。商人は支配人を置くことができ，その選任及びその代理権の消滅については登記しなければならない（商22条）。支配人の制度は商業登記を前提とするがゆえに，商業登記の規定が適用されない小商人は支配人をおくことができないというのが通説である。通説も，小商人が任意に代理人を選任して，その者に営業に関する広範な代理権を与えることは差し支えないと解している（大隅健一郎・商法総則（新版）114頁）。この場合の代理人は法律上の支配人ではないため，支配人の代理権の範囲を定める商法21条の適用はなく，その代理人は小商人が実際に付与した代理権の範囲内でのみ有効な法律行為ができるにとどまる。

　通説に対して，支配人の選任は登記をしなければその効力が生じないというのではなく，登記は単なる対抗要件がゆえに，小商人も支配人を選任することができるとの少数説もある（西原寛一・日本商法論（第一巻）260頁）。支配人に関する規定は小商人への適用除外にはなっていない。支配人であるかどうかは，営業主から支配人として選任されたかどうかの実質関係によって決定されるのであって，登記されているかどうかによって決まるのではない。登記はその公示方法にすぎず，対抗要件であるにすぎない。したがって，小商人も支配人を選任することができるが，登記できないだけであるという少数説が妥当な解釈である。

　旧法は，小商人には「商号に関する規定」は適用しない（旧商8条）として，商号に関する規定を全面的に適用排除としていた。しかし，新法は商号に関する規定のうち「商号の登記に関する規定」（商11条2項）だけを適用排除としているにすぎない。本書の旧版（第二版）37頁で「立法論としては，商号に関する規定は小商人にも適用すべきである。完全商人に商号選定の自由があるのと同じように，小商人も営業を行う以上，営業上の名称が必要である。完全商人に商号が必要なのと同じ趣旨で小商人にもその営業上の名称

(商号) が必要であり，したがって，小商人もその氏，氏名その他の名称をもって自己の営業上の名称となしうるとすべきである」と説いていた。新法は，小商人も，その氏，氏名その他の名称をもってその商号とすることができることになった（商11条1項）。合理的な改正であって歓迎すべきことである。ただし，小商人はその商号を登記することはできない（商7条，11条2項）。旧法のもとにおいては，小商人の営業上の名称は商号ではなく，したがって登記することができないと説かれたが，新法のもとでは，小商人の営業上の名称は商号となった。

 小商人は，商業帳簿（会計帳簿と貸借対照表）を作成する義務を負わない（商19条2項）。商業帳簿の作成は，きわめて煩雑であるから小商人には，その義務を負わさないものとされているのである。小商人が商業帳簿を任意に作成しても，それは商法上の商業帳簿ではない。

2.3　商　人　資　格

(1) 緒　　説

　営利を目的として設立された一般の営利法人（会社）や商行為を営業としてする自然人が商人であることは前述した通りである。しかし，公法人，公益法人，中間法人などが事業を営む場合，そのことによって商人としての性格を有することになるのかどうかが問題になる。

(2) 公　法　人

　国家，地方自治体その他公法上の法人を公法人という。商法2条は「公法人が行う商行為については，法令に別段の定めがある場合を除き，この法律の定めるところによる」と規定している。絶対的商行為については，主体が商人であるか非商人であるかを問わず，商法が適用されるので，公法人が絶対的商行為をすれば，商法が適用されるのは当然である。商法2条は，法令に別段の定めがあるときは，公法人の商行為に対しては商法より他の法令が

優先的に適用されることを定めたところに意義がある。

 問題は，公法人が一定の事業を継続的に行う場合に，そのことによってその公法人が商人としての性格を帯びるかどうかである。営利を目的とする行為（営業）をすることができない公法人は，商人となることはできない。たとえば，土地区画整理法（昭和29（1954）年）に基づいて組織される土地区画整理組合は法人格を有する（同法22条）が，この法人は都市計画区域内の土地について公共施設の改善及び宅地利用の増進等，同法の定める特定の事業目的のみを行うことができ，営業を行うことはできないから商人にはなりえない。

 これに対して，国家や地方自治体は，一般的な行政目的をもって存在しており，その一般的な行政目的を達するために営利事業を営むことがある。市営バス，市営地下鉄など，営利だけを唯一の目的とする一般の企業とは違って，地方自治体等の営む事業には，営利目的だけでなく一般公衆に便益を提供するという公共的目的をも有するものが多い。この場合，営利目的と公共的目的を総合的に考慮して，営利目的を主目的としていると認められるものは営業と解し，商人性を認めるが，公共的目的が主目的であると認められるものは営業ではなく，商人性は認められないという見解も有力である（田中耕太郎・改正商法総則概論267頁，大森・新版商法総則・商行為法100頁）。しかし，公法人のある事業について，営利目的と公共的目的のいずれが主目的であるかを判断するのはきわめて困難であって，その事業の営利性と公共性とに優劣をつけ難い場合もある。それゆえ，公法人のある事業が公共性とともに営利性を有しているならば，いずれが主目的であるかを問うことなく，営業と認めて商人性があると解すべきである（大隅・116頁，西原・商法総則・商行為法255頁）。ある事業が営業となるためには，もっぱら又は主として営利の目的に出ていることは必要でなく，単に営利の目的があれば足りると解される。

 この場合の「営利の目的」は，事業そのものが営利計画に従って，独立採算のもとに収支相償うことを目標としていれば足り，事業によって得られた利益をどのように使用するかは問題とされない。ただし，公法人のある事業

が営業と認められるためには，その事業が私人と同一の立場において契約その他私法上の法律行為の形式をもって営まれなければならない（竹田省・商法総則66頁，西原・254頁）。

(3) 公益法人

公益法人とは，「学術，技芸，慈善，祭祀，宗教その他の公益を目的とする法人」（民33条2項）をいう。公益認定を受けた一般社団法人及び一般財団法人，ならびに，学校法人，社会福祉法人など特別法に基づいて設立された法人が公益法人に属する。「一般社団法人及び一般財団法人に関する法律」に基づいて設立された一般社団法人及び一般財団法人のうち，公益目的事業を行うものは，公益社団法人及び公益財団法人の認定等に関する法律」による公益認定を受けることによって公益法人となる（公益法人4条，5条）。

公益法人が営利事業を行うことができるかについては議論されたことがあり，これを否定する学説もあった（竹田・69頁，西原・377頁）。しかし，肯定説が支配的となり，現在では，多くの法律がこれを肯定する立場を前提としている。私立学校法26条1項は，「学校法人は，その設置する私立学校教育に支障のない限り，その収益を私立学校の経営に充てるため，収益を目的とする事業を行うことができる」と規定し，同様の規定が社会福祉法（26条1項）及び宗教法人法（6条2）にも存在する。「公益社団法人及び公益財団法人の認定等に関する法律」も，公益認定を受けた一般社団法人及び一般財団法人は，収益事業を行うことができる旨の規定を設けている（公益法人5条7号，また，一般法人9条参照）。さらに，法人税法は，公益法人が収益事業を行うことができるとの立場を前提としている（法人税法4条1項）。

(4) 中間法人

「一般社団法人及び一般財団法人に関する法律」に基づいて設立された法人，または，その他の法律に基づいて設立された私法人であって，公益法人でも営利法人でもない中間法人と呼ばれるものがある。公益認定を受けてい

ない一般社団法人及び一般財団法人，農業協同組合法に基づく農業協同組合（農協），消費生活協同組合法に基づく消費生活協同組合（生協），水産業協同組合法による漁業協同組合，漁業生産組合，中小企業等協同組合法に基づく事業協同組合，信用協同組合（信組），企業組合，信用金庫法に基づく信用金庫などのほか保険業法に基づく保険相互会社が中間法人である。以上のうち，企業組合は，事業主体となって商業，工業，鉱業，運送業，サービス業その他の事業を行い，事業によって得られた利益を組合員に剰余金として分配することができる。漁業生産組合も漁業及びそれに附帯する事業を行い，剰余金を分配する。

その他の協同組合は組合員の相互扶助を目的としており，利益を得て組合員に分配することを目的とするものではない。それゆえ，企業組合と漁業生産組合を除く他の協同組合は，行うことができる事業は限定されており，かつその事業によって得た金銭的利益を組合員に分配するものでもなく，組合員の相互扶助を目的としているので，その事業が商行為に該当する行為であっても，商法上の営業ではなく，商人でなはないというのが通説・判例の立場である（事業協同組合につき大阪地判昭 31・5・30 下民集 7 巻 5 号 1400 頁，農業協同組合につき最判昭 37・7・6 民集 16 巻 7 号 1469 頁，漁業協同組合につき最判昭 42・3・10 民集 21 巻 2 号 295 頁，信用協同組合につき最判昭 48・10・5 判時 726 号 92 頁）。

上記の判例のうち，最判昭和 48 年の事案は，信用協同組合（信組）が商人である組合員に貸し付けた場合の貸付債権の時効期間が問題となったものである。信組側は，信組の根拠法である中小企業等協同組合法が準用する商法の規定以外の規定は信組に適用すべきでないと主張し，したがって信組の貸付債権の時効期間は 10 年であると争ったのに対して，最高裁は，「信組は商法上の商人には当らないと解すべきである」が，信組につき，中小企業等協同組合法が商法中の特定の条文を準用する旨を定めている場合のほかは同法の適用が排除されると解すべきではなく，信組が商人である組合員に貸付をするときは，商法 503 条，3 条 1 項により同法 522 条が適用されると説き，

借主が商人であったためその貸付債権の時効期間は5年であると判示した。信組には，その根拠法が準用する旨を定めている商法の特定の条文以外の規定も適用されることを説いたところに，この判例の意義がある。

　信用金庫（信金）の商人性が争われたケースがある。信金が会員である商人と信用金庫取引をした場合に，商人間でのみ適用のある商法521条（商事留置権）の適用があるかどうかが争われた。信用金庫法に基づいて設立された信金は，法律的には協同組合の一種と解されているが，最高裁は「信用金庫の行う業務は営利を目的とするものではないというべきであるから，信用金庫は商法上の商人には当らないと解するのが相当である。そして，信用金庫の行うことができる業務の性質が上のとおりである以上，特定の取引行為についてだけ信用金庫が商人に当ると解することもできないというべきである」として，信用金庫と商人との間の取引については商事留置権は成立しないと説いた（最判昭63・10・18民集42巻8号575頁）。

　通説・判例は，以上のように，中小企業等協同組合法（中協法と略称）に基づく各種の協同組合について，一律にその商人性を否定しているが，学説上は，それぞれの協同組合が営む事業の実態に則して判断すべきであって，一律にその商人性を否定するのは妥当でないという見解が有力になりつつある。協同組合が営利事業を営む場合も考えられ，その場合には商人性を認めるべきであるという見解である（大森忠夫・商法総則102頁，服部栄三・商法総則（第三版）245頁，鴻常夫・商法総則（全訂四補二版）108頁，長瀬一治・ジュリ780号145頁）。企業組合及び漁業生産組合は，組合の対外的な活動によって得た利益を組合員に分配するのであって，その商人性を否定することはできないとの見解が支配的になっている（実方正雄・商法総則・商行為判例百選（第二版）17頁参照）。信用金庫はその営業の実態から商人であると解する説がある（石田満・法学教室78号97頁，岩崎稜・ジュリ935号89頁）。

　信組（信用協同組合）及び信金（信用金庫）の事業の実態を検討してみる。この両者は，組合員ないし会員との間で預金・定期積金の受入れ，資金の貸付，手形の割引，為替取引その他普通銀行が行っているのとほぼ同一の銀行

業務を行っている。組合員・会員との間だけで取引を行っているにとどまらず，組合員・会員以外の者との間でも預金・定期積金の受入れができ，員外貸付もすることができる（中協法9条の8第2項5号，信金法53条2項）。両者は地方債又は社債その他の債券の募集及び担保付社債に関する信託業務を行うことができ，この場合には，信託法・担保付社債信託法その他の法令の適用については，「会社又は銀行」とみなされる（中協法9条の8第8項，信金法53条9項）。

　特に重要なのは，構成員の利用に応じ又は出資に比例した剰余金の分配もされることになっている点である（中協法59条，信金法57条）。営利行為をして得た利益を構成員に剰余金として分配するということは，営利法人（商人）である会社や銀行と同じであるということになる。それゆえ，信組及び信金の事業は営利事業というべきであって，両者は商人であるという見解は正当というべきである。

　保険相互会社は，会社という名称にもかかわらず，会社法上の会社ではない。保険相互会社は，100人以上の原始社員で会社を設立し（保険業法30条の6第2項），その後，保険に加入した者が社員として加わる。保険契約者が社員となるのである。会社の債務について，社員は保険料を限度とする間接有限責任を負うにすぎない（保険業法31条）。保険加入者としての社員が増加し，保険料収入が増加すると，機関投資家として一般企業へ投資し又は一般企業への貸付などによりその資金を運用し，その得た収益（剰余金）を社員に分配する（保険業法55条2項）。あらゆる面において会社法・商法の規定が一括して準用されている（保険業法21条1項，2項）。保険の勧誘活動及び保険契約の内容などにおいて株式会社形態の保険会社と何ら異ならない。それゆえ，保険相互会社は商人であると解するのが正当である（同旨，鴻・109頁）。

(5) 特殊法人（日本銀行）

　特別法に基づいて設立された特殊法人であって，独立採算制度のもとに事

業を営むものがあり，日本銀行もそうである。日本銀行は，銀行券を発行するとともに通貨の調節，金融の調整及び信用制度の保持育成を目的とする特殊法人である（日銀法1条）。日銀は商法502条8号に定める銀行業務を行っており（日銀法33条），商人と解されている。日銀は，政府が55％を出資し，残りは民間の出資であり（日銀法8条），譲渡可能な出資証券を発行している（日銀法9条，10条）。出資者に対して剰余金が配当される（日銀法53条4項）。したがって，日銀は，特殊な営利社団法人である。

2.4 商人としての資格の終始

(1) 商人資格の取得

① **「営業の開始」**　会社は，その設立登記により法人格を取得したときに商人資格を取得する。しかし，自然人は営業を開始したときに商人となる。この場合の「営業の開始」とは，本来の営業行為の開始をいうのではなく，商人として営業のためにしたもの（附属的商行為）と認められる最初の行為を開始することである。人は本来の商行為を営業として開始する以前に商人となることがある。商人として営業をする場合には，一般に，その準備行為として金銭の借入れ，使用人の雇入れ，営業用店舗の借入れなどを行うのが普通である。これらの開業準備行為について商事時効（商522条）や商事法定利息（商514条），商事債務の連帯性（商511条）などの規定の適用があるかどうかが問題となる。商人として営業を開始しようとする者が，いつ又はどのような行為をしたときに商人となるのであろうか。

② **判例の立場**　判例は，当初，開店広告などにより営業の意思を外部に発表する必要があるとの表白行為説に立っていた（大判大14・2・10民集4巻56頁）。ある者が営業を開始する意思をもっていることが外部の者にも判明する必要があるという考え方である。その後，特定の営業を開始する目的でその準備行為をした者は，その行為により営業を開始する意思を実現したのであって，これにより商人たる資格を取得すると説き，営業意思主観的実

2.4 商人としての資格の終始

現説に変わった（最判昭33・6・19民集12巻10号1575頁）。

さらにその後，特定の営業を開始する目的でその準備行為をした者は，その行為により開業する意思を実現したものであって，これにより商人たる資格を取得するものであるから，その準備行為もまた商人がその営業のためにする行為として商行為となるが，その準備行為は，相手方はもとよりそれ以外の者も客観的に開業準備行為と認めることができるものであることが必要であると解すべきである，と説き，単に金銭を借り入れる行為は，特段の事情がない限り，その外形からはその行為の目的を知ることができないから，その行為者の主観的目的のみによって直ちにこれを開業準備行為であるということはできないが，行為者が開業準備金として借り受けるものであることを相手方が知っていたので，その金銭消費貸借契約は商行為であるとした（最判昭47・2・24民集26巻1号172頁）。これは，営業意思客観的認識可能性説と呼ばれる。

③ **学説の立場**　最高裁昭和47年判例の立場は，開業準備行為の性質に着眼してその客観性を問題とするものであるが，学説上もそれが最も有力な説である。営業施設が付いた営業所の買受け又は賃借り，営業用トラックの購入又は賃借り，使用人としての雇入れなどのように，その行為自体から営業意思の存在を客観的に認識しうる場合にだけ，行為者に商人資格を認め，日用品の買入れや資金の借入れのように行為の外形からはその目的を知ることができないものについては，行為者に商人資格を認めないが，ただ相手方が開業準備行為であることを知っていたときは，その行為に商行為性を認める（片山義勝・民商14巻3号409頁，西原寛一・商行為法88頁，大隅健一郎・商行為法123頁）。この説は，行為者が客観的に開業準備行為と認められる行為をすることによって商人資格を取得するとして，営業意思が客観的に表現されることを要求しつつ，他方では，営業意思が客観的に現れていないときでも，開業準備行為であることを知っていた相手方との関係では附属的商行為と認める見解である。

段階説と呼ばれる見解も有力である。第一に，営業意思が準備行為によっ

て主観的に実現されれば、行為者の側からは商人資格を主張することはできないが、相手方はその行為が営業のために行われたことを証明して附属的商行為であると主張することができ、第二に、営業意思が特定の相手方に認識されたか又は認識されることができた場合には、行為者も相手方に対してその行為の附属的商行為性を主張することができ、第三に、行為者が商人であることが一般的に認識されるべき段階にいたったときは、その者の行為につき附属的商行為であるとの推定が働くという説である（北沢正啓・民商40巻2号182頁、鴻・103頁）。この説は、営業意思主観的実現説の基本に立っている。第一の段階と第二の段階を区別する必要はないように考えられる。第一の段階において、行為者が営業意思を実現するために特定の行為をした場合に、相手方がその行為は「営業のために」行われたことを証明するときというのは、行為の際に相手方は行為者が営業のために行っていることを知っていた（認識していた）ということであり、それは、第二段階における「相手方の認識」と同じことになりそうである。

　ある者が特定の営業を開始する目的で、資金の借入れ、事務所の借入れなど、その準備行為をしたときは、それにより営業を開始する意思を実行したのであって、その者はこれにより商人資格を取得したものと解すべきである。しかしながら、特定の行為の相手方がその事実を知らず、知らなかったことに重過失がなかったときは、行為者はその行為の商行為性を主張できないとすることで十分ではないかと考える。

　④　**商人資格の消滅**　　商人資格は、営業の廃止によって消滅する。官庁への廃業届や廃業の広告が行われても、現実に営業を続けている限り、商人資格は失われない。商人がその本来の営業を事実上終了したときではなく、その残務整理が完了したときに、商人資格は失われる（通説）。商人がその残務整理のためにする行為も、その営業のためにする行為として附属的商行為に該当すると解される。個人商人は、その死亡によって商人資格を失うことはいうまでもない。

3

商行為の意義

3.1 商行為の定め方

　何を商行為とするかの定め方には，三つの方式がある。第一は，行為の主体のいかんを問わずその行為の客観的性質から商行為とする客観主義，第二は，まず商人の概念を定め，その商人の営業上の行為を商行為と定める主観主義，第三は，ある種の行為については主体のいかんを問わず商行為とする（客観主義）とともに，他の行為については主体がこれを営業としてなすときにのみ商行為とする（主観主義）もので，折衷主義である。

　わが国の商法は，フランス商法（1807年）やドイツ旧商法（1861年，ドイツ普通商法典）の立場と同じく折衷主義を採用している。立法論としては，ドイツ新商法（1897年制定，1998年改正）のように主観主義（ドイツ商法1条）が優れている（ドイツ商法の改正につき，高橋英治・会社法の継受と収斂26頁参照）。わが国の商法は，商行為を絶対的商行為と営業的商行為との二つに分けている。主体が商人であれ非商人であれ，また反復継続的に営業としてするか1回限りするかにかかわらず，その行為自体が商行為とされるのが絶対的商行為であり，これに対して，反復継続的に営業としてその行為が行われるときにはじめて商行為とされるのが営業的商行為である。非商人の一回限りの行為をも商行為とする絶対的商行為を設けることは妥当ではなく，

ドイツ新商法のようにすべてを営業的商行為とするのが妥当と解される。

3.2　絶対的商行為（商501条）

(1) 投機購買とその実行売却（1号）

① 形態と目的物　利益を得て譲り渡す意思をもって動産，不動産，有価証券の有償取得を目的とする行為（投機購買）またはその取得したものの譲渡を目的とする行為（実行売却）は絶対的商行為とされる（1号）。安く仕入れて高く売り，利益を得る行為であって，これが固有の商である。百貨店，商社，卸売業者，小売店などがこれに属する。原材料や部品を買い入れて製品にして販売するメーカー等もこれに属する（目的物は，動産，不動産，有価証券である）。動産である資材を購入し建物にして販売する場合のように，動産を取得して不動産にし，逆に，不動産を買い入れて動産にして販売する場合も同様である。粘土の出る山（不動産）を買い入れて瓦を製造販売するのが後者の例である（大判昭4・9・28民集8巻11号769頁，藤原雄三・商法総則・商行為判例百選（第二版）76頁参照）。このように，他人から有償取得したものをそのまま譲渡する場合だけでなく，製造（性質や用途を全く変えて別のものに）し，または加工（同一性を失わない程度に変更）して販売する場合も商法501条1号の行為に含まれる。

ここでの不動産とは，民法上の不動産（民86条1項）のほか特別法により不動産とみなされる立木，すなわち，所有権保全登記をした立木（立木に関する法律1条，2条），工場財団（工場抵当法14条1項），鉱業財団（鉱業抵当法3条）なども含まれるというのが通説である。不動産上の権利のうち所有権の売買だけがその対象であるとの理由で，不動産に関する規定が準用される鉱業権（試掘権，採掘権）は対象外であるというのが通説であるが，これらの権利は譲渡可能であるから，これを含めるのが相当である（大判昭15・3・13民集19巻554頁，西原寛一・商行為法68頁）。

有価証券としては株券，社債券等が典型的な対象であるが，株式の引受が

商法501条1号の適用対象になるかについては争いがある。株式の引受は，社員権の取得を目的とするものであって，その後会社から株券が交付されても，有価証券たる株券の取得はその結果にすぎないから，投機購買に当たらないというのが判例・通説である（大判大4・11・20民録21輯1887頁）。株券は株式（社員権）を表章する有価証券であるから，株券を取得すれば社員権を取得したことになる。利益を得て譲渡する意思で株券を取得すれば絶対的商行為になるが，株券未発行の間に利益を得て譲渡する意思で株式を引き受けた者は，通説・判例の立場によれば，その後株券が発行されてこれを譲渡しても商行為にはならないことになる。これは，均衡を失した見解であり，株式の引受も株券の取得と同様に扱うべきである（西原・71頁）。

現在では，株式等振替制度が普及しており，株式の取引は株券（現物）の移動を伴わず，帳簿上の付け替えだけで済まされており，電子株券が振替機関（機構）において保管されている。株式の取得者は機構で保管されている電子株券について持株数に応じた共有持分を有するにすぎず，株式の取引はこの共有持分の取引にすぎなくなっている。株式の取引が，有価証券である紙製の株券の占有・移転を伴わないで行われている現状を考慮すると，株式の引受（株式の最初の権利者）と株式の買入れとを区別すべき合理的理由はない。それゆえ，営利的転売の意思での株式の引受を投機売買に含ましめるのが妥当である。社債の引受についても同様である。

証券化されていない売掛債権，貸金債権その他の一般債権および特許権その他の無体財産権は商法501条1号の対象とされていない。リース会社やクレジット会社等が有するリース債権，クレジット債権を譲り受けて，これを小口化して販売する小口債権販売会社（特別目的会社）が存在する。これらの小口債権販売会社は会社組織で営業されており，かつ会社がその事業として行う行為はすべて商行為とされることになったので（会5条），これらの行為は会社が行ったときには商行為である。

② **有償行為**　商法501条1号は，利益を得て譲り渡す意思で目的物を有償取得することを定めているので，取得はもちろん譲渡も有償であること

を要求していることになる。取得または譲渡は一般には売買の形式で行われるが，有償取得であるかぎり，交換（民586条），消費貸借（民587条），消費寄託（民666条），請負（民632条）などでもよいと解される。

消費寄託（保管のため預かるが消費してもよいとの契約）については消費貸借の規定が準用される（民666条）ので，消費貸借の例で説明してみよう。一時的に品不足をきたしたコメの販売商が同業者からコメを有償（利息を付す約束）で借り入れ，それを消費者に販売する場合が考えられる。つぎに請負の例であるが，船舶の建造の場合には，売買ではなく請負契約の形式がとられる。船舶の建造を請け負った造船会社が自己の計算で原材料をすべて調達し，完成した船舶を注文者に引き渡している。これは，商法501条1号の絶対的商行為となる。これと，後述の営業的商行為である「他人のためにする製造又は加工に関する行為」（商502条2号）とは区別されなければならない。後者は，他人（注文者）が提供する材料を用いて製造または加工をするものである。

なお，動産等の有償取得を目的とする行為またはその取得したものの譲渡に関する行為とは，買入契約とか販売契約などその取得または譲渡を目的とする債権契約をいうのであって，契約の履行のためにする物権行為（目的物の引渡，不動産登記など）をいうのではない。また，目的物の取得は，法律行為による承継取得だけをいうのであって，農業，林業，漁業，鉱業などの原始産業における先占・捕獲による原始取得は含まない。

③ **営利意思** 商法は「利益を得て譲り渡す意思」（営利意思）をもって目的物を取得することを本号の絶対的商行為の要件としている。取得のときに営利意思があれば足り，売却の際に商品の値崩れなどにより損害を被っても，絶対的商行為性は失われない。行為者に営利意思が存在したことが必要であるが，通説によれば，その営利意思は行為者の内心に秘められていただけでは足りず，客観的外形的に認められることを要すると解されている。百貨店，スーパー，その他の一般の商人（企業）の場合には，その仕入行為が営利意思をもって行われていることは明らかであって問題にする必要はない。

3.2 絶対的商行為（商501条）

また，当事者の一方が商人のときは（商人間でのみ適用される規定を除き），商法が双方に適用される（商3条）ので，ここでも問題にする実益はない。

　商行為になるか否かが当事者の営利意思の存否にかかるのは，非商人が農家から自家消費とは思われないほど大量の果物を買い入れた場合などのような非商人間の取引においてである。この非商人が利益を得て転売する目的で買い入れたか親類や知人に贈与する目的で買い入れたかによって，商行為となるかどうか分かれる。そして，この果物の売買が商行為となるか否かで実際上問題となるのは，買主が代金を支払わない場合の時効期間は5年か（商522条）10年か（民167条1項），遅延利息は年6分か（商514条）年5分か（民404条）である。前述のように，通説は，営利意思が客観的外形的に認められる必要があると解しているが，それはできるだけこの種の行為が絶対的商行為となるのを排除した方がよいと考えているからである。「商法全編を貫流する外観主義の精神は，かかる営利意思が継続的に外部から認識できることを要求する。そうすると，素人の1回かぎりの投機売買などは事実上否定されるわけであり」，このような解釈は法的生活の安定を維持することになる（西原・67頁）と説かれる。この見解は，前述のような非商人の行為は相手方が行為者の営利意思を認識していたか否かを問わず，継続的に外部から認識できるものではないから商行為性を否定しようとするものである。

　これは，絶対的商行為の制度を廃止すべきであるとの立法論を背景とした大胆な解釈論であって，その立法論には賛成できるが，現行法の解釈としては，行為者が営利意思をもち，かつ相手方がそのことを認識していた場合には，商行為性を否定できないであろう。本来，営利意思の存否は事実認定の問題であり，通説のように客観性を要求しなければ商法の規定の適用の有無が不明確となり法的安定性を害するとの批判も考えられるが，それはもっと重要な商人資格の取得時期についてもいえることであって，この場合にだけ，特に問題とする必要はないと考える。

(2) 投機売却およびその実行購買 (2号)

　先に安く買っておいて利益を得て売却するのが普通である。それが前述の投機購買およびその実行売却である。その順序を逆にして，先に買主を見つけておいて，その後に売価より安く仕入れることによっても利益を得ることができる。商法501条2号は，そのことを「他人から取得する動産又は有価証券の供給契約及びその履行のためにする有償取得を目的とする行為」と定め，これを絶対的商行為の一種とした。たとえば，AがBに10万バーレルの石油を1バーレル当たり3000円で3カ月後に納入する契約を結び，その後AがCより1バーレル当たり2500円で買い付けて，これをBに納入すれば，Aは5000万円の粗利益を得ることができる。AがBに石油を売る契約を供給契約または投機売却といい，その履行のためにAがCより石油を買い入れる行為を実行購買または実行行為という。

　投機売却も実行購買もともに有償の債権契約として行われるものであること，法文上は明言されていないが営利意思が必要なことは明らかである。目的物は動産と有価証券に限られている。不動産が除かれているのは，不動産には個性があって，先に売却して後でそれを取得するのは困難な場合が予想され，供給契約に適しないからである（通説）。これに対して，不動産が除外されているのは，不動産取引の過剰化を抑えるためであるとの説（岩崎稜・現代企業法講座第1巻60頁）もある。興味深い見解ではあるが，不動産取引の投機過剰の抑制のためであれば，その効果がはるかに大きい第1号でも不動産を対象から除外したはずである。第2号でのみ不動産を除外したのは通説がいうようにそれが供給契約に適しないからと考えるべきであろう。第1号におけると同じように，灯油やエチレンの供給契約をしておいてそのために必要な原油を買い入れるなど，製造または加工を加えて履行する場合も含まれる。

(3) 取引所においてする取引 (3号)

　取引所には商品取引所と金融商品取引所とがあり，その施設・取引等は商

3.2 絶対的商行為（商501条）

品取引所法および金融商品取引法に詳細に定められている。

商品取引所には，会員商品取引所及び株式会社商品取引所がある（商取2条4項）。会員商品取引所は，会員組織の非営利法人であり（商取7条2項），その設立には主務大臣の許可が必要である（商取9条）。また，株式会社商品取引所は，株式会社組織の取引所であって，株式会社商品取引所になるためには，主務大臣の許可を受けなければならない（商取78条）。他方，金融商品取引所には，会員組織の法人である金融商品会員法人（金商2条15項，88条1項）のほかに株式会社金融商品取引所（金商2条18項，83条の2）があり，いずれも金融商品市場を開設するには，内閣総理大臣の免許を受けなければならない（金商80条1項）。

商品取引所において取引をすることができるのは，会員商品取引所ではその会員のみであり（商取97条1項），株式会社商品取引所ではその取引参加者のみである（商取97条2項）。個人もこれらの会員ないし取引参加者になることができる（商品先物取引法31条1項，82条2項の準用する同法15条2項は個人を欠格条件としていない）。個人が商品取引所において取引すれば，その行為は商法501条3号により商行為となる。

また，金融商品取引所において取引をすることができるのは，その金融商品取引所の会員及び取引参加者のみである（金商111条1項，81条1項3号，2条19項）。金融商品取引業を行う者には，第一種金融商品取引業を行う者（その業務範囲につき，金商28条1項参照）と第二種金融商品取引業を行う者（その業務範囲につき，金商28条2項参照）等があるが，個人も第二種金融商品取引業を行うことができる（第一種金融商品取引業では，株式会社でないことが登録の拒否事由となる，金商29条の4第1項5号イ）。第二種金融商品取引業を行う者は，みなし有価証券について市場デリバティブ取引（金融商品先物取引，金融指標先物取引，金融商品等のオプション取引，金利等スワップ取引等の総称，金商21項1～6号）をすることができるが（金商28条2項ⅱア，2条8項1号），個人が第二種金融商品取引業を行う者として金融商品取引所において，たとえば，市場デリバティブ取引をすれば，その行為は商

法501条3号により商行為となる。

　ところで，金融商品取引業を行う者が金融商品取引所で上場会社の株式を売買する行為は，商法501条1号または2号の商行為に該当するであろうか。上場会社が株券（現物）を発行していた時期はこれを肯定することができた。しかし，平成21（2009）年1月5日に全上場会社の株券は廃止され，上場会社の株式は電子株券として振替により取引されている。商法501条1号または2号にいう「有価証券」は，現物の株券を指し，電子株券はこれに該当しないがゆえに，現在，金融商品取引において行われる株式の取引を商法501条1号または2号の商行為と解することはできない。まして，市場デリバティブ取引の対象は，商法501条1号または2号にいう動産，不動産，有価証券には該当せず，同条1号または2号の適用は問題とならない。

(4) 手形その他の商業証券に関する行為（4号）

　現在の一般的用語としては，手形と小切手とは区別されるが，本号が設けられた当時の商法第4編「手形」の冒頭にあった旧434条は，商法において手形とは為替手形，約束手形及び小切手をいうと定めていた。したがって，本号にいう手形には小切手が含まれることは疑いない。

　問題なのは，本号にいう「その他の商業証券」とは何をいうかである。商法にはその定義がないので，この用語が使われたあらゆる状況を総合してその意義を明らかにする必要がある。通説によれば，商業証券とは商取引の目的とされる証券であって広く有価証券を意味するとされ，株券，社債券，公債券，貨物引換証，倉庫証券，船荷証券などを含むと解されている。すなわち，本号の商業証券とは広く有価証券を指すと解されている。しかし，商業証券が有価証券一般を意味すると解するのは，誤りといわなければならない。同じ意味ならば，立法者は同一の条文で違った用語を用いる必要がなかったはずである。

　商業証券という用語で立法者が何を表そうとしたのか，その沿革をたどってみる。旧商法では「流通しうべき信用証券」と表現されていた。旧商法で

3.2 絶対的商行為（商501条）

は，一方では有価証券という概念を用いつつ，それとは別個に信用証券という用語を使用していた。株券や社債券が資本証券と呼ばれるのに対して手形等のように振出人，引受人等の信用によって流通する一定金額の支払を目的とした証券は信用証券と呼ばれる。この「流通しうべき信用証券」という用語が，法典調査会の見直しの段階で「手形その他の指図債権」と変更された。なぜこのように変更したかの理由は示されていないが，流通しうべき信用証券をより具体的に表現するために「手形その他」と手形を例示したこと，また「流通しうべき」というと同じく手形の振出でありながら指図禁止手形が除かれて妥当ではなく，したがって，「手形」としたことが推測される。こうして「手形その他の指図債権」となったのであるが，これでは指図式の証券に関する行為に限定され，無記名式の証券（小切手等）の発行等が除外されることになって適当ではなく，その後さらに変更され，ついに「手形その他の商業証券」となって，これが新商法に採用されたのである（田邊光政「商法五〇一条における商業証券の意義について」証券・証書・カードの法的研究（長谷川教授古希記念）1頁以下参照）。

　このように，信用証券→手形その他の指図債権→手形その他の商業証券という表現の変化に注目すべきであって，立法関係者は，有価証券の中で手形を典型とする信用証券，すなわち一定金額の支払を目的とする証券に限定する趣旨であったと解するのが，立法趣旨に沿う解釈ということができる。この趣旨での商業証券という用語法はフランス法およびアメリカ法でみられる。フランス法上，商業証券（effets de commerce）は手形および小切手を中心とする証券，すなわち金銭の支払を目的とする流通性のある信用証券（titre de credit）の意義で用いられる。明治の立法者がフランス法を念頭におくことは可能であった。われわれが，信用証券という用語で把握するものを商業証券と呼ぶ例はアメリカにも見られる。1952年の統一商法典第三編は，商業証券（commercial paper）について規定し，それは手形，小切手，預金証書等に適用される（1990年に流通証券と改称）。

　このように，商法上の商業証券を「金銭の支払を目的とする流通可能な信

用証券」と解するときは，商法501条4号における「手形その他の商業証券」には，手形（コマーシャルペーパーを含む），小切手，質入証券（322頁参照）などが含まれる。このように解すれば，本条と商法530条における「手形その他の商業証券」とが同一の意義を有することを自然に理解できる（通説は，501条4号に私見とは違った意義を付与するので，両条で同じ用語であるにかかわらず，違った意味に解している）。

「商業証券に関する行為」とは，証券の振出，裏書，引受，保証などの証券的行為をいう（通説）。この点につき，商法起草委員の岡野敬次郎氏も，「証券を発行するか裏書をなし或いは引受をなし或いは手形につき保証をなすが如きものを含む」と説明している（日本近代立法資料叢書19，23頁）。証券の売買，交換，賃借等の実質的行為をいうのではない。

ところで，手形・小切手に関する行為を商行為と定めた本号は，判例によって白地手形の補充権および利得償還請求権の消滅時効に関して，その実定法的根拠とされている。すなわち，白地手形における補充権授与行為は本来の手形行為ではないが，商法501条4号所定の「手形に関する行為」に準ずるものであるから商法522条の商行為により生じた債券の規定を準用し時効期間は5年と解すべきであると説き（最判昭36・11・24民集15巻10号2536頁），また利得償還請求権は手形・小切手上の権利が変形したものであり，商法501条4号の「手形に関する行為」によって生じた債権に準じ，商法522条を類推適用しその時効期間は5年であると説いている（最判昭42・3・31民集21巻2号483頁）。しかし，これらの権利の時効期間は本号の規定に依拠してではなくて，手形法の解釈として処理されうる。

3.3　営業的商行為（商502条）

(1)　営業的商行為の意義とその除外

営業的商行為とは，その主体が営業としてなすことによって商行為となるものをいい，その類型は商法502条に列挙されている。それらの行為が営業

としてなされるとき，すなわち，営利の意思をもって反復継続して行われるときにのみ商行為となる。しかし，商法502条に列挙される行為を反復継続して行っても「専ら賃金を得る目的で物を製造し又は労務に従事する者の行為」は商行為とはならない（商502条本文ただし書）。石油発動機船による運送を営業として行ってももっぱら賃金を得る目的をもって労務に服する者と認定されたケースがある（大判昭11・2・1商法判例総覧第1巻359頁）。人力車夫，手荷物運搬人，ダイレクトメールの宛名書きそのほかの賃仕事，手内職などの行為も同様と解されている。かつての人力車が自動車に変わったと考えれば，個人タクシーも同様に商行為から除外される。

しかし，挽馬6～7頭を所有し，これに相当する馬子をも使用し運送の仕事に従事する行為（大判昭9・5・12民集13巻685頁）および相当の資本を投じ主として機械力を利用する設備経営のもとに精米を請け負う行為（大判昭18・7・12民集22巻13号539頁，佐藤敏昭・商法総則・商行為判例百選（第二版）80頁）はともに除外事例に属さず，商行為になると解された。除外事例に該当するか否かは，その営業が人的施設・物的施設の両面において社会通念からみて企業性を有すると認められるか否かにかかっている。

なお，商法502条の規定が制限的列挙か例示的列挙かについては見解が分かれている。通説は，商法の適用関係の明確化のために，制限的列挙と解すべきものとの立場である。より正確にいえば，通説は商法502条列挙の各号の字義を厳格に解すべきであるとの立場である。しかし，商法が絶えず生まれてくる新しい企業取引形態を捕捉するシステムをとっていない以上，列挙された各号の解釈を弾力的に解することが必要である。

(2) **各種の営業的商行為**
① **投機貸借およびその実行行為（1号）**　「賃貸する意思をもってする動産若しくは不動産の有償取得若しくは賃借」または「その取得若しくは賃借したものの賃貸を目的とする行為」は商行為とされる。換言すれば，賃貸をする目的で動産または不動産を買い入れまたは賃借し，このようにして取得

または賃借したものを他人に賃貸する行為をいう。貸家業，貸衣裳業，レンタル業などがこれに属する。リースには種々の形態があり，金融的性質の強いもの（ファイナンスリース）もあるが，すべてこれに属すると解してよい。有価証券は目的物に含まれていない。本号（1号）は，賃貸の目的で目的物を有償取得することを要件としている。取得した債券を証券会社に運用預けした例があるが，この場合の投資家は賃貸目的で債券を取得したのではなく，またその性質も賃貸ではなく消費寄託であるため，本号には含まれないと解すべきである。

　❖運用預りとは，証券会社が対価を支払って不特定多数の者から主として割引金融債の消費寄託を受け，これを担保にして金融機関その他から資金の借入れをするものである（鈴木竹雄＝河本一郎・証券取引法 114 頁参照）。大蔵省は昭和 41 年に運用預り制度の全廃に向けて指導を続けた。

②　**他人のための製造加工（2 号）**　　他人のためにする製造または加工に関する行為は営業的商行為である。「他人のためにする」とは，他人の計算においてするという意味であって，他人から材料の給付を受けまたは他人の計算で材料を買い入れることをいう。これを営業とするときに商行為となるのであって，その製造または加工に対して報酬を受ける契約をいう。製造とは，原材料の性質や用途を変更することであり，紡績業とか原油を精製してエチレンやビニール製品を作る場合などがこれに当たり，また加工とは，物の同一性を失わない程度に材料を変更することであって，クリーニング業，染色業，和洋裁業などがこれに属する。

③　**電気またはガスの供給（3 号）**　　電気またはガスの供給に関する行為は，通常は，売買契約の性質を有するが，設備の賃貸を伴う場合には，売買と賃貸借との混合契約となる。ところで，電気やガスの供給に関する事業は，公衆の日常生活に欠かすことができず，しかもその事業は独占的な大企業によって行われていて利用者（消費者）には供給者を選択する余地がないので，電気事業法およびガス事業法によってその事業が監督され，締約強制がなされていた。すなわち，一般電気事業者および一般ガス事業者は，正当な事由

がなければ，その供給区域における一般の需要に応ずる電気・ガスの供給を拒んではならないことになっていた（旧電気18条，旧ガス16条）。

しかし，平成28（2016）年4月1日より家庭向けの電力小売りが自由化され，既存の大手電力会社だけでなく，東京ガス，大阪ガス，石油元売り会社など多くの企業が電力小売事業に新規参入している。自由化後1カ月で電力小売事業に新規参入した企業は全国で300社に及んでいる（日経平成28年5月11日朝刊）。上述の電気，ガスの供給に関する契約強制の制度は廃止された。

④ **運送に関する行為（4号）** 運送とは人または物の場所的移動をいう。本号にいう「運送に関する行為」とは，通説によれば，運送を引き受ける行為，すなわち，運送契約をいうと解される。運送契約であるかぎり，その対象（人または物），手段（自動車，鉄道，船舶，航空機）のいかんを問わず，また陸上，海上，空中のいずれでもかまわないと解されている。このように，通説は，本号は運送契約のみを定めていると解するので，甲船（曳船）が乙船（被曳船）を曳く契約について次のように解している。物品運送においては，目的物が運送人の占有保管に移されることが必要であるところ，乙船が甲船の保管（甲船の船長の指揮）の下にあるときは本号の物品運送に該当するが，乙船が甲船の保管の下にない場合には一般の民法上の請負契約か雇用契約であって，本号の運送に関する契約には当たらないと解されている。

しかし，本号は運送に関する行為が営業的商行為になることを定めたもので，狭く運送契約のみに限定する必要があるか疑問である。乙船が甲船の保管の下にない曳船契約も乙船の運送に関する行為であって，本号の適用があると解してよいのではないか。さらに，料金を徴収する意図で道路を新設ないし修繕して一般人に利用させる道路公団の事業なども本号に該当すると解すべきであろう。

⑤ **作業または労務の請負（5号）** 作業の請負とは，家屋の建築，鉄道・道路の敷設，船舶の修繕など不動産または船舶に関する工事の請負契約をいい，土建業，建築業，造船業などがこれに属する。

労務の請負とは、労働者を必要とする者に労働者の供給を請負う契約をいう。労働者供給事業は、労働組合等が厚生労働大臣の許可を受けて無料で行う場合を除いては職業安定法（44条）によって禁止されている。このように、営利事業としての労働者供給事業が許されなかったことから、本号の「労務の請負」を営業的商行為としていることは無意味になったといわれてきたが、昭和60（1985）年に労働者派遣法が成立し、いわゆる人材派遣業が認められることになり（職安47条の2）、人材派遣業者の業務は本号によって営業的商行為となる。

❖労働者派遣法（労働者派遣事業の適正な運営の確保及び派遣労働者の保護等に関する法律）は、すべての業務についてではなく、適用対象業務を定めていた。そして、①その業務を迅速かつ的確に遂行するために専門的な知識、技術又は経験を必要とする業務、②その業務に従事する労働者について、就業形態、雇用形態等の特殊性により、特別の雇用管理を行う必要があると認められる業務について労働者派遣事業を認めることとし（労派法4条1項）、この基準に基づいて政令で、コンピューター関連の業務、法人代表者等の秘書業務、市場調査分析の業務、会計事務処理業務、外国貿易に必要な種々の書類作成業務、通訳・翻訳・速記の業務、清掃業務、博覧会等の受付業務を含む26業務が指定されていた。平成11（1999）年の改正で、港湾運送、建設、警備および政令で定める業務を除き自由化された。

⑥ **出版・印刷または撮影に関する行為（6号）**　出版社、新聞社、印刷会社、写真業などであることは明らかであろう。

⑦ **場屋の取引（7号）**　客の来集を目的とする場屋の取引とは、公衆の来集に適する人的・物的設備を用意して、公衆の需要に応ずる行為をいう。その契約の性質は、売買、賃貸借、請負などさまざまである。ホテル、飲食店、浴場、パチンコ店、劇場などその種類は多い。理髪店については判例と学説とで見解が分かれている。

判例は、商法にいう場屋の取引とは客をして一定の設備を利用させることを目的とする取引をいうと解したうえで、理髪業者と客の間にはただ理髪という請負もしくは労務に関する契約があるにすぎず、設備の利用を目的とす

る契約は存しないから，場屋取引には該当せず，営業的商行為に当たらないとした（大判昭12・11・26民集16巻1681頁）。しかし，取引行為だけを取り出してその性質を吟味すべきではなく，契約の履行のためには客の来店が必要であり，そこに特殊な物的人的設備があれば足りる（西原・82頁）として，学説上の通説は理髪店，美容院を場屋取引と解している。通説の立場が妥当である。理髪店を他人のためにする加工（2号）と解する立場（田中誠二・新版商法総論137頁）もあるが，2号は製造と並べて加工を定めており，理髪行為を加工と解するのは無理である。

⑧ **両替その他の銀行取引（8号）** 両替とは異種の貨幣を交換する行為である。銀行取引とは一義的でない。本号が営業的商行為となるものと定めている銀行取引とは何をいうかが問題である。通説・判例は，本号の銀行取引とは，社会通念に従って解すべく，それは，金銭または有価証券の転換を媒介する行為をいうと解している。そして，一方において，不特定多数人から金銭または有価証券を受け入れ，他方において，これらを必要とする者に融通すること，すなわち，受信行為と与信行為とが併存する必要があると説かれる。そして，自己資本のみで貸付をなす貸金業者や質屋営業者の行為は銀行取引には当たらないという（貸金業者につき，最判昭30・9・27民集9巻10号1444頁，質屋営業者につき最判昭50・6・27判時785号100頁）。学説も，これらの業者が不特定多数人から受け入れた資金をもって貸付をするものではないことを理由に判例の立場を支持している。しかし，判例・通説は現実を直視していないように思う。

貸金業者は「自己の資金」を貸し付けているとの前提に立っている。現実には貸金業者は他から借り入れて，それを自己の危険で貸し付けているのである。不特定多数の者から預金として受け入れた金銭を銀行が貸し付けることと，貸金業者が金融機関等から借り入れた金銭を貸し付けることとの間には，法律的性質に差異があるとしても，経済的には資金の提供者とその需要者との間をミドルマンとして媒介していることに変わりないのである。厳密な意味では，貸金業者や質屋営業者の貸付行為を「銀行取引」と呼ぶのは適

当ではないが，最も営利の追求心の強いこれらの者の行為に対して商法を適用しないというのは不合理である。そこで，これらの者を商人として扱うために，本号の銀行取引の意義を広く解する学者が増えている（小町谷操三・商行為法論45頁，田中誠二＝喜多了祐・全訂コメンタール商法総則87頁，服部栄三・商法総則（第三版）465頁，神崎克郎・ジュリ615号86頁，喜多了祐・金商513号2頁）が，この少数説の立場が妥当である。

⑨ **保険（9号）**　保険業者としては株式会社組織の保険会社と保険相互会社とがあり，前者の行為は本号により商行為であるが，後者は社員相互の保険であって非営利的行為であるとの理由で商行為には当たらないというのが通説である。しかし，すでに前述したように（49頁参照），保険相互会社を非商人と扱うのは実態に適合せず，商人と解すべきである。

⑩ **寄託の引受け（10号）**　他人のために物の保管を引き受けることであり，倉庫業者の行為がその典型である。自動車駐車場の経営もこれに当たる（岩崎稜・現代企業法講座1，67頁）。

⑪ **仲立ちまたは取次ぎ（11号）**　仲立ちとは，他人間の法律行為の媒介を引き受ける行為である。他人間の商行為の媒介を引き受けることを営業とする者を商法は単に仲立人（商543条）と呼び，商行為以外の法律行為（たとえば，不動産売買の周旋や結婚）の媒介をする者を民事仲立人という。本号の仲立は，媒介される行為が商行為であるか否かを問わないのであって，営業として他人間の法律行為を媒介することを引き受けることによって営業的商行為となる。したがって，民事仲立人も商人となる。

　取次とは，自己の名をもって，しかし他人の計算において法律行為をすることを引き受ける行為をいう。法律的には自己が権利義務の主体となるが，その経済的効果は他人に帰属する。物品（有価証券を含む）の販売または買入を取次行為の目的とする者を問屋（商551条）といい，証券会社がその典型である。物品の売買以外の法律行為の取次をする者を準問屋という（商558条）。広告の取次をする電通がこれに属する。そのほかに物品運送の取次をする者（日通など）を運送取扱人という（商559条）。運送取扱人は自己

の名において委託者の計算で運送業者との間で運送契約を締結する。

⑫ **商行為の代理の引受け（12号）**　企業活動を各地で行う場合，支店，出張所等を設けて行うこともできるが，そのためには人的・物的施設が必要になる。そこで，独立した第三者に商行為を代理して行わせ，取引高に応じて報酬を支払う方法が考えられる。一定の商人のために平常その営業の部類に属する取引の代理を引き受ける代理商の行為が本号に属する（商27条）。

⑬ **信託の引受け（13号）**　信託法にいう信託とは，特定の者が一定の目的に従い財産の管理または処分およびその他の当該目的の達成のために必要な行為をすべきものとすることをいう（信託2条）。このような信託を営業的に引き受ける行為は，本号（商502条13号）により商行為となる。実際には，信託業を行うには，内閣総理大臣の免許または登録を受ける必要があり，一定の要件を備えた株式会社でなければ免許または登録を受けられないので（信託業法3条，5条2項1号，7条1項，10条1項1号），行為主体が商人となっている。

⑭ **無尽業法による無尽**　無尽は頼母子ともいわれ，相互援助的な庶民金融の一種であった。一定の口数と給付金額とを定めて加入者を集め，一定の期日ごとに各口について掛金を払い込ませ，抽選または入札によって所定の金額を順次加入者に使用させるものである。昭和6（1931）年に無尽業法が制定され，相互銀行の前身としての無尽会社が各地で営業していた。昭和26（1951）年に相互銀行法が制定されたのに伴い，金銭の給付を目的とする金銭無尽は相互銀行のみが行うことができるようになったので，従来の金銭無尽会社は相互会社となった。さらに，平成元（1989）年以降，これらの相互銀行は普通銀行に転換していった（平成5（1993）年相互銀行廃止）。こうして，かつての金銭無尽は銀行業務の中に吸収された（銀行法2条4項）。

ただし，物品の給付を目的とする物品無尽の法として無尽業法は存続している。そして，同法は無尽とは一定の口数と給付金額を定め定期に掛金を払い込ましめ一口ごとに抽選，入札その他類似の方法により掛金者に金銭以外の財産の給付をなすものをいうと定めている（無尽1条）。無尽営業も内閣

総理大臣の免許を受けた株式会社だけが行うことができることになっており（無尽2条，3条），営業を行うことによって商人となるのではなく，商人であってはじめて営業を行うことができることになっている。

3.4　附属的商行為

(1) 主体の商人性

　商人がその営業のためにする行為を附属的商行為という（商503条1項）。営業として基本的商行為（本業）を行っている商人がその営業のために種々の附属的商行為を行うのが普通であるが，基本的商行為を開始する前に営業の準備行為をすることがあり，その準備行為が営業のために行われたものと認められるときは，それは附属的商行為となる。すなわち，会社の場合には，設立登記によって法人格を取得したときから商人であり，会社が本業自体を開始する前に営業のために行う種々の準備行為は附属的商行為である。会社以外の者がいつ商人資格を取得するかについては争いがあるが（50頁参照），ある者が特定の営業を開始する目的でその準備行為をしたときは，それにより営業を開始する意思を実現したのであって，その者はこれにより商人資格を取得し，その営業準備行為は附属的商行為となると解すべきである。擬制商人および小商人についても同様である。

　開業準備行為が附属的商行為となるのと同じように，商人が営業の廃止後その後始末としてなす行為も，商人がその資格においてなす最終の営業のためにする行為として附属的商行為となる。

(2) 営業のためにする行為

　附属的商行為は，商人がその「営業のためにする行為」である。営業のためというのは，直接営業のためだけでなく，広く営業に関連して営業の維持便益を図るための行為を含むものと解される（大判昭3・1・20新聞2811号14頁）。商人がその営業資金を借り入れる行為，商人が営業税納入のために

金銭を借り入れる行為（大判大 3・9・26 新聞 969 号 29 頁）はもちろん附属的商行為である。古銅鉄商人が沈没軍艦引上作業にあたりダイナマイトを使用して爆発させるため漁業を荒廃しかつその付近での漁業ができないことに対する損害補償契約は附属的商行為である（大判昭 6・11・6 民集 10 巻 990 頁）。また労働契約も会社にとっては附属的商行為である。会社と労働組合との間の退職金支給に関する協約上の約定は会社にとって附属的商行為であり，この約定に基づく退職金債権は商事債権であり（最判昭 29・9・10 民集 8 巻 9 号 1581 頁），商人と従業員との間の雇用契約は附属的商行為であるから，給料債権の遅延損害金には商事利率が適用される（最判昭 30・9・29 民集 9 巻 10 号 1484 頁）。

(3) 附属的商行為の推定

商人の行為はその営業のためにするものと推定される（商 503 条 2 項）。会社はもっぱら事業のために存在するものであって，生まれながらの商人であるから，その行為はつねに「事業として」または「事業のために」するものであって（会 5 条参照），推定規定の適用の余地はなさそうであるが，判例は，会社の行為は商行為と推定され，これを争う者において当該行為が当該会社の事業と無関係であることの主張立証責任を負うとの立場である（最判平 20・2・22 民集 62 巻 2 号 567 頁）。個人商人については，営業生活だけでなく私生活もありうるので，その者の特定の行為が営業のためであるかどうか疑わしい場合が生じ，そのような場合に推定規定が適用されることになる。

判例上，営業のためにするものと推定されたものに次のようなものがある。金融業者でない雑貨商人の貸金行為は特別の事情のないかぎり，営業のためにするものと推定された（大判昭 15・7・17 民集 19 巻 1197 頁）。そして，この判例は商人の行為自体より観察してその営業のためにするのではないことが明らかな特別な場合を除きその推定があり，相手方が意図した目的のいかんはその推定に影響を及ぼさず，雑貨商人といえどもその営業上の利益・便益を図るため金銭を貸し付けることがあるのは当然であって，その貸付行為

は営業のためにするものと推定されると説いている。つぎに，商人が他人の債務を保証する行為は，反証がないかぎり，その営業のためにするものと推定され，保証人の主たる債務者に対する求償権は商行為によりて生じた債権であるとされた（大判昭6・10・3民集10巻851頁）。

商法503条2項は，商人の行為はその営業のためにするものと推定する。本項は商人のある行為が営業のためにするものであるかどうか疑わしい場合に適用されるのであって，その行為自体から観察して営業のためにするものでないことが疑いない場合には適用されない。そして，本項により営業のためにするものと推定される場合において，その推定を覆すためには，それが営業と無関係であることを主張する者に立証責任がある。

3.5 準商行為

平成17（2005）年の商法改正前には，商行為をすることを目的とする会社を商事会社と呼び，商行為に該当しない行為をすることを目的とするが，商法（当時）の規定に従って設立された会社を民事会社として区別したうえで，民事会社にも商法を準用していた。しかし，平成17年改正によって会社に関する規定はすべて商法から独立した会社法に移され，会社はすべて会社法に従って設立されることになり，商行為を目的とするか，商行為以外の行為

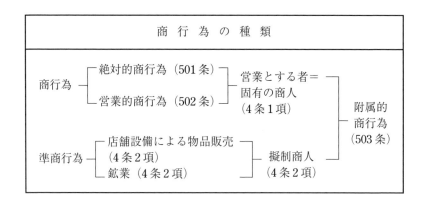

を目的とするかによる区別は廃止された。そして，会社がその事業としてする行為及びその事業のためにする行為はすべて商行為となるものと定められた。したがって，民事会社がその事業としてする行為及び事業のためにする行為はすべて商行為である。

　しかし，新法のもとでも，店舗その他の施設で物品の販売をする者及び鉱業を営む者は擬制商人であり，擬制商人の行う行為は準商行為である。

4 営 業

4.1 営業の意義

　商法は，営業という概念を二つの意義で用いている。すなわち，主観的意義において営業活動を意味するものとして用い（商5条，6条），また客観的意義において営業財産を意味するものとして用いている（商15条以下）。いずれの場合も，商人が営業を行うのであり，また商人は営業を譲渡できるのであって，営業は商人に帰属する客体的存在である。以下においては，まず主観的営業に関する事柄について順次述べ，最後に客観的意義の営業について説く。

4.2 営 業 能 力

(1) 未 成 年 者

　未成年者が商人として営業を行うには，法定代理人から予め営業の許可を得て行う場合と，法定代理人が代わって行う場合とが考えられる。これ以外に，未成年者が法定代理人の営業の許可を得ずに自営商人となりうるかについては見解が分かれる。判例の中には，未成年者は法定代理人の許可を得ない限り営業をなすことはできず，未成年者が事実上営業をなした場合でもそ

の営業につき法定代理人の許可がなければその未成年者を目して自己の名をもって商行為をなすを業とする商人ということはできないと解するものもあるが（奈良地決大10・10・12新聞1934号18頁），通説は，未成年者の行為は当然無効なのではなく，取り消すことができるにすぎず，かつ取り消さなければ有効なのであるから，その者が営利行為を業として行う以上商人となりうると解している。もちろん，通説の立場が妥当である。

① **許可を得て営業を営む場合**　未成年者は法定代理人の許可を得て一種または数種の営業を営むことができ，この場合には未成年者はその営業に関しては成年者と同一の行為能力を有する（民6条1項）。単に営業を許可するというのではなく，営業の種類を特定しなければならない。その営業は一種にかぎらず，数種であってもよい。営業の許可を得たときは，その営業に関する未成年者の行為は完全に有効である。

未成年者が営業をなすときは，未成年者登記簿に登記しなければならない（商5条）。未成年者の氏名，生年月日，住所，営業の種類，営業所が登記事項とされている（商登35条1項）。法定代理人が営業の許可を与えたことが登記の前提となっているものと解されている。商業登記法もそのことを前提としている（商登36条2項）。未成年者が法定代理人より許可を得ていない場合には，この者と取引をする第三者に，未成年者である事実を知らしめ，取引上注意を喚起せしめるべく未成年者の登記をさせることに意義が生じてくるが，許可を得たうえで営業をしている場合には，その者の行為は有効なのであるから，登記は取引をする第三者に安心を与える意義しかない。未成年者登記簿に登記済であるときは，未成年者は善意の第三者に対して当該営業につき完全な能力者であることを対抗できると一般に説かれている。

未成年者が法定代理人から許可を得ないで営業に関する行為をしても，その相手方から取り消されることはないのであるから，登記をしなくても未成年者自身に格別の不利益はないわけである。それゆえ，営業の許可を得たうえでなされる未成年者登記は，営業能力の有無を調査する利便を取引の相手方に与えるものとして意義があるというべきことになる（田中誠二=喜多了

祐・全訂コンメンタール商法総則111頁)。営業許可の与え方については格別の方式はなく，黙示でもよい。たとえば，未成年者が営業を行い，その父が金銭の出し入れをなし営業の監督をしている事実があれば，許可を得て営業しているものと解される（大判明34・3・22刑録7輯3巻37頁)。法定代理人の許可を得ていないのに，未成年者が営業の許可を証する書面を偽造して登記をした場合には，この者は行為能力の制限をもって善意の第三者に対抗できないと解すべきであるが，それは詐術を用いたことによる（民21条）と解すべきか，あるいは商法9条2項によるべきであろうか。不実登記に関する商法9条2項によるべきであろう。

　未成年者がいまだその営業に堪えることができない事由があるときは，法定代理人は営業許可を取り消しまたは制限（数種の営業のうちある種の営業に関する許可を撤回）することができる（民6条2項)。営業許可の取消または制限は将来に向かってのみその効力が生ずる。営業許可の取消による消滅の登記または営業許可の制限による変更登記をするのでなければ，その取消または制限をもって善意の第三者に対抗できない（商9条1項)。

　なお，営業許可を得た未成年者が死亡したときは，法定代理人は消滅の登記をすべきであり（商登36条3項)，未成年者が成年に達したことによる消滅の登記は，登記官が職権ですることができる（商登36条4項)。

② 法定代理人が代わって営業を営む場合

　（イ）　**親権者の場合**　　未成年者の親権者は未成年者を商人とし，かつ自らがその未成年者の法定代理人として代わってその営業をすることができる（民824条)。この場合には，商人は未成年者であるが，営業を行うのは親権者であり，かつ親権者は当然に代理権を有するのでその相手方の保護に欠けることもないので，登記は必要とされていない。

　（ロ）　**後見人の場合**　　後見人も未成年者を代理して営業をすることができるが，後見監督人があるときはその同意を得る必要があり（民864条)，必要な同意を得ないでした行為は未成年者または後見人において取り消すことができる（民865条1項)。後見人は被後見人のために営業することができ，

被後見人を当然に代理することができるが（民859条），その者が当該営業に関して被後見人を適法に代理しうる後見人の地位にあることを公示する必要があるので，後見人登記簿に登記しなければならない（商6条1項）。その登記事項は，後見人の氏名，住所，営業の種類，営業所である（商登40条1項）。後見人の代理権に加えた制限はこれをもって善意の第三者に対抗できない（商6条2項）。後見監督人が後見人の代理権に制限を加えることが考えられるが，そのような制限は登記事項ではないから，善意の第三者には対抗できないものとされる。

③ **会社の無限責任社員たる未成年者** 持分会社の無限責任社員となることを許された未成年者は，社員の資格に基づく行為に関しては，行為能力者とみなされる（会584条）。未成年者が合名会社の社員となり又は合資会社の無限責任社員となった場合の規定である。社員の資格に基づく行為とは，出資義務の履行，持分の譲渡，社員総会における議決権の行使など，社員と会社との内部関係に基づく行為をいい，機関としての地位に基づく対外的行為を含まない。

持分会社の社員は，定款に別段の定め（業務執行を行う社員の定め）がある場合を除き，会社の業務執行を行う権限があり（会590条1項），業務を執行する社員は，代表社員を定める場合の除き，原則として会社を代表する権限を有する（会599条1項）。それゆえ，持分会社の無限責任社員である未成年者も，定款で別段の定めがないときは，原則として会社の業務執行を行い，また会社を代表することもできる。

(2) 成年被後見人

成年被後見人の行為はつねに取り消すことができる（民9条）。事前に後見人が同意を与えていても同様である。未成年者の場合のように，営業許可の制度もなく，成年被後見人はみずから営業（自営）をすることはできない。成年被後見人も商人となることはできるが，その場合には後見人が代わって営業を行うべきことになる（民859条）。そして，後見人が成年被後見人に

代わって営業を行う場合には，後見監督人があるときはその同意を得なければならず（民864条），また後見人登記簿にその登記をしなければならない（商6条1項）。

> ❖成年被後見人が会社の無限責任社員となりうるかについては争いがある。後見開始の審判を受けたことが退社事由とされている（会607条1項7号）ことから，否定する見解もあるが（服部栄三・商法総則（第三版）34頁），会社は定款で後見開始を退社事由から除外することができ（会607条2項），また成年被後見人が会社の無限責任社員となることを認めても成年後見制度の趣旨に反することにはならないというのが多数説である（大隅健一郎・商法総則（新版）130頁ほか）。多数説が妥当であるが，会社への入社のほか社員たる資格に基づく行為もすべて後見人が代理しなければならない。

(3) 被保佐人

被保佐人が民法13条1項に列挙される行為をなすには，その行為が日常生活に関する行為である場合を除き，保佐人の同意が必要であり，その同意なくして行った行為は取り消すことができる（民13条1項，4項）。営業を行う場合には同条の列挙された行為をせざるをえない。被保佐人については営業の許可の制度はないので，被保佐人が自ら完全な能力をもって営業することはできず，また保佐人は法定代理人ではないので，保佐人が被保佐人のために代理して営業をすることもできない。

被保佐人も商人となりうることは疑いない。しかし，そのためにはどのような方法によるべきかについては見解が分かれる。第一説として，被保佐人は保佐人の同意を得て支配人を選任し，支配人をして自己に代わって営業をなさしめるべきであるとの見解がある（田中＝喜多・114頁）。この見解に対しては，支配人の選任は民法13条1項のどの行為にも該当せず，また保佐人の同意は特定の行為ごとに与えなければならず，同項の列挙する行為について包括的な同意を与えることは許されないと解されるところ，支配人の選任に保佐人が同意を与えることはこれと相容れないと批判されている。

第二説として，民法13条2項により，家庭裁判所の審判（被保佐人が営業

を行うについては保佐人の同意を得なければならない旨の審判）を得て，保佐人の同意のもとに（営業許可を得た未成年と同じように）被保佐人みずからが営業をなしうるとの見解がある（野津務・商法総則第二部74頁）。この見解に対しては，営業許可を得た未成年者についてとは異なり，被保佐人が営業の同意を得たことについて登記の方法がないから，このような営業の同意は許されないと批判されている。

　第三説として，民法13条2項により，家庭裁判所の審判（支配人の選任には保佐人の同意が必要である旨の審判）を得て，保佐人の同意のもとに支配人を選任し，支配人をして自己に代わって営業をさせるべきであるとの見解もある（竹田省・商法総則78頁，大隅・131頁，大森忠夫・新版商法総則・商行為法97頁）。この見解に対しては，支配人の選任については保佐人の同意を要する旨の家庭裁判所の審判を得る結果として，民法13条1項所掲の行為以外に保佐人の同意を要しない行為を認めることになるとの批判がある（田中=喜多・114頁）。

　被保佐人については，未成年者のように営業許可の制度は存在しないので，解釈論としては，第二説には無理がある。第一説と第三説との差異は，支配人を選任するについては保佐人の同意を要する旨を家庭裁判所が審判する必要があるかどうかだけである。第三説は，支配人の選任は民法13条1項の列挙するどの行為にも該当しないから，家庭裁判所の審判が必要と解しているが，形式論との批判もありえよう。重要な財産上の法律行為をさせる支配人を選任するについては保佐人の同意が必要であることは，民法13条の規定の趣旨から当然であると解すべきであろう。第一説が妥当である。

(4) 被補助人

　被補助人が特定の法律行為をするには補助人の同意が必要である旨の審判がなされたときは，被補助人が補助人の同意を得ないでした特定の法律行為は取り消すことができる（民17条1項本文，4項）。補助人の同意が必要とされる特定の法律行為は，民法13条1項に列挙された行為の一部に限られる

（民17条1項ただし書）。同意を要する行為が被補助人が行おうとする営業に関わるときは，被補助人はその行為につき補助人の同意を得なければ自ら営業を行うことはできず，被補助人による営業には被保佐人による営業と同様の問題が生じる。被補助人が営業を行う方法については，被保佐人が営業を行う方法と同様に考えられ，第一説によって処理されるのが妥当である。

4.3 営業の自由とその制限

(1) **営業の自由**

憲法22条1項は，何人も公共の福祉に反しないかぎり，職業選択の自由を有する旨を定めている。営業の自由がこれに含まれていることは明らかである。中世におけるギルドの時代には，営業の自由はなく，ギルドの構成員以外の者は営業を許されなかった。フランス革命を経て階級制度の廃止と営業の自由が近代国家において承認されるようになってきた。ただし，営業の自由は，種々の理由から制限を受ける。

(2) **営業の制限**

① **公法上の制限** （イ）猥せつな文書，図画その他の物の頒布販売（刑175条），あへん煙の輸入，製造，販売（刑136条）などは，一般公益上の理由から禁止される。（ロ）質屋営業，古物商営業，料理店営業，パチンコ店営業などは一般公安，風俗取締，保健衛生その他警察取締の理由から許可営業とされている。（ハ）銀行業，信託業，保険業などは，事業の公共性のゆえに免許営業または免許事業とされている。（ニ）簡易生命保険および信書の送達は国家の独占事業とされてきたが，これらの事業は平成15（2003）年4月に日本郵政公社に引き継がれ，このうち信書の送達は日本郵政公社のほか総務大臣の許可を得た民間事業者も行うことができることになった（民間事業者による信書の送達に関する法律6条）。（ホ）そのほか，身分上の理由からの制限もある。裁判官は在任中営業を営むことはできず（裁判所法52条3号），

国家公務員は人事院の承認，地方公務員は任命権者の許可がなければ営利企業を営むことはできず（国公103条，地公38条），弁護士は弁護士会に届け出なければ営利を目的とする事業を営むことはできない（弁護30条1項）。

② **私法上の制限**　営業譲渡人は一定の地域内で一定期間譲渡した営業と同一の営業をすることはできない（商16条）。代理商は本人の許可がなければ本人と同種の営業をなすことはできず（商28条1項1号，会17条1項1号），取締役は取締役会の承認を得なければ会社の営業の部類に属する営業をなすことはできない（会356条1項1号，365条1項）。これらの者に課せられているのは，本人，会社，営業譲受人等との同種の営業を回避すべき義務，すなわち競業避止義務であって，これらの者も競業とはならない営業をすることは自由である。しかし，支配人の場合には，競業であると否とを問わず，営業主の許可を得ないかぎり，一切の営業をしてはならない（商23条1項1号，会12条1項1号）。これらの者は特定の者（本人，会社など）に対する関係において営業の制限を受けるにすぎず，この制限に違反して営業した場合には特定の者に対し損害賠償義務などを負うことになるが，その営業上の行為が無効となることはない。

4.4　商人の営業上の名称（商号）

(1)　商号の制度

商号とは，商人がその営業において自己を表すために用いる名称である。商号の制度は，中世のイタリアで会社制度の発展に伴い，会社をその構成員から区別するために用いられたのが始まりであり，その後，個人商人も商号を用いるようになった。わが国では商家が屋号（伊勢屋，近江屋，大黒屋など）を用いて営業する慣例が室町時代に始まり，江戸時代にそれが一般化した。江戸時代においては，庶民は姓氏を使うことができなかったので，屋号が商号として利用された。明治維新後，すべての国民が姓氏を用いることができるようになったが，その後も屋号を商号とする例も少なくない。

4.4 商人の営業上の名称（商号）

　商号は商人の営業上の名称であって，営業主体を表す名称であるが，その名称のもとに永続して営業を行っているうちに老舗としての信用と名声を伴ってくる。その結果として，営業主体から離れて，その名称（商号）だけが経済的価値を帯びてくるようになる。こうして，商号が商人の信用の標的となり，また財産的価値を有するものであるから，これに関する種々の規制が必要となってくる。

(2) 商号の意義

　商号は「商人」がその「営業上」「自己を表示する」ために用いる「名称」である。以下，分説する。

　① **商人の名称**　　商号は商人の名称であって，商人でない者がその営業のために使用している名称は商号ではない。そして，通説は，保険相互会社や信用協同組合，信用金庫は商人ではないと解しているので，これらの法人の名称は商号ではないと解している。しかし，前述（2.3節）のように，これらの法人はすべて商人と解すべきであって，その名称は商号というべきである。

　小商人もその氏，氏名その他の名称をもって商号とすることができるが，小商人はその商号を登記することはできない（商7条，同11条2項）。

　② **商人の営業上の名称**　　会社の場合には，営業生活以外に，自然人のような一般生活を考える必要はない。しかし，個人商人の場合には，営業上の行為と営業とは無関係な一般社会生活上の行為とを区別することができる。個人商人がその営業上自己を表示するために用いる名称が商号である。商号は営業上の名称であるから，商号が成立するには営業の存在が必要であるが，営業の準備行為が存在すれば，商号の成立を妨げない（大判大11・12・8民集1巻11号714頁）。ところで，商人が自己の営業であることを示すために用いるものとして商標および営業標があるが，これらと商号とは区別しなければならない。商標は，商人が自己の取り扱う商品を他人の同種商品と区別するために用いるもので，文字に限らず，図形もしくは記号などでもよい。

また営業標は，商人がその営業そのものを表示するために用いる記号である（例 ⓂⓂⓂなど）。

③ 商号は商人の名称 商号は名称であるから文字をもって表示することができなければならない。図形，記号，紋様などは商標とはなりうるが，商号とはなりえない。たとえば「大丸」は商号となりうるが，Ⓜは商号とはなりえない。

商号は日本文字（漢字，ひらがな，カナ）でなければならず，外国文字を使用した商号を選定することはできないものと解されてきた。外国文字による商号の登記は認められていなかったからである。たとえば，「日本 IBM」は「日本アイ・ビー・エム」，「NTT ドコモ」は「エヌ・ティ・ティ・ドコモ」などの商号で登記されてきた。これらの会社は「日本 IBM」または「NTT ドコモ」の名称で営業を行いながら，役所への申請書類や銀行取引には登記簿上の商号を用いなければならず，不便であった。そこで，平成14年に商業登記規則が改正され，商号を登記するには，ローマ字その他の符号で法務大臣の指定するものを用いることができることになり（商登規50条1項），「日本 IBM」，「NTT ドコモ」のまま商号の登記ができることになった。

(3) 商号の選定

商号の選定に関しては三つの立法主義がある。第一は，商号真実主義であって，商人の氏名または営業の実際と商号との一致を要求するものである。この主義のもとでは商号の譲渡や相続が認められない。フランス法系の諸国で採用されている。第二は，英米法系の諸国が採用するもので，個人商人であれ会社であれ商号の選定を自由とする商号自由主義がある。第三は，折衷主義であって，新商号の選定に際してはその商号と商人の氏名または営業の実際との一致を要求するが，営業の譲渡や相続を認め，この場合には商人の氏名や営業の実際との不一致を認めるものである。ドイツ商法（新旧）はこの立場である。

わが国の商法は，商人はその氏，氏名その他の名称をもって商号とすることができる（商11条1項）と定めており，これは商号自由主義の立場に立つものである。「その他の名称」としては他人の氏名を含み，また営業の実際とは無関係な名称でもかまわないと解されている。ただし，以下のような制限がある。

① **会社の商号**　会社の商号中にはその種類に従い，合名会社，合資会社，株式会社または合同会社なる文字を用いなければならない（会6条2項）。会社はその種類により社員の責任が異なるので，会社と取引する者のためにその種類を明らかにしておく必要がある。商法とは別にそれぞれの業法でその営業内容を示す文字を商号中に用いることを要求している例が多い。たとえば，銀行，信託，無尽などの営業を営む会社は，その商号中に銀行，信託，無尽の文字を用いる必要があり（銀行6条1項，信託業14条1項，無尽4条1項），さらに保険業を営む会社はその商号中にその営む主たる保険事業（生命保険又は損害保険）を示さなければならない（保険7条1項）。

② **会社でない者の商号**　会社でない者はその商号中に会社たることを示す文字を用いてはならない（会7条）。会社の営業を譲り受けた場合も同様である。この規定に違反した者は100万円以下の過料に処せられる（会978条）。一般公衆が会社でない者を会社と誤認するのを防止する趣旨の規定であり，したがって，「会社であると誤認されるおそれのある文字」とは，会社という文字に限らず，一般公衆が会社と誤認するおそれのある文字の意義に解すべきことになる。たとえば，商会という文字は商人が商号として普通に使用するもので，この文字は会社なる文字と同義に解すべきではないが，合名商会というときは世人をして合名会社と誤信させるおそれがあるので，会社でない者は合名商会という文字を商号中に使用することはできない（大決明41・11・20民録14輯1194頁）。同様の趣旨で，銀行，信託，無尽，保険等の営業を営むのではない会社は，その商号中にこれらの文字を使用してはならない（銀行6条2項，信託業14条2項，無尽4条2項，保険7条2項）。

③ **営業主体を誤認させる商号**　なんぴとも不正の目的をもって他の商

人であると誤認されるおそれのある名称又は商号を使用することはできない（商12条1項，会8条1項）。この規定に違反して商号を使用する者があるときは，それによって利益を侵害され又は侵害されるおそれのある者はその使用の停止又は予妨を請求することもできる（商12条2項，会8条2項）。商号選定自由主義（商11条1項）のもとでは，他人の氏，氏名のほか他人を表す名称を商号として選定することも，原則として許されることにはなるが，不正の目的をもって他の商人の営業であると誤認させるような商号を使用させるべきではない。

（イ）　**不正の目的**　　不正の目的とは，ある名称を自己の商号として使用することにより，一般世人をして自己の営業をその名称によって表示される他人の営業と誤認させようとする意図をいうとするのが通説である。しかし，この場合の「不正の目的」は狭く厳格に解すべきではない。これを厳格に解するときは，それによって利益を害されるおそれのある者からの使用停止請求権が狭められることになり，その他人の保護に欠けることになるからである。むしろ，特別な理由もなく，他人の名称を自己の商号として使用する者は不正の目的があると推定すべきである。

（ロ）　**他人の名称を冒用**　　他人の許諾を得ないで他人の名称を使用する場合に使用停止請求の対象となる。その名称の使用につき他人から使用許諾を得たときは，違法とはならず，名義使用を許諾した者に名板貸人としての責任が生じるだけである（商14条，会9条）。

（ハ）　**利益を害されるおそれのある者**　　自己の名称を商号として使用されることによって利益を侵害され又は侵害されるおそれのある者は，その使用者に対して使用停止の請求ができ，また損害があれば損害賠償も請求することができる。ここでの「利益が害される」とは，財産上の不利益だけでなく信用失墜等の人格について生ずる不利益も含まれる。不利益を生ずるおそれがあれば足り，現実に不利益が生じたことを必要としない。自己の名称を冒用された者には，名板貸人としての責任を問われるおそれはつねにある。訴訟において名板貸人としての責任が否定されるときでも，被告として応訴

させられること自体が不利益である。

❖商法21条（現12条）を適用した最高裁判例（最判昭36・9・29民集15巻8号2256頁）がある。東京瓦斯株式会社（以下，Xという）は，本店を東京都港区においていたが，本店を中央区に移転することを計画し，中央区で新社屋が完成したが，中央区には別の会社であるX会社の商号が登録されていた。中央区の新光電設株式会社（以下，Y会社という）は，港区のX会社が中央区に移転することを知り，その移転を妨害して不当な利得（金銭）を得ようとの意図で，X会社と同様の事業を営むに足りる能力も準備もないのに，商号をY会社からX会社に変更して登記した。そのため，港区のX会社は中央区への本店の移転登記ができなくなったので（旧商19条），Y会社に対しその商号の使用禁止および商号登記の抹消を求めて訴えを提起した。最高裁は「Y会社が東京瓦斯株式会社なる商号を使用することは不正の目的をもってX会社の営業と誤認させる商号の使用であり，X会社はこれによって利益を害せられるおそれがある」として，旧商法21条を適用してX会社の請求を認めた。

(4) 商号単一の原則

会社の商号は自然人の氏名と同じく，その法人格を表す名称であるから，数個の事業を行う場合でも会社の商号は一個に限られる。これに対して個人商人については議論がある。大審院は，商人が数種の独立した営業をなしまたは数個の営業所を有する場合には各営業または営業所ごとに別異の商号を有することを妨げないが，同一営業につき同一営業所においては数個の商号をもつことはできない，との立場をとる（大決大13・6・13民集3巻7号280頁）。この立場によれば，商号単一の原則とは，商人の同一営業の，同一営業所における商号は一個に限られるという原則を意味する。大審院は，商号単一の原則につき，商法の明文にはないが，もしこの原則を是認しないとなれば，商人が同一営業所における単一の営業についてどんなに多くの商号を選定してもよいことになり，そうなれば，他人の商号選定の自由をゆえなく制限しまた取引上弊害を生ずるおそれがあることは明白であるからとその理

由を述べている。商号は、社会的には営業の同一性の認識の標準となるものであるから一個の営業につき数個の商号を用いるときは、一般公衆を誤認に導くおそれがあるのみならず、他人の商号選定の自由を制限することとなるからという（大隅・188頁）のも、同旨である。

　ところで、同一営業所の同一営業については商号は一個に限るという点、また数種の独立した営業については、それぞれ別個の商号（たとえば、甲時計店、甲メガネ店）を有しうる点については判例・学説とも一致している。しかし、同一営業であるが異なる営業所を有する場合に、営業所ごとに数個の商号をもつことができるかについて、判例はこれを肯定するが、学説の多数はこれを否定する。すなわち、各営業所の営業は同一営業の構成部分にすぎないのであるから、それぞれの営業所ごとに全く異なる商号を用いることは許されず、所定の営業所所在地の名称その他支店たることを示すべき文字を付加すれば足りるというのが多数説である（たとえば、甲商店名古屋店または甲商店名古屋支店など）。多数説の立場が妥当である。その立場によれば、商号単一の原則とは、同一営業については、営業所の単複にかかわらず、1個に限るとの原則を意味することになる。それゆえ、商人が他人の営業を商号とともに譲り受けた場合には、それに伴って複数の営業所を有することとなっても、譲受人の商号か譲渡人の商号かのいずれか一方を選択すべきことになる。

(5)　**商号の登記**
　①　**登記の要否**　　個人商人は、商号を登記するこができるが、登記するかどうかの自由がある（商11条2項）。ただし、小商人はその商号を登記することはできない（商7条）。なお、会社の場合には、設立登記の際にその他の事項と同時に商号を登記しなければならない（会911条～914条）。
　②　**商号登記の効力**　　旧商法には、商号が登記されたときは、同市町村内において同一営業のために他人が同一の商号を登記することができないという規定（旧19条）があったが、この規定は廃止された。この規定が廃止

されたことにより，新法のもとでは，個人商人のAがその商号を登記したのち，別の商人Bが同一商号を同一営業のために，同じ市町村内で登記することができる。旧法下のもとでは，その商号を登記している商人は同一市長村内では同一営業については，商号専用権を付与されていたが，新法のもとでは，商号を登記しても特別な保護を受けることはできないことになった。

　もっとも，二つの点に注意する必要がある。第一に，新法のもとにおいても，他人が既に登記した商号と同一の商号であり，かつ営業所の所在場所（地ではない）が同一のときは，登記することができない（商登27条）。同一の場所に二つ以上の同じ商号があったのでは，識別できないので，二つ目の商号の登記ができないのは当然であろう。第二に，Aが使用しているのと同じ商号を，Bがその後に使用を開始するときに，AはBにその商号の使用を停止するよう請求するこができるときがあるが，それは，Bが「不正の目的」をもって他の商人Aの営業であると世人を誤認させようとする場合である（商12条1項）。しかし，この場合にAがBに対して同一の商号の使用を停止するよう請求できるのは，Aが商号を登記しているからではない。商法12条に基づく商号の使用停止請求権は，商号を登記している者であるかどうかに関係なく付与される。

(6) 商　号　権

① **商号使用権・商号専用権**　　商号の上に成立する権利を商号権という。これには，商号使用権と商号専用権がある。使用権は，他人により妨害されることなく自由にその商号を使用することができる権利であり，専用権は，同一商号を他人が使用するのを排斥することができる権利である。Aは，「甲商店」という商号を使用して営業しているが，その後，BがAの商号と同じ「甲商店」という商号を使用して営業を始めたとしよう。この例によって，商号使用権と商号専用権について検討する。

　Aは，その商号を商品の発注及び販売などの法律行為はもちろん，看板・広告などの事実行為において，誰からも妨害されることなく，自由に使用す

ることができる権利があり，これがAの商号使用権である。商号使用権は，商号登記の有無に関係なくすべての商号について認められる。

BがAの使用している商号と同じ「甲商店」という商号を使用して営業を始めると，Bの営業であるにかかわらず，Aの営業であると誤認されるおそれがある。この場合，Bに「不正の目的」，すなわち，Bが「甲商店」という商号を使用することにより，一般世人をしてAの営業と誤認させようとする意図があるときは，AはBに対して「甲商店」という商号の使用を停止するよう請求することができる。AがBに対して，Aの使用する商号と同じ商号の使用を停止するよう請求できるということは，Aには商号専用権があるからと考えてよいであろうか。商号を独占的に使用することができ，他人による同じ商号の使用をつねに排斥することができる権利という意味での商号専用権を，わが国の商法は認めていない。同一営業における同一又は類似商号の同じ市町村内での登記を認めないものとしていた旧商法19条は削除され，不正の目的がないかぎり，同市長村内でも同じ商号を使用することができ，また登記もできることになった。したがって，新商法のもとでは，商号専用権は認められていない。

② **商号の性質**　　商号は商人が営業上自己を表示するために使用する名称であるが，長年の使用により営業自体を表示するようになり，商人の名声・信用を現すものとして財産的価値を有することになる。それと同時に，商号は商人の営業上の名称であるから，商号権は自然人の氏名権と同じく人格権的性質をも有することになる。商号権は登記の有無を問わず法の保護を受けるものであるから，登記の有無にかかわらず，一方では人格的性質を有し，その侵害に対しては損害賠償のほか信用を回復するに必要な処置を求めうると同時に，他方では，営業上の名称として財産的性質を有することは明らかである。財産的性質があるから商号権の譲渡が行われるのである。

(7) 商号の譲渡

① **商号の譲渡・相続**　商号は登記の有無を問わず排他的効力が認められ，財産的価値を有するから譲渡の対象となる。商号は社会・経済的には営業の名称たる機能を有し，世人はその商号のもとに特定の営業を連想する。営業と離れて商号だけの譲渡が行われると，営業についての誤認が生じかねない。そこで，商号は営業と共にする場合または営業を廃止する場合に限り譲渡できるものとされている（商15条1項）。営業と共に商号を譲渡する場合には，その全営業を譲渡する必要があり，営業の一部を商号と共に譲渡することは許されない。ただし，本店または支店の営業を分離して商号と共に譲渡するとともに，譲渡人が残余の営業所の営業を従前の商号を続用して行うことは，他の規定（たとえば，商16条）に抵触しないかぎり妨げないと解される（大隅・201頁）。営業を譲渡人が廃止する場合には，商号だけの譲渡が認められるが，この場合には，商号譲受人がその譲渡人とは異種の営業を行うことを前提としていると解すべきである。商号譲受人が同種の営業を行う場合には，営業主の変更を知らない第三者の誤認が生ずることになるのに対し，商号の譲渡人が営業を廃止し，他方，譲受人が別の種類の営業を行うときは，混同のおそれがなく，したがって，この場合には商号のみの譲渡が認められたものと解すべきであろう。

ところで，個人商人が会社の商号を，また会社が異種類の会社や個人商人から商号を譲り受けることができるかの問題がある。ある判例は，会社でないものは会社たることを示すべき文字を商号中に用いることができず（会7条），(a)会社はその種類を示す文字を商号中に用いなければならないところ，商号は全一体として観察すべきもので，これを分割しかつ部分を譲渡するとか，あるいは他の商号を以て自己の商号の一部を構成して前後同一であるということは許されないから，会社は自然人や異種類の会社の，また自然人は会社の商号を譲り受けることができない，(b)会社が自然人や異種類の会社の商号を買収しその主要部分に自己の会社の種類を示す文字を付加して使用することはあるが，これは商号の譲渡ではなく，他人をして商号の放棄をさせ

る契約であり，それによって自己の商号の使用につきその他人から使用の差止または損害賠償の請求をされることを免れ，自己の商号につきその他人に対し完全な商号使用権を有するにとどまる，と説いた（京都地判昭32・11・13下民集8巻11号2060頁）。

これに対して，個人商人が「名和洋品店」なる商号で営んでいた営業を譲り受けてその商号に「株式会社」の文字を付加して商号としていた事例につき，従前の商号（名和洋品店）に会社の種類を付加して使用することは，商号の同一性を失わないと解すべきであるから，旧商法26条1項（現商17条1項，会24条2項）にいう商号の続用に該当する，と説いた判例がある（東京地判昭34・8・5下民集10巻8号1634頁）。京都地判は，商号は全一体として観察すべきで個人商人の商号に会社の種類を示す文字を付加すれば商号の同一性を失うとするのに対し，東京地判は，商号は同一性を失わないと解している。学説も，京都地判の立場を支持するもの（大隅・202頁，大森・140頁）と，東京地判の立場を支持するもの（田中=喜多・279頁，服部・192頁）とに分かれる。商号中の会社の種類を示す文字は主要部分ではないこと，商法17条の適用等のためにも同一性を認めるのが妥当であることから，東京地判の立場を支持すべきである。

商号は財産的性質を有するので相続が可能である（商登30条3項参照）。なお，商号は営業とともにのみ譲渡するのが可能であることを根拠に，営業と離れて商号のみを差し押さえることはできないというのが通説である。

② **商号譲渡の対抗要件**　商号の譲渡は当事者間では意思表示だけで効力が生ずるが，商号の譲渡を第三者に対抗するためには登記が必要である（商15条2項）。商号譲渡の登記は対抗要件であって，譲渡の効力要件ではないがゆえに，未登記商号についても，その譲渡は意思表示だけで行うことができ，譲受人が登記すれば第三者にも対抗することができる。商法15条2項は第三者の善意・悪意を問題にしていないので，商号の二重譲渡が行われた場合，後に悪意で譲り受けた者が先に登記をすれば，この者の商号権が優先することになる。

4.4 商人の営業上の名称（商号）

(8) 名板貸

① 意義 名板貸とは，ある者（名板貸人）が自己の商号を使用して営業または事業をすることを他人（名板借人）に許諾することをいう（商14条，会9条）。看板貸，名義貸などともいい，取引所における商慣習から発生した（実方正雄「名板貸契約」法時24巻5号15頁）。明治26 (1893) 年制定の取引所法（昭和25 (1950) 年商品取引所法の制定により廃止）は，取引員になるためには政府の免許を受ける必要があるものとし，相当に厳重な資格要件を設けていたので，取引員の資格を取得しないで，有資格者からその営業名義を賃借りする例が広く普及していた。この場合，名義貸人自身は営業を行わず，名義借人だけが，米穀などの商品の仲買営業を行った。名義貸人（甲商店）は名義借人乙を自己の代理人（甲商店主任乙）として取引所に届け出て，乙の店舗の暖簾，広告には甲商店の名を表示し，取引委託者との間で授受する書類にはすべて甲商店主任乙と表示していた（四日市区裁大3・11・30新聞987号22頁の判決文に詳しい）。

名義貸の当事者間における名板貸契約は免許事業についての脱法行為であって，この種の契約は無効であり，名義借人が名義貸人に預けた保証金の返還は認められなかった（大判大15・4・21民集5巻271頁）。名義借人と委託者との関係についても，公の秩序に反する事項を目的とする法律行為として無効であり，当事者間に債権債務の関係を生ずることはなく，名義借人が委託者に対し清算金支払義務を負うことも，また委託者が名義借人に損失金給付義務を負うこともないと解された（大判大8・6・14民録25輯1031頁，大判大7・6・28新聞1452号22頁）。ただし，委託者が名義借人に交付した証拠金については，この差入行為をもって委託者の側より見て公の秩序善良の風俗に反する行為とはいえないとして，その返還請求を認めた（大判昭16・9・6新聞4726号7頁）。また，名義貸人と第三者（委託者）については，名義貸人は名義借人に代理権を授与したとの表示をしたものと解され民法109条に基づく表見代理の責任を負うものと扱われた（前掲四日市区判）。民法109条による責任であるから，悪意の委託者に対しては名義貸人は何ら責任

を負わないとされた（大判大4・9・29民録21輯1520頁）。

昭和13（1938）年の商法改正の際に商法42条（現24条），同262条（現会354条）とともに名板貸に関する商法23条（現14条）が新設された。名板貸人は自己を営業主と誤認して取引をなした第三者に対して名板借人と連帯して弁済の責を負う。名板貸人の責任の根拠は，禁反言則（エストッペル）または外観法理に求められる（第Ⅰ編1章1.4節3.の(3)の②参照）。禁反言則では，他人に対しある事業について自己の商号を使用することを許容した者は，その事業につき自己が責任を負担すべき地位に立つ旨を表示したものにほかならないから，名義借人がその事業に関しなした法律行為につき第三者に対し自らその責を負うべきことになる，と説明される（伊沢孝平・表示行為の公信力139頁）。外観法理では，名板貸人は他人にその商号の使用を許諾することによって自己が営業主らしくみえる外観の発生を有責的に作り出したことに帰責事由があるものと説くべきことになる。

② **名板貸人の責任の要件**

（イ） **名義の使用許諾**　　平成17（2005）年改正前の商法23条は，使用許諾の対象を「自己の氏，氏名又は商号」としていた。そのため，「金森製材組合」の商号で木材業をしていた金森氏が他人に「金森木材」の商号で営業することを許諾したのは，自己の氏の使用許諾に当たるとして名板貸の成立を認めた（最判昭34・6・11民集13巻6号692頁）。改正後の商法14条は，使用許諾の対象を「自己の商号」に限定した。

会社がその商号の使用を許諾する場合には，出張所という表示を付加する例が多い。土建業を目的とする株式会社山本組が他人に「山本組京都出張所」の商号で営業をすることを許諾したケース（京都地判昭25・6・21下民集1巻6号958頁），建築請負業の株式会社梅村組が他人に「株式会社梅村組宮崎出張所」の商号で営業をさせたケース（最判昭33・2・21民集12巻2号282頁）などがそうであり，その他人が出張所長Aの肩書きで取引をした場合に名板貸の成立を認めている。

名板貸人の商人性の問題があった。まず名板貸人の商人性についてである

が，一般には，名板貸人は商人である必要はなく，非商人たる個人または会社以外の法人でもかまわないと説かれていた（大隅・205頁など）が，名板貸人が営業主であるという外観が必要であることから，少なくとも名板貸人は営業主（商人）となりうる可能性のある者でなければ商法14条の適用はなく，ただ，商人となりうる能力（資格）を有しない法人にあっても，表見的営業主体たる可能性はあるから同条の類推適用を認めるべきであるとの見解もあった（米沢明・名板貸責任の法理32頁以下）。名板貸人の商人性に関する議論は，平成17年の商法改正によって決着した。改正前の商法23条は「自己の氏，氏名又は商号を使用して営業をなすことを他人に許諾したる者は」と表現されていたために，名板貸人の商人性が議論されたが，平成17年の改正後の商法14条は「自己の商号」の使用を「他人に許諾した商人」と規定し，名板貸人が商人である場合に適用されることを明確にした。

　名板借人についても同様の議論がある。名板借人は名板貸人の名義を営業において用いるのであり，したがって商人であることが商法14条の適用要件であるが，名板借人が商人でなくても，その者による取引行為について名板貸人がその取引主体であるという外観が生ずるかぎり，外観を信頼した第三者を保護する必要があり，したがって同条を類推適用すべきであるというのが通説であり（田中=喜多・267頁，米沢・47頁など），判例でもある（最判昭35・10・21民集14巻12号2661頁）。

　この判例のケースは，東京地方裁判所が現職の職員らに裁判所庁舎の一部の使用を許し，職員らが裁判所の承諾のもとに「東京地方裁判所厚生部」なる名称で商品を仕入れ，市価より安価で職員に販売していたもので，納入業者は裁判所が取引主体であると誤信していた。最高裁は，東京地方裁判所当局が「厚生部」の名称使用を認めた以上，これにより，東京地方裁判所は「厚生部」のする取引が自己の取引なるかのごとく見える外観を作り出したものと認むべきであり，その相手方が善意無過失でその外形に信頼したものとすれば，自らその責に任ずべきであると説き，また，官庁といえども経済活動をしないわけではなく，官庁のなす経済活動の範囲においては，善意の

相手方を保護すべき必要は一般の経済取引の場合と少しも異なるところはない，と判示した。この事案の名義貸人は商人ではなく，また名義借人には法人格すらなく営利目的もない団体であるという特殊なケースであったが，「民法 109 条，商法 23（現 14 条）条に照らし」裁判所に責任があるとした。このような場合にも，商法 14 条を類推適用すべきであるというのが学説上も支配的である（大隅・207 頁，田中＝喜多・267 頁，服部・216 頁）。

　特定の商号で営業を営んでいるか，または営んでいた者が，その商号の使用を他人に許諾した場合には，営業の同種性が問題にされる。判例は，同種性が必要であるとしたうえで，特段の事情があるときは別に解すべきであるとしている。すなわち，商号は，法律上は特定の営業につき特定の商人を表す名称であり，社会的には当該営業の同一性を表示し，その信用の標的となる機能を営むという事実に基づいて，商法 23 条（現 14 条）は，自己の商号を使用して営業をなすことを他人に許諾した者は，自己を営業主と誤認して取引をした者に対し同条所定の責任を負うべきものとしているのであり，したがって，現に一定の商号をもって営業を営んでいるかまたは従来一定の商号をもって営んでいた者が，その商号を使用して営業を営むことを他人に許諾した場合に責任を負うのは，特段の事情のないかぎり，名義借人の営業が名義貸人の営業と同種であることを要するところ，Y は「現金屋」の看板を掲げて営んでいた電気器具商をやめるに際し，その使用人であった A が同じ店舗において「現金屋」の商号で食料品店を経営することおよび経営していたことを了知し，A が Y 名義のゴム印および印鑑（＝印章）を用いて売買取引および銀行取引をすることを承諾していたという事情は特段の事情に当たるとして，Y に名義貸人の責任を認めた（最判昭 43・6・13 民集 22 巻 6 号 1171 頁）。

　学説は一般にこの判例の立場に批判的である。特段の事情がなくとも，およそ名義借人が他人の商号を使用して一定の営業を営む場合には，名義貸人の営業とは別種の営業であっても，名義貸人の営業であると誤認せしむべき表見的事実が作り出されるのであるから，特段の事情がなくとも，名義貸人

4.4 商人の営業上の名称（商号）

はその商号の使用を許諾したかぎり原則として名義貸責任を負うべきであると説かれる（村田治美・昭和43年重判74頁，同旨，実方正雄・法学教室（旧）5号63頁，米沢・164頁，大隅・207頁，服部・218頁）。商号はそのもとで行われている営業の同一性を表すものではあるが，商人が営業の種目を変更ないし追加することは自由であるから，取引社会において別種の営業であっても営業主体の誤認は生ずる。したがって，営業の同種性を問題とすべきではない。

なお，名義の使用許諾は明示に限らず黙示の許諾でも足りる（通説）。他人が自己の商号を使用して営業していることを知りながらこれを阻止せず，暗黙に商号の使用を許諾していた場合には，名義貸責任が生ずる（最判昭30・9・9民集9巻10号1247頁，最判昭33・2・21民集12巻2号282頁）。明示または黙示の使用許諾が名義貸人の帰責事由である。この点でとくに黙示の場合については考慮が必要である。自己の名称を他人が使用している事実を知りながら，その使用の差止を請求せず放置していたということだけから直ちに黙示の許諾があったと解すべきではなく，放置しておくことが社会通念上で妥当でないと考えられる状況のもとにおける放置であってはじめて黙示の許諾と認められる（古瀬村邦夫・経営法学全集7巻390頁，米沢・107頁，田中＝喜多・269頁）。軽々しく黙示の許諾があったものと認定するのは適当でない。判例上も，黙示の許諾があったとされた事例は，自己が営業を廃止した部門をそのままの施設において，それまでその部門の主任者であった使用人に賃貸し，その使用人が従前の商号を続用した場合（最判昭42・2・9金商54号10頁），会社がみずから営業所を設け，その連絡係としていた者がその営業所名義で独自に営業した場合（最判昭33・2・21民集12巻2号282頁）などに限定している。

(ロ) **誤認による取引**　相手方が名義貸人を営業主と誤認して名板借人と取引した場合でなければならない。誤認するにつき第三者に過失または重過失があった場合はどうなるか。これについては，見解が分かれる。

第一に，第三者は善意あれば足り，過失があっても保護されるとの説（単

純善意説）もある（古瀬村・398頁）。この説は，名義貸人の責任につき，名義貸与者が自己の名義を貸与することにより営業に関与したという事実を重視するもので，誤信した第三者の保護を広く認めるものである。第二に，第三者に善意かつ無過失を要求する説（無過失説）もある（米沢・120頁）。同条は，禁反言の法理の発現として，基本的理念において民法109条と共通であるから，民法109条の解釈におけると同様に第三者に善意・無過失を要求すべきであるというのである。第三に，第三者が善意の場合には，過失があっても保護されるが，重過失は悪意と同様に扱うべきであるとの説（無重過失説）がある（大隅・209頁，池野千白・テナント契約（現代企業取引法）149頁ほか多数）。判例もこの立場を採る（最判昭41・1・27民集20巻1号111頁）。この説が妥当である。

　商法が商取引ないし営業に関して第三者の保護をはかる規定を設けている場合に民法の類似の規定（109条）の解釈に合わせようとするのは（無過失説）筋違いも甚だしい。商取引においては，民法が想定する取引の安全保護よりも強化された取引の安全保護の要請がある。商法14条は，自己の名称使用の許諾（帰責事由），名義貸人の営業であるかのごとき外観，営業主の誤認（外観への信頼）という三要件からなっているが，これらの要件を総合的に考慮する必要があり，帰責事由のみを重視して，第三者の過失を不問に付したり（単純善意説），逆に，第三者に慎重な注意義務を要求し，軽過失があった場合には保護しないとするのは（無過失説）ともに妥当といえない。商取引における第三者保護の標準的な要件は重過失がないことである。昭和13（1938）年に14条と一緒に新設された商法24条および会社法354条でも過失については文言上なんら言及されていないが，一般に重過失のあった者の保護を排除する解釈が行われている。商法14条の名義貸人の責任が連帯責任であることは特別の事情ともいえないがゆえに，商取引の一般的な保護の要件である善意・無重過失が基準とされるべきである。

　それでは，いかなる場合に重過失があるかである。重過失が認定された事例と重過失がないとされた事例とを採り上げてみる。

4.4 商人の営業上の名称（商号）

まず，重過失が認定された事例をみる。(a) Y 社に勤務していた A は，独立して，Y 社新宿支店長 A の名で営業することを Y 社から許諾され，Y 社新宿支店の看板を掲げて同種の営業を開始した。A は Y 社と同じく X（雪印乳業）から商品を仕入れていた。営業開始から 7 年後に，A は X に融資を求め，X の営業所長 B らは，A 所有の土地家屋に Y 社のための抵当権設定登記が行われている事実を知ったこと，新宿支店の分は帳簿上 Y 社とは区別して受注や代金請求をしており，代金は A 個人の約束手形や小切手で受け取っていたことから，「X が新宿支店を Y の支店であると誤認していなかったことまでは認められないが，少なくとも昭和 40（1965）年（融資話のあった際）以降は誤認について重大な過失があった」とされた（東京地判昭 42・12・20 判タ 219 号 159 頁）。(b) Y は地方の有力木材業者であり，A が Y 材木店姫路支店の名で同種の営業をなすことを許諾していた。X は A との間で，継続的に木材の売買取引を行い約 5700 万円の売掛金があった。X の担当者 B は A から，「看板は Y の名を掲げているが，実態は A の営業であり，経理も別である」旨を告げられていたが，X は大量かつ長期にわたる取引であるにかかわらず Y との間で基本契約を締結することも，Y を一度も訪問もせず，電話連絡すらしなかった。A が支払不能となったので X は Y に請求し，Y には名義貸人としての責任があると主張した。大阪地裁は，「X は本件取引が継続的で金額，数量ともにかなりなものというべき信用取引であるにかかわらず，相手方に対する照会をせず，X の担当者は A から同人は Y とは経理が別である旨告げられていたのにその点の調査をすることも，これを上司に報告するもせず，漫然と A と取引をしたものであり，X が取引相手方を Y であると誤信したことにつき重大な過失があった」とした（大阪地判昭 44・2・4 判時 564 号 72 頁）。

重過失がないとされた事例をみる。(c) A は昭和 52（1977）年から，土木建築業を営む Y 社の許諾のもとに Y 社仙台支店として登記し，官公庁から道路舗装工事を請け負っていた。昭和 54（1979）年に A は死亡し，A の妻の実弟 B がこれを引き継ぎ，Y 社の許諾のもとに同社仙台支店長の肩書き

で同様の事業を行っていた。Bの事務所にはY社仙台支店の看板を掲げ、Bの従業員もY社仙台支店の従業員としての名刺を使用し、工事現場でもY社の名の入った標識を使用していた。Aと同じくBもY社の取締役として登記されていた。「Bが事業を引き継ぐ前からAと道路資材の取引を継続していたXが、引継後のBとの取引につき営業の主体をY社と誤認したことに重過失があったということはできず、Y社はXに対し名板貸人としての責任を免れることはできない」とされた（仙台高判平1・1・27金商826号31頁）。

重過失は訴訟上、悪意の立証はできないが、証拠からある事実を「知っていたに違いない」という趣旨で悪意の代替概念として用いられることもあるが、以上の判例では、商法14条に関しては、取引の相手方に一定の注意義務を要求し、注意義務の著しい懈怠の意味に理解されている。(a)と(b)のケースでは、営業主体の誤認はなかったのではないかとさえ思われるが、かりに誤認があったとしても、営業主体につき疑念を生ずべき客観的事実が存在したにもかかわらず、何の調査もしなかった場合であり、重過失があったというべきである。これに対し、(c)のケースでは、Y社がAおよびBを同社の取締役として登記までしており、かつY社仙台支店として登記されていたほか、現場でのY社の表示、従業員の名刺にいたるまで、営業主体につき疑念を生ずべき外観は全く存在しなかったのである。

③ **名義貸人の責任** 名義貸人は名板借人が取引によって負担した債務につき連帯して弁済の責任を負う。名義貸人は名板借人の取引によって生じた債務および取引に関連して生じた債務につき弁済の責任がある。たとえば、売買の合意解除に際して買主に手付金を返還することを約した場合の手付金返還債務についても名義貸人の責任は及ぶ（最判昭30・9・9民集9巻10号1247頁）。判例はそのほか、免許を受けて自動車運送業を営む者（名義貸与者）が違法に他人（名義借受人）にその営業名義を使用して自動車運送事業を営ませた場合において、名義借受人の雇用する運転手が自動車事故により第三者に加えた損害につき名義貸与者が民法715条の法理に従い賠償責任があるとする（最判昭41・6・10民集20巻5号1029頁）が、商法14条（会9

条）は取引によって生じた債務に限られ，不法行為については適用がない（通説，最判昭52・12・23民集31巻7号1570頁）。

　ただし，取引の形式による不法行為については商法14条（会9条）を適用すべきである。たとえば，甲会社が乙会社に甲会社名義を使用して営業することを許諾していた場合には，乙会社が甲会社名義でした手形行為についても甲会社は商法14条（会9条）に基づく責任を免れない（最判昭42・2・9判時483号60頁，最判昭58・1・25判時1072号144頁）とされているが，乙会社において手形振出の権限のない者が甲会社名義の手形を偽造し，乙会社がその偽造手形について責任を免れない場合（判例の立場によれば表見代理の規定が類推適用される場合）には甲会社も手形の善意の取得者に対しては連帯して責任を負うべきことになる（福岡高判昭42・11・11判時522号79頁参照。ただし，この判例の事実認定は疑問）。

4.5　商業帳簿

(1)　商業帳簿制度

　商人が営業上の財産および損益の状況を明らかにするために商法によりその作成を義務づけられている帳簿を商業帳簿といい，会計帳簿と貸借対照表とがこれに属する（商19条2項）。商人が合理的な企業経営を目ざす場合には，その営業の成果と財産の現状を正確に把握するために商業帳簿を作成することが必要であるが，それだけのためであれば商業帳簿の制度を法的な制度として規制する必要はない。しかし，商業帳簿の制度が法的制度として規定されているのは，当該商人個人の必要を越えて，多くの利害関係者にとって必要だからである。すなわち，商人に対して商品その他のサービスを提供する債権者や金融を供与する金融機関等の債権者にとっては，その商人の支払能力の判断材料として正確な商業帳簿が存在することが必要ないし有益である。

(2) 商業帳簿の作成

商人は，その営業のために使用する財産について，適時に正確な商業帳簿を作成しなければならない（商19条2項）。会計帳簿に記載すべき事象が発生したときには，「適時に」これを記載すべきことが要求されているが，これは人為的に数字を調整させないためである。「適時に」記載することを要求しないで，たとえば1年に一度税務申告をする際にまとめて記帳することで足りるとすれば，人為的に数字を調整することを可能にし，不正確な記載がされかねないからである。

商業帳簿としては，会計帳簿と貸借対照表が指定されている（商19条2項）。会社とは異なり，個人商人には損益計算書の作成は要求されていない。商業帳簿は，書面又は電磁的記録をもって作成又は保存をすることができる（商法施行規則4条3項（平成17年の会社法施行規則附則10条により改正。以下同様））。

(3) 会計帳簿

① **意義**　会計帳簿は，営業上の財産とその価額並びに取引その他営業上の財産に影響を及ぼすような事象を記載した書面又は電磁的記録である。営業上の財産に影響を及ぼす事項には，法律行為，不法行為，盗難，火災，風水害による財産の喪失等あらゆる事象が含まれる。

② **資産の評価**　会計帳簿に計上すべき資産については，その取得原価を付さなければならないのが原則であるが，取得原価を付すことが適切でない資産については，営業年度の末日における時価又は適正な価格を付すことができる（商法施行規則5条1項）。償却すべき資産については，相当の償却をしなければならない（商法施行規則5条2項）。資産のうちで，営業年度の末日における時価がそのときの取得原価より著しく低い資産については，営業年度の末日における時価を，また営業年度の末日において予測できない減損が生じた資産については，取得原価から相当の減額をした額を付さなければならない（商法施行規則5条3項）。

取立不能のおそれのある債権については，営業年度の末日に取り立てることができないと見込まれる額を控除しなければならない（商法施行規則5条4項）。負債については，原則として，債務額を付さなければならない（商法施行規則5条5項）。「のれん」は，有償で譲り受けた場合に限り，資産又は負債として計上することができる（商法施行規則5条6項）。

(4) 貸借対照表

貸借対照表は，商人の一定の時期における資産，負債，純資産の一覧表である。商人が現に有する財産額と有すべき財産額を明らかにするものである。商人は開業時の会計帳簿に基づいて，その開業時における貸借対照表を作成しなければならない（商法施行規則7条1項）。商人は，また，各営業年度に係る貸借対照表を作成しなければならない（商法施行規則7条2項）。貸借対照表の作成に係る期間（営業年度）は1年を超えることはできない（商法施行規則7条3項）。

貸借対照表は，資産，負債，純資産の部に区分し，各部では資産，負債，純資産を示す適当な名称を付さなければならない（商法施行規則8条）。資産の部は，流動資産（現金，預金，受取手形，売掛金，商品その他），固定資産（土地，建物等），繰延資産（研究費，開発費等）に細分される。負債の部は，流動負債（支払手形，買掛金等），固定負債（長期借入金等）に細分される。純資産は，株主資本，評価・換算差額等，新株予約権などに細分される。

4.6 営業の人的施設

(1) 営業の補助者

企業の規模が大きくなると，商人はその営業活動のために他人の労力を利用せざるを得なくなる。商法も当然そのことを予定し，商人の営業上の補助者について制度的に種々の規定を設けている。第一に，営業の補助者としては，特定の商人に従属してその企業組織の内部にあってこれを補助する者

（商業使用人），第二に，自らも独立の商人として特定の商人の営業を外部から補助する者（代理商），第三に，自らも独立した商人であって不特定多数の商人の営業を補助する者（仲立人，問屋，運送取扱人）について規定している。これらのうち，商法は第一，第二の補助者については総則編において定め，第三の補助者については商行為編において定めている。商業使用人および代理商は特定の商人の営業のための人的施設といえるのに対し，仲立人，問屋，運送取扱人は全く独立した商人であって，その者の営業が特定の商人のために存在するのではなく，不特定多数の商人の営業を補助する機能を有するにすぎないので，商行為編において規定されている。

(2) 商業使用人

① **意義**　特定の商人（企業）に従属して，その対外的な面で商人の営業を補助する者を商業使用人という。商法は，主として，これらの使用人の営業上の代理権に関し定めるにとどまり，商人と使用人との雇用関係については民法，労働法に委ねている。それゆえ，商法は商業使用人の標題のもとに，実際上商業代理人について定めているといえる。

　まず，商業使用人は，特定の商人に従属してその営業を補助する者である。従属とは，営業主の指揮監督に服することである。代理商は，特定の商人のために継続的にその営業を補助するが，特定の商人に従属することはなく自らも独立した商人であって，商業使用人ではない。親権者や後見人は商人である未成年者や成年被後見人のために法定代理人として営業を営むことがあるが，これらの者は商業使用人ではなく，また会社の代表取締役や代表社員は，会社の機関として営業に従事するのであって商業使用人ではない。

　ところで商業使用人は，営業主に従属する者であるが，雇用関係の存在が必要かに関して議論がある。個人商人の家族など雇用関係のない者が営業に従事する場合，それらの者も商業使用人であるかどうかの問題である。商業使用人は営業主との間で雇用契約が存在しなければならず，その契約のない家族などが営業を補助しても商業使用人とはいえず，善意の第三者保護のた

めに，商業使用人に準じて取り扱うべきであるとの見解が多数説である（大隅・144頁，西原寛一・日本商法論（第一巻）354頁ほか）。この説は，その根拠として，使用人という用語は雇用関係のある者を指すのが通常であるという。

　これに対して，商法は商業使用人が営業主を代理して営業上の行為をすることについて定めており，雇用関係がある者についてだけその代理権を定めていると解すべき根拠はなく，実際にも，雇用関係のない家族などが営業主を代理して営業上の行為をするかぎり商業使用人と解してこの者にも商法を適用するのが法の単純化のためにも妥当とする有力説もある（服部・277頁，鴻・商法総則（全訂補二版）148頁ほか）。商法は，前述のように，営業主の営業を対外的に補助する者を相手に取引をする者を保護するためにその補助者の代理権を問題としているのであって，営業主と使用人との内部関係にまで立ち入って両者間の法律関係を一般的に（支配人については後述）定めようとはしていない。したがって，雇用契約の有無に関係なく，営業主から代理権を付与されて継続的にその営業に従事する者は商業使用人といってよく，有力説を支持すべきである。

　次に，商業使用人は営業主の営業を対外的に補助する者をいう。それゆえ，商品の売買，金銭の貸借その他第三者との間で法律関係を生ぜしめる業務に従事する者が商業使用人であって，純内部的な業務に従事する者，たとえば金銭の出納・簿記係，技師，職工，運転手などは商業使用人には該当しない。これに対して，対外的な代理権を有するか否かを問題とせず，商業上の労務に従事する者を広く商業使用人と把えるべきであるとの見解もあるが（服部・278頁），営業主の使用人による取引的行為が営業主にその法律関係を生ぜしめるか否かが問題であるから，そのように広く商業使用人の範囲を認めても意味がないであろう。

　② **商業使用人の種類**　　商法は，商業使用人の代理権の範囲に着眼して，支配人，「ある種類又は特定の事項の委任を受けた使用人」及び物品販売店の使用人の3種について定めている。平成17年改正前の商法は，「ある種類又は特定の事項の委任を受けた使用人」の例示として番頭，手代の用語を使

用していた。これらの用語は，明治32（1899）年ごろの立法当時の経済社会における使用人の職名として用いられていたもので，現代の企業社会では使用されることがないので，新法からはこれらの用語は消えている。

(3) 支 配 人

① 支配人の意義　個人商人も，支配人を選任し，その営業所においてその営業を行わせることができる（商20条）。支配人は，商人に代わってその営業に関する一切の裁判上又は裁判外の行為をする権限を有する（商21条1項）。支配人は，商人（営業主）に代わって自己の判断でその営業を行う者である。営業に関して営業主からいちいち指示を受けて，営業主の指揮命令のもとで営業に従事する使用人は，単なる使用人であって支配人とはいえない。

　ところで，どのような使用人が支配人であると解するかについては，実質説と形式説とに分かれている。通説である実質説によれば，商人から営業に関する包括的は代理権（営業に関する一切の裁判上又は裁判外の権限）を付与された使用人が支配人であるという。使用人の職名としての肩書きは問題ではなく，商人から営業に関する一切の権限を付与された者が支配人であるという。この説によれば，一切の代理権ではなく，手形行為，他人のための保証行為などある種の行為をする権限を商人（営業主）が留保し，支配人に特定の行為をする権限を与えなかった場合には，支配人に該当しないことになる。しかし，商法21条3項は，支配人の代理権に加えた制限は，善意の第三者に対抗できないと定めている。手形行為とか保証行為をする権限など，ある種の行為をする権限を付与されていない支配人を法は予定しており，文字通り一切の包括的な権限を授与されていなくても支配人でありうるのであって，実質説の見解では商法21条の規定を適切に説明できないことになる。

　そこで，有力な学者による形式説が登場した。商人からある営業の主任者たる地位に選任された者が支配人であるという説である（大隅健一郎「支配人と表見支配人」現代商法学の諸問題62頁）。会社の場合であれば，支店長，営業所長などその支店ないし営業所の主任者たる地位に選任されたならば，

その者は会社法11条1項によりその営業に関する一切の権限が付与され，営業主はその支配人の代理権に制限を加えることも可能であるが，支配人の代理権に加えた制限をもって善意の第三者には対抗できないことになると説かれる。この説は，商法21条（会11条1項）に調和した説明ということができる。ただ，個人商人の場合には，会社のような支店等は考えられず，どのような名称ないし肩書きで選任されたときに支配人となるかは今後の問題として残されている。支配人という法律上の呼称をそのまま使用するか，支店に対応する「店長」などが考えられる。

　実質説と形式説の違いは，支配人の代理権の根拠をどう理解するかの違いである。実質説は，支配人の代理権は営業主である商人から授与されるものと解している。形式説は，営業主がその代理権の範囲について特別に表意しなくても，法によって付与されると解する。形式説によれば，代表取締役に選任された者は，会社法の規定によって法定の範囲の代表権が付与されるのと同じように，支配人に選任された者は，商法によって法定の範囲の代理権が付与されると説かれる。

　② **支配人の選任**　　営業主である商人又はその代理人が支配人を選任することができる。営業の許可を得た未成年者は自ら支配人を選任することができる。制限行為能力者（商人）の法定代理人はその営業のために支配人を選任することができる。

　ちなみに，株式会社においては，取締役会がなく取締役が2人以上いるときはその過半数で（会348条2項，3項），取締役会設置会社では取締役会決議で支配人を選任することできる（会362条4項3号）。持分会社においては，定款に別段の定めがない限り，社員の過半数で支配人を選任する（会591条2項）。

　支配人の資格については，別段の定めはない。行為能力者であることは必要ではなく，制限行為能力者も支配人になることができる（民102条）。

　③ **支配人の終任**　　営業主と支配人の関係は，代理権授与を伴う雇用又は委任であるから，代理権の消滅又は雇用ないし委任関係の終了によって終

了する。営業主による解任又は支配人の辞任によって支配人としての代理権は消滅する。しかし，支配人の解任又は辞任により雇用関係は当然には消滅しない。支配人の死亡・破産手続開始の決定，支配人が後見開始の審判を受けたことは委任関係の終了事由となる（民653条）。

しかし，商人（営業主）の死亡は支配人の終任事由とはならない点に注意を要する（商506条）。この場合には，支配人は営業主の相続人の支配人となる（大判大5・1・29民録22輯206頁）。

営業主が営業を譲渡した場合に，支配人の地位はどうなるであろうか。営業の譲渡は営業の人的・物的施設をそのまま移転させるものであるから，原則として，支配人の地位も移転するというのが通説である。実際には，営業譲渡の当事者間でこの点については，交渉することになり，譲受人が支配人の移転を望まない場合には，譲渡人は支配人を解任すべきことになる。営業主が営業を廃止するときは，支配人の終任となる。

なお，支配人の選任及び終任については登記しなければならない（商22条，会918条）。

④ 支配人の代理権

（イ） **支配人の代理権の範囲**　支配人は，商人（営業主）に代わってその営業に関する一切の裁判上又は裁判外の行為をする権限を有する（商21条1項，会11条1項）。支配人は，他の使用人を選任し，又は解任することができる（商21条2項，会11条2項）。支配人の代理権に加えた制限は，善意の第三者に対抗することができない（商21条3項，会11条3項）。

「裁判上の行為」とは，訴訟の提起，控訴，上告，訴訟上の和解，仮処分の申請その他，営業に関する訴訟上の行為である。長年の取引先であるが，販売した商品の代金支払が滞っている場合に，その取引先を被告として訴えを提起するか，その取引先の財務内容が回復するまで代金の支払を待つかは，経営判断の問題である。このような経営判断をするのは支配人であり，取引先の財務内容の回復が期待できないと判断すれば，支配人の判断で取引先を相手に訴えを提起することができる。

「裁判外の行為」とは，一般の営業上の取引，営業のための金銭の借入れなど，裁判所とは無関係な営業上の行為であって，支配人はその営業に関する一切の行為をすることができる。このように，支配人の代理権の範囲は，法律により客観的に定められているため，支配人と取引する相手方は取引のつど，いちいち支配人の代理権の有無を調査する必要はなく，支配人であることだけを確認さえすれば安心して取引することができる。

　支配人の代理権は，商人の「営業に関する行為」に限られ，営業主の身分上の行為に及ばないのは明らかである。また，その代理権は，営業の存在を前提とするがゆえに，支配人は営業を廃止・譲渡する権限をもたない。

　（ロ）　**代表取締役の代表権と支配人の代理権の比較**　　代表取締役は，会社の業務に関する一切の裁判上又は裁判外の行為をする権限を有し，その権限に加えた制限は，善意の第三者に対抗することができないと規定される（会349条4項，5項）。この条文の表現は，支配人の代理権に関する商法21条1項及び3項（会11条1項及び3項）とほとんど同じである。代表取締役の代表権と支配人の代理権とは，次の点で違いがある。

　第一に，代表取締役は会社の機関であり，代表取締役の行為は会社自体の行為である。会社は法人であって，それ自体の意思決定も行為も観念することができず，自然人である機関によって意思決定をし，また行為をせざるを得ない。代表取締役の行為が会社自体の行為と評価されるのである。これが代表関係である。これに対して，支配人は，商人（本人）の代理人である。代表取締役が会社の代表行為をする場合には，法人である会社と代表取締役（自然人）は別人格ではなく，代表取締役を通じて会社が行為をしているのに対して，支配人と本人（商人）とは別の人格であり，支配人は本人を代理して本人の営業上の行為を行うのである。

　第二に，代表取締役の代表権は，会社が数個の営業を営む場合には，すべての営業にその代表権が及ぶが，支配人の代理権は「その営業」，すなわち，商人が数個の営業を営む場合には，そのうちの1個の営業のための支配人として選任されるのであり，代表取締役に比べてその代理権の範囲は限定的で

ある。会社であれば，特定の事業部門又は特定の支店の事業のために支配人が選任される。個人商人の場合には，営業が異なるごとに数個の商号をもつことができる。たとえば，個人商人のAが，甲写真館と乙喫茶店のように複数の営業のために複数の商号を選定することができ，それぞれの営業ごとに支配人を選任することができる。

　(ハ)　**代理権の制限**　支配人の代理権は，営業主の「その営業」に関する一切の行為に及ぶ包括的なものとして法定されているが，営業主が支配人の代理権に制限を加えることも想定されている。営業主がある者を支配人として選任するが，他人のために保証行為をすること，手形の振出行為をすること，一定額以上の金銭の借入れなど，特定の行為をすることを禁ずる（代理権がないものとする）ことは可能である。このように，支配人が特定の行為をする権限を与えられないことを，法は代理権の制限といっている。換言すれば，文字通り，営業に関する一切の行為をする権限を授与されている者でなければ支配人ではないと考えてはならない。特定の行為をする権限をもたないが，その他の営業に関する行為について包括的な代理権を授与されている支配人が，むしろ，普通である。

　商人は，支配人の代理権に制限を加えることは可能であるが，「支配人の代理権に加えた制限」は善意の第三者に対抗することはできない（商21条3項，会11条3項）。しかし，商人は，支配人の代理権に加えた制限を悪意の第三者には対抗することができる。

　一例を挙げて検討してみよう。Aは甲商店の商号で営業を開始し，Bをその営業のために支配人として選任した。Aは，Bを支配人に選任する際に，Bに対して経営は全部任せるが，決して他人のために保証はしないように告げていた。甲商店と同じ業種の営業をしていて，Bと親しくなっていたCがX信用金庫から300万円の融資を受けることになり，CがBに，決して迷惑を掛けないから甲商店として保証人になってほしい旨を頼んできた。BはCに，店主のAから保証行為は禁じられている事実を告げたが，Cが決して甲商店に迷惑を掛けないから，内密に保証してほしいと懇請されたので，

BはX信用金庫との間でCの300万円の金銭消費貸借契約について「甲商店支配人B」として保証行為（保証人としての署名）をしたとしよう。主たる債務者であるCが返済期日に返済できなかった場合に，Aは保証債務を履行しなければならないであろうか。

　支配人Bは保証を依頼してきたCに対しては，代理権の制限（保証する権限がないこと）を告げているが，Bが保証契約を締結した相手はX信用金庫である。Bが「甲商店支配人B」という形式で行った行為は，法律的には，「A代理人B」と表示したのと同じである。甲商店はAの営業上の名称であり，甲商店の名において生じた権利義務はすべてAに帰属する。「甲商店支配人B」の形式で行ったBの法律行為（保証）の効果がAに帰属するかどうかは，代理権があったかどうかにかかっている。Bは保証行為をする権限は与えられていなかったのであるから，Aに対する関係では，無権代理行為であって無効である。ところが，商法は特別な規定を設け，「支配人の代理権に加えた制限」は善意の第三者には対抗できないものとしている。X信用金庫は第三者であり，もしX信用金庫が善意（Bの代理権の制限を知らないこと）であったならば，AはBによる保証行為が無権代理ゆえに無効であると主張することはできないことになる。X信用金庫が悪意であることをAが立証できれば，AはBの行為が無効であることを主張でき，保証債務の履行を拒むことができる。この場合，重過失は悪意と同視される。X信用金庫に軽過失があったにすぎないときは，善意者として保護される（京都地判昭38・6・18金法350号5頁参照）。

　支配人が代理権の制限に違反して，代理行為をした場合には，正当な解任事由となり，営業主に損害が生じたときは，支配人に対して損害賠償を請求することができる。

(4) 支配人の義務

　支配人は，営業主から信認を受けてその営業を任せられた者であり，その営業に関する一切の行為をする権限を有する者であるから，専心服務すべき

義務（専念義務）を負う。それゆえ，支配人は，営業主の承認を受けなければ，①自分で営業を行うことはできない（商23条1項1号，会12条1項1号）。これが，支配人の営業避止義務であり，支配人は営業主の承認がない限り，いかなる種類の営業であるかを問わず，自ら営業をすることはできない。

　支配人は，営業主の承認を受けない限り，②自己又は第三者のために営業主の営業の部類に属する取引をすることはできない（商23条1項2号，会12条1項2号）。これは，支配人の競業避止義務であり，支配人がその営業上知りえた内部情報を利用して自己又は第三者のために競業となる取引をすることを禁じたものである。会社の取締役又は執行役の競業避止義務と同様の義務である。支配人は，営業主の承認がない限り，③他の商人又は会社（外国会社を含む）の使用人となること（商23条1項3号，会12条1項3号），④会社の取締役，執行役又は持分会社の業務を執行する社員となること（商23条1項4号，会12条1項4号）はできない。

　支配人が，これらの規定に違反して，営業主の承認なく自ら営業を行い又は競業取引を行った場合，その取引が無効となることはないが，営業主に対する損害賠償義務が生じ，また正当な解任事由となる。支配人が競業取引をしたときは，当該行為によって支配人又は第三者が得た利益の額は，営業主に生じた損害の額と推定される（商23条2項，会12条2項）。

(5) **表見支配人**

　① **意義**　　支配人とは，営業主から正規に支配人の地位に選任された者をいうが，実際には，支配人の地位に選任されていないが，「営業の主任者であることを示す名称」を付与された使用人を表見支配人という。このような表見支配人は，当該営業所の営業に関し，一切の裁判外の行為をする権限を有するものとみなされる（商24条本文）。ただし，悪意の相手方に対する関係では，営業主は支配人としての権限がないことをもって対抗することができる（商24条ただし書）。

　会社の場合には，正規の内部手続を経ていないが，肩書きだけ支店長，営

業所長など当該営業所の主任者らしき名称を付与された者が表見支配人に該当する（会13条）が，個人商人の場合には，実際には，その名称通りの地位に選任されていないのに，支配人，店長，マネージャーなど肩書きを付与された者が表見支配人ということになろう。他の使用人等には，支配人，店長などと呼ばせているが，その営業所の営業に関してなんら裁量権限が付与されておらず，いちいち店主が決済し，店主の指揮命令下で業務を行っている使用人である。表見支配人は，営業の主任者らしき名称だけを与えられているが，その名称に対応する権限をほとんど付与されていない使用人である。

② **表見支配人の相手方の保護**　表見支配人の制度は，「取引の安全保護」のための基本理論（権利外観法理又はエストッペルの原理）で述べたように，取引界において，そのような虚偽の外観を作り出した者の不利益において，表見的事実を信頼して取引をした者を保護しようとする制度の一つである。実際には，支配人としての地位に選任していないにもかかわらず，営業の主任者（支配人）であるかのごとき名称を営業主が付与したことに，帰責事由がある。表見支配人とは知らず，真実の支配人と信じて取引をした相手方との関係では，「一切の裁判外の行為をする権限」があるものと扱われる（商24条本文，会13条本文）。したがって表見支配人の行った法律行為は，善意の相手方との関係では，有効な代理行為をしたものと扱われる。

真実の支配人でないことを知りながら，表見支配人と取引をした悪意の相手方との関係では，表見支配人の行為は無権代理であり，原則通り，無効である（商24条ただし書，会13条ただし書）。重過失は悪意と同視される。

(6)　その他の使用人

①　**ある種類又は特定の事項の委任を受けた使用人**　「ある種類又は特定の事項の委任を受けた使用人」は，当該事項に関する一切の裁判外の行為をする権限を有し（商25条1項，会14条1項），営業主がその代理権に加えた制限は，善意の第三者に対抗することができない（商25条2項，会14条2項）。商人の営業において，販売，購入，貸付など「ある種類又は特定の事

項の委任を受けた使用人」は，一定の範囲内で包括的な代理権を有する。会社の場合には，部長，課長，主任などの職名で特定部門の業務の担当を任される者がこれに当たる。

「ある種類又は特定の事項の委任を受けた使用人」とは，その者が営業主から販売，買入れ，貸付など事項について，事実行為としての業務の処理の委任を受けていたことで足りるか（事実行為委任説），あるいはそれらの事項について法律行為をする代理権を授与されていることが必要か（代理行為委任説）については見解が分かれる。

すべて会社に関するケースであるが，個人商人についても同様に妥当すると考えられる判例の立場をみておこう。「ある種類又は特定の事項の委任を受けた使用人」に該当するためには，その者が営業主からある種類又は特定の事項について代理行為をすることの委任を受けることが必要であり，単に営業部長等の名称を付与され，契約の勧誘や条件の交渉など，いわゆる注文取りの事実行為をすることの委任を受けていたにすぎない者は，商法43条（現商25条，会14条）の使用人には該当しないとした判例もあった（東京地判昭53・9・21判タ375号99頁）。これは，代理行為委任説に立った判例である。しかし，後に紹介するように，現在の判例は，事実行為委任説に立っている。

東京高裁は，商法43条（現商25条，会14条）の趣旨は，営業活動は反復的・集団的取引であることを本質とするから，このような営業活動に関する「ある種類又は特定の事項の委任を受けた使用人」については，取引の円滑と安全をはかるために，当該使用人と取引をする第三者がその都度その代理権の有無及び範囲について調査することを必要とせず，単に商法43条（現商25条，会14条）の使用人であることを確認するだけで取引できるように，その委任を受けた事項に関しては，営業主から現実に代理権を与えられているか否かを問わず，客観的にみてその事項の範囲内に属すると認められる一切の裁判外の行為について営業主を代理してする権限を有するものと擬制したものであり，同条にいう使用人に該当するには，単に営業に関する「ある

種類又は特定の事項の委任」を受けていれば足り，法律行為に関する何らかの権限を与えられていることは必要ではないと説いた（東京高判昭 60・8・7 判タ 570 号 70 頁)。これが，事実行為委任説の立場であり，最高裁もこの立場を採る。

　最高裁は，商法 43 条（現商 25 条，会 14 条）の趣旨について，営業主からその営業に関し，ある種類又は特定の事項（販売，購入，貸付等）を処理するために選任された使用人と取引する者が，その使用人の代理権の有無及び当該行為が代理権の範囲に属するかどうかいちいち調査することなく安んじて取引を行うことができるようにしたものであり，したがって，同条項による代理権を主張する者は，当該使用人が営業主からその営業に関するある種類又は特定の事項の処理を委任された者であること及び当該行為が客観的にみてその事項の範囲内に属することを主張立証すれば足り，その事項につき代理権を授与されたことまで主張立証する必要はないと判示した（最判平 2・2・21 商事法務 1209 号 49 頁)。こうして，判例は明らかに事実行為説の立場を採る。

　「ある種類又は特定の事項の委任を受けた使用人」の代理権に加えた制限は，善意の第三者に対抗することができない（商 25 条 2 項，会 14 条 2 項)。この点が問題となったケースがある。A は Y 会社の課長であるが，対外的に契約を締結する場合には，A は社内規程により主管部長の決裁を受けるべきことになっていた。しかし，A は主管部長の決裁を受けることなく自己の担当する事項に関して X 会社との間で契約を締結し，その効力が問題となった。裁判所は，課長の職名からすると，A は「ある種類又は特定の事項の委任を受けた使用人」に当たるといわなければならず，Y 会社は，本件取引の決裁権限は主管部長にあり，A には決裁権限はないから代理権はないと主張するが，決裁権限と代理権とは異なり，決裁権限は社内における制限にすぎず，代理権の有無に影響を与えるものではなく，相手方が悪意である場合に限り，その制限をもって対抗しうるにすぎないとした（福岡地判平 6・3・8 判タ 877 号 279 頁)。

個人商人の営業においては，規模も小さく，使用人も少数であるため，部課長などの重層的な組織は考えられず，販売，仕入れなど責任者として，ある種類又は特定の業務を任される者が商法25条1項に使用人に該当する。

② **物品販売店等の使用人**　物品の販売，賃貸等をする店舗の使用人は，「その店舗に在る物品」については，販売，賃貸等をする権限を有するものとみなされる（商26条本文，会15条本文）。店舗に在る商品については，その使用人は，商品ごとに価格が付され又は定められた価格で販売等をする権限を与えられるのが普通であり，定められた価格で販売等をする限り，特に問題は生じない。

Aは資産家で骨董品に趣味があり，買い集めた骨董品を店舗で販売する商人である。使用人はBだけであり，Bは商品を蔵から出し入れするなど，日々の開店の準備や売れた商品を買主のもとまで車で運ぶなどの仕事に従事し，商品を販売する権限を全く与えられていなかった。しかし，Bも5年ほど従事しているうちに骨董品に対する鑑定眼も磨かれてきたと自分では考えていた。ある日，Aは，遠方の骨董品収集家が死亡したとの知らせを受け，値打ちのある物を買い取ろうと考えて出張したが，Bには，「客が来て，気にいった品があったときは，明日私が帰ってきて値段を付け，連絡するので，その客の電話番号でも聞いておきなさい」と告げていた。Aの出張日にCが来店し，ある商品に興味を示し，値段を尋ねられたBは，Aから告げられた通りにするのは，「頼りない使用人」と馬鹿にされると思い，どうせ買わないだろうと思い，10万円であると答えると，Cは買った。Bは，その品を10万円で売却すれば，Aも褒めてくれると思っていたが，その品は，むかしある大名が愛用した由緒のある商品で，150万円を下らない物であることをAから知らされた。

AはCにその商品の返還を請求することができるであろうか。一般法理に従えば，Bは，実際には，店の商品を販売する権限をまったく与えられていなかったのであるから，無権代理であり，商品の売買は無効である。しかし，商法は特則を設け，物品の販売等をする使用人は，その店舗に在る物品

については，販売等をする権限があるものとみなすことにした（商26条本文）。法は，使用人の代理権を擬制したのである。それゆえ，Aは大変な損害を受けることになるが，使用人Bには販売の権限があったものと扱われ，代理人BとCとの間の売買契約は完全に有効と扱われ，Aは商品の返還を請求することはできない。ただし，CがBには販売権限がないことを知っていたときは，Bの販売行為は無権代理であって無効となり，Aは10万円を返して商品の返還を請求することができる（商26条ただし書）。

商法26条（会15条）は，その店舗にある物品の現実の販売等に関して適用があり，販売契約はその店舗内において行われる必要があり，その店舗内に存在しない物品又はその店舗外で行われる販売契約については適用されない（福岡高判昭25・3・20下民集1巻3号371頁）。

4.7 営業の独立的補助者（代理商）

1. 代理商の沿革

代理商の制度は，行商に出た商業使用人がその地に定住して独立の商人となったことに始まるといわれる。ドイツでは商人のために補助者として行為をしていた者を漠然と代理商と総称していたが，1892年のドイツ大審院判決が普通ドイツ商法（1869年）の解釈において，商行為の締結または仲立をする独立の商人だけが代理商であると判示して明確な定義をし，ドイツ新商法（1897年）がこれを採用した（大隅・167頁）。わが国の商法はドイツ新商法の立場を採用したものである。

企業がその営業の地域的範囲を拡大する場合には，支店を開設したり使用人を派遣する方法もあるが，それには相当の経費を必要とするのみならず，その土地の事情に通じていないため成果を上げることは容易なことではない。むしろ，その土地の事情に精通した代理商を利用して取引ごとに一定の手数料を支払う方が業績を上げる面でも費用の面でも得策である。

2. 代理商の意義

　代理商とは，使用人にあらずして一定の商人のためにその平常の営業の部類に属する取引の代理または媒介をする者をいう（商 27 条，会 16 条）。代理商は，商業使用人のように営業主に対して従属関係に立つことなく，独立の商人として代理または媒介の委託を受ける者である。一定の商人のためにその営業を補助する点で，不特定多数の商人のために補助する仲立・問屋とは異なる。ただし，代理商は必ず一人の商人のためにその営業を補助しなければならないのではなく，本人たる商人の許諾を得れば数人の商人のために代理商となりうる（商 28 条 1 項 1 号，会 17 条 1 項 1 号）。

　代理商は一定の商人のためにその平常の営業を補助する者である。平常とは，継続的または常嘱的ということであり，基本的な代理商契約に基づいて多数回にわたり不断に商人を補助することである。単に，個別的に多数回にわたって商人を補助するだけでは，平常とはいえない。補助の形態は，商人の営業の部類に属する取引の「代理」または「媒介」である。代理をする者を締約代理商，媒介をする者を媒介代理商という。締約代理商は，甲販売代理店乙などとして，代理人として契約を締結するが，媒介代理商は，本人と第三者との間の取引を媒介するにすぎず，媒介代理商みずからが第三者と法律行為をすることはない。

　かつて，保険代理店に関連して，身元保証に関する法律の適用の有無をめぐって，保険代理店が商業使用人か代理商かが争われたことがある。大審院は，保険代理店は保険会社の指揮監督を受けず全く自己の計算で代理店を営む独立の営業者であり保険会社の被用者ではないと説き，保険代理店のための保証には身元保証に関する法律の適用はないと判示した（大判昭 17・5・16 判決全集 9 巻 19 号 6 頁，同旨，大判昭 13・6・21 民集 17 巻 1297 頁）。ある者が代理商か商業使用人かを区別する標識としては，手数料か俸給か，自己の営業所か営業主の営業所か，営業費を自己負担するか否か，などに着目される。

3. 代理商の権利義務

(1) 代理商と本人の関係

代理商と本人との間には基本契約としての代理商契約が結ばれる。締約代理商は本人のためにその取引の代理をなすことの委託を受けるので，代理商契約は委任であり，媒介代理商は本人のためにその取引の媒介をなすこと（法律行為でない事務）の委託を受けるので準委任である。したがって，代理商は本人に対して善管注意義務を負う（民644条）。

(2) 代理商の留置権

代理商は取引の代理または媒介をしたことによって生じた債権が弁済期にあるときは，その弁済を受けるまで本人のために占有する物または有価証券を留置することができる（商31条，会20条）。これは商法が代理商のために特に認めた留置権であるが，代理商はそのほかに民法による一般留置権（民295条）および商事留置権（商521条）をも有する。代理商の留置権の要件は以下のとおりである。

① **担保される債権** 代理商としての取引の代理または媒介によって生じた債権だけが留置権により担保される。たとえば，手数料，立替金償還請求権などの債権である。留置の目的物に関して生じた債権であることを要しない。この点で，民法上の一般留置権が被担保債権と留置の目的物の間の牽連関係を要するとしているのと異なる。これは，代理商と本人との間には継続的な取引関係があり，その取引関係は一体的なものとみられるから，債権と留置の目的物との間の牽連を要求する必要がないと考えられたことによる。この牽連を必要としない点では一般の商事留置権と同じである。代理商としてなした行為により生じた債権であるかぎり，代理商契約が消滅した後でもなお留置権を失わない。

② **留置の目的物** 留置の目的物は本人のために代理商が占有する物または有価証券である。債務者たる本人の所有物である必要はなく，また債務者との商行為によって代理商の占有に帰したことを要しない点で一般の商事

留置権とは異なる。代理商の場合には，本人のために第三者より引渡を受けたがまだ本人の所有に属しない物または有価証券を占有することもあり，それについても留置権が認められる。

この代理商の留置権は一般の商事留置権とともに破産財団に対し特別の先取特権として別除権が認められ（破66条1項），会社更生手続においても更生担保権とされ（会更2条10項），民法上の一般留置権より強力である。

なお，代理商の留置権は，一般の商事留置権と同じく，特約によって排除することができる（商31条ただし書，会20条ただし書）。

(3) 代理商の義務

① **通知義務**　代理商が取引の代理または媒介をしたときは遅滞なく本人に対してその通知を発しなければならない（商27条）。代理商と本人との関係は商人間の委任の関係であるから，民法645条に対する特則として商法27条が設けられ，個々の取引の代理または媒介ごとに代理商に遅滞なく本人に通知する義務を負わせた。発信主義であって，通知の不到着につき代理人は責任を負わない。

② **競業避止義務**　代理商は商人（本人）の許諾がなければ自己もしくは第三者のために商人の営業の部類に属する取引を行ってはならず（商28条1項1号，会17条1項1号）または同種の事業を目的とする会社の取締役または業務執行社員となることはできない（商28条1項2号，会17条1項2号）。これを代理商の競業避止義務という。代理商は本人のために平常その営業の部類に属する取引の代理または媒介をするものであるから，本人の営業に関する情報をもっており，代理商がこれを自己または第三者のために利用すれば，本人の利益を害するおそれがあることから定められた義務である。本人と同種の営業を目的とする会社の取締役または業務執行社員となってその会社の経営に参加すれば，本人の代理商として知り得た得意先等の情報をその会社に利用せしめて本人の利益を害するおそれがあるので，これを禁じた。しかし，支配人とは異なり，本人の営業の部類に属しない営業を自らな

し，またはその会社の取締役または業務執行社員もしくはその他の使用人となることは自由である。

　代理商が競業避止義務に違反して行った行為も無効とはならないが，本人がそのために被った損害を賠償すべき義務が生じる。

4. 代理商と第三者との関係

　代理商が第三者と取引をする場合，どの範囲において本人を代理する権限があるかは代理商契約によって定められる。締約代理商と違って，媒介代理商は取引の媒介をなす権限だけを有し，代理権を授与されていない。ところが，商法は，商取引の迅速かつ円滑な決済をはかるために，買主に目的物の遅滞なき検査および瑕疵通知の義務を負わせている（商526条）が，代理商を通じて買い入れた場合にも，つねにその通知は直接本人に対してしなければならないとするのは妥当でない。そこで商法は，媒介代理商に関して特則を設け，物品の販売またはその媒介の委託を受けた代理商は売買の目的物の瑕疵または数量の不足その他売買に関する通知を受ける権限を有するものとした（商29条）。本来ならば，媒介代理商は代理権を有しないので，売買に関する通知を受ける権限がないが，媒介代理商を通じて物品を買い入れた買主のために特に通知を受ける権限を認めたものである。この権限は受働的な権限にとどまる。

5. 代理商関係の終了

　代理商関係は委任契約の一般的な終了事由（民653条）によって終了するのを原則とするが，商法506条は，商行為の委任による代理権は本人の死亡によって消滅しないと定める。したがって，締約代理商の場合には，本人が死亡してもその代理商契約は消滅しないことになる。媒介代理商の場合には争いがある。媒介代理商は代理権を有しないので，「商行為の委任による代理権」の消滅を問題とする商法506条の適用はなく，民法の原則通り（653条），本人の死亡は代理商契約の終了となるとの見解（大森・210頁）もある

が，多数説は反対の見解である。そして，代理商は本人の企業組織の一環をなしていることを根拠に，締約代理商たると媒介代理商たるとを問わず，本人の死亡によって代理商契約は終了しないと解している。本人が個人商人の場合だけの問題であるが，現実にはそのような場合はほとんどなく，したがって，媒介代理商は代理権を有しない以上，ことさらに商法506条を適用すべき理由はない。

代理商契約は本人の営業を前提とするから，解散・廃業などにより本人の営業が終了するときは代理商契約もまた終了する。営業の譲渡の場合には，異論もあるが，代理商関係は終了せず，営業とともに移転すると解すべきである。

代理商契約の解除について商法は特則を設け，(イ) 当事者が契約の期間を定めていないときは，各当事者は2カ月前に予告して契約を解除できること (商30条1項)，(ロ) 契約期間の定めがあると否とを問わず，やむを得ない事由があるときはいつでも契約を解除できること (商30条2項) を定めている。民法の一般原則によれば，委任は各当事者においていつでも解除することができることになっているが (民651条1項)，代理商契約は常嘱的・継続的性質を有するので2カ月前の予告を要するものとしている。本人である商人からの解約の場合に，代理商が開拓した得意先による利益を何らの補償なしに本人が収めるのは衡平を欠くとの理由で，代理商から本人への損害賠償請求権を認める見解（中村一彦・基本法コンメンタール商法1，71頁）もあるが，多数説は，商法30条1項による解約の場合には民法651条2項本文の規定の適用はなく，代理商契約の解除により相手方が損害を被っても，解約者はその賠償の義務はないと解している（東京控判昭2・5・28新聞2720号15頁）。

やむをえない事由があるときは，契約期間の定めがあると否とを問わず各当事者はいつでも契約を解除することができるが，代理商が競業避止義務に違反したとか，本人が手数料支払義務を履行しないとか代理商契約を継続し難いと認められる事由があるときである。この場合の解除においては，当事

者の一方に過失があるときは相手方はその損害の賠償を求めることができる（通説）。

4.8　営業上の公示（商業登記）

1. 商業登記制度

　商業登記制度は中世イタリアにおける商人団体名簿にその起源が求められる。団体員である商人の氏名，その補助者，営業記号等が記載され，団体外の者が団体員に対して商事裁判所に訴えを提起する場合にその名簿が利用された（大隅・252頁）。わが国では，商業登記制度は旧商法（1893年）の一部施行の時から採用された。

　商法・会社法は商人（企業）に対して企業に関する一定の重要事実を国家機関の管理する登記所において公示することを義務づけている。企業と何らかの法律関係をもとうとする場合には，それが企業として存在しているか（会社の法人格），どのような形態でどの程度の資本の企業か，誰が経営陣に加わっているか，取引の相手方が正当な権限を有するかなどについて，登記を見れば知ることができる。法は，企業に関する取引上重要な事実を登記させることによって取引の安全に資することができるものと期待した。取引をする側が相手企業について登記を調査するかぎりでは商業登記は取引の安全に役立つ。しかし，登記所における登記それ自体が積極的に情報を発信するものではないため，その公示力にあまり多くを期待することはできない。商業登記は，主として企業との法律関係において必要な情報源にとどまり，その企業の財務状況等の開示を目的としたものではない。

　商業登記の制度は，一般には，商人と第三者との間の利害調整を図ること，すなわち，企業に重要事実を公示させ，第三者にその事実を知らなかったとはいわせないことにすることを目的としたものと把えられている。しかし，この制度は単に私人間の利害調整だけを目的としたものとはいえない。商人に絶対的登記事項について登記義務を課し，会社については罰則をもって登

記を強制している。これは，登記を義務づけることによって，商法上の諸制度，ことに会社制度の実効を担保する機能をねらったものと考えられる。

2. 商業登記の意義

　商業登記簿になす登記を商業登記という。商業登記簿には，商号登記簿，未成年者登記簿，後見人登記簿，支配人登記簿，合名会社登記簿，合資会社登記簿，株式会社登記簿，合同会社登記簿，外国会社登記簿の9種がある（商登6条）。登記事項は，取引上重要かつ法的に利害関係のある事項であって商法・会社法に具体的に定められている。法定事項以外の事項は登記することができない。商号や支配人など商人一般に関するもの，未成年者や後見人のように個人商人に関するもの，会社の設立や合併など会社に関するものがある。また，登記事項には必ず登記すべき事項（絶対的登記事項）と登記することができるが，登記するかどうかは商人の自由とされる事項（任意的登記事項または相対的登記事項）とがある。個人商人の商号など任意的登記事項は少なく，ほとんどが絶対的登記事項である。ただし，任意的登記事項といえども一度登記した事項に変更が生じまたはその事項が消滅したときは遅滞なく変更または消滅の登記をしなければならず（商10条，会909条），その意味で絶対的登記事項となる。

　個人商人の場合には，絶対的登記事項を登記しなくても，その事項をもって善意の第三者に対抗できないという不利益を受ける（商9条）だけで，登記の懈怠について何らの制裁もない。これに対して会社にあっては，支配人の選任およびその代理権の消滅の登記を除き，登記の懈怠については責任者に対し百万円以下の過料の制裁が科される（会976条1号）。

　登記事項には，会社の設立，合併，支配人の選任のように法律関係を創設する効力をもつ事項（設定的登記事項）と，取締役・支配人などの辞任・解任などのように当事者の責任を免れしむる免責的効力をもつ事項（免責的登記事項）とがある。

3. 登 記 手 続

(1) 商業登記法

わが国の商業登記制度は旧商法の制定に始まる。当初の商法は，本法の規定により登記すべき事項は関係者の請求に基づきその営業所所在地の裁判所により保管される商業登記簿にされなければならない（旧商9条）と定められていた。すなわち，商業登記は当初は裁判所の管轄下にあったのである。その所管庁が法務局に代わりかつ登記所に変わったのは昭和24（1949）年（法務局及び地方法務局設置に伴う関係法律の整理等に関する法律）以後である。そして，その後，商業登記の手続法ともいうべき商業登記法が昭和38（1963）年に制定され，また昭和39（1964）年に法務省令「商業登記規則」が施行され，商業登記はこれらの法令に基づいて行われている。

(2) 当事者申請主義

商業登記は当事者の申請により（商8条，会907条），当事者の営業所の所在地を管轄する法務局もしくは地方法務局または支局もしくは出張所において行われる（商登1条の3）。商業登記は原則として当事者の申請に基づいて行われる（商8条，会907条，商登14条）。ただし，例外的に登記事項が裁判等によって生じた場合には，裁判所等の嘱託によってなされることがある（商登14条）。会社設立無効の登記，破産に関する登記などがそうである。当事者の申請によるときは，個人商人にあってはその商人，会社にあっては代表者もしくは代理人が申請すべきことになっている（商登17条）。当事者の代理人によってなすこともでき，司法書士が代理として申請することが多い（司書3条参照）。

❖オンライン申請が増加している。平成26（2014）年度のオンライン申請の利用件数は約64万件で，その利用率は全申請の約42％となっており，オンライン申請の利用率は前年度より約3％増加した（坂本三郎「商業・法人登記制度をめぐる最近の動向」商事法務2089号49頁）。

4. 登記官の審査権

登記申請があった場合に，登記官はどの程度まで審査権を有するかの問題がある。形式的審査主義によれば，登記官は，法定の登記事項であるか，管轄に属するか，適法な申請者ないしその代理人であるか，書類が法定の形式を具備しているかなど登記申請の形式的適法性を審査すべきであるが，申請事項が真実であるかどうかについてまで調査する権限は有しないとする。これに対して実質的審査主義によれば，登記官は形式的適法性に加えて，さらに申請事項の真正であるか否かまでも調査権限があるとする。旧非訟事件手続法151条の規定が抽象的であったため，かつては実質的審査主義の立場に立つ学説も有力であったが，判例は一貫して形式的審査主義の立場をとっていた（大決昭8・7・31民集12巻19号1968頁）。登記制度の目的は企業の取引上重要な事実を公示して一般公衆を保護することであるから，登記事項が真実に合致することが望ましいことを根拠に実質的審査主義が唱えられたが，それは実際上不可能を強いることになるのみならず，登記手続を著しく遅滞させることになる。

昭和38（1963）年制定の商業登記法24条は，登記官が申請を却下すべき16の事由を具体的に列挙した。それらは，形式的審査事項の列挙であって，商業登記法は形式的審査主義の立場を明らかにしたものと解されている。しかし，商業登記法24条10号が「登記すべき事項につき無効又は取消しの原因があるとき」を申請却下の事由に加えていることについては議論の余地がある。

まず，無効についてであるが，会社の設立登記の申請書に添付された定款に発起人の署名がないとか絶対的記載事項（会27条）の記載がないとかのようにその無効が客観的に明白な場合にだけ登記官は申請を却下すべきであって，登記事項である法律関係の有効無効に解釈上疑義がある場合には，裁判官ではなくて記録官にすぎない登記官は申請を却下すべきでないと解されている（大隅・260頁，米津昭子・商法の争点I，11頁）。

次に，取消についてであるが，登記すべき事項に取消の原因のあるときは，

取り消されるまではその事項は法律上有効であるから申請を却下すべきでなく，登記したうえで，その取消があったならば登記の抹消申請に基づいて抹消すべきであると解されている（大隅・260頁，米津・11頁）。

5. 登記の公示

　平成17年の商法改正前までは，「登記したる事項は登記所において遅滞なくこれを公告することを要す」（旧商11条1項）と規定され，商法は登記事項については公告することを建前としていた。そして，公告は官報およびあらかじめ選定した新聞紙上にすることにしていた（旧非訟144条，145条）が，戦時民事特別法（昭和17（1942）年法63号）をもって，登記事項の公告は「当分の間」行わないものとされて現在にいたっている。そして，法務局および地方法務局設置に伴う関係法律の整備等に関する法律（昭和24（1949）年法13号）附則10により，商法12条（旧規定）の適用については，登記のときに登記および公告があったものとみなされていた。

　このように，登記事項の公告については法の建前とその運用との間に齟齬が生じていた。平成17年の商法改正・会社法制定の際に，登記事項についての公告は行わないことにした（商8条，9条1項，会907条，908条1項）。

　登記の公告はされないが，誰でも手数料を納付して，登記簿に記載されている事項を証明した書面（登記事項証明書）または登記簿に記録されている事項の概要を記載した書面（登記事項要約書）の交付を請求することができる（商登10条1項，11条）。

6. 商業登記の効力

(1) 一般的効力

　① **総説**　通説的見解によれば，登記すべき事項は登記前には善意の第三者には対抗できないが，登記後は善意の第三者にも対抗できる効力があると説いて，これを商業登記の一般的効力と呼んでいる。そして，さらに善意の第三者に対抗できない登記前の効力を商業登記の消極的効力，善意の第三

者にも対抗できる登記後の効力を商業登記の積極的効力とそれぞれ呼んでいる。このような区別はドイツの学説に従ったものであるが，消極的公示力（消極的効力）とは要するに公示力がないということであり，登記がない以上登記上の効力が生じないのは当然であって，これを消極的効力と呼ぶのは適当でなく，また積極的効力というのは登記の効力として生ずるものであるから，これだけが商業登記の効力なのであり，これを単に商業登記の公示力といえば足りる（田中゠喜多・157頁参照）。

② **登記前の効力** 商法9条1項前段（会908条1項前段）は，登記すべき事項は登記の後でなければ，これをもって善意の第三者に対抗することができない旨を規定する。登記事項は，悪意の第三者には登記前でも対抗することができるが，善意の第三者には対抗できないことを定めたものである。登記前にあっては，当該登記事項について第三者の善意が推定され，第三者の悪意は，それを主張する者において立証しなければならない（大判大4・12・1民録21輯1950頁）。

登記前には，登記すべき当事者の側からは，善意の第三者に登記すべき事項をもって対抗することができないが，第三者の側からその事項をもって当事者に対抗することはできる（大判明41・10・12民録14輯999頁）。たとえば，支配人を選任した営業主が支配人の登記をしなかったときは，営業主の側からその選任の事実をもって善意の第三者に対抗することはできないが，第三者の側から支配人の選任の事実があったことをもって営業主に対抗することは妨げられない。

③ **登記後の効力**

（イ）　通説・判例の立場　　通説によれば，登記後は，当事者は登記事項をもってすべての第三者に対抗することができ，登記によってすべての第三者の悪意が擬制されると説かれる（悪意擬制説）。登記すべき者がある登記事項を登記しても，当該登記事項を知らない者がいることは否定できないが，かりに知らないとき（善意）でも，登記事項を登記したことにより，すべての第三者がその登記事項を知っていたものとみなす効力を認めたのが商法9

条1項前段（会908条1項前段）であると解されている。

　もっとも，登記の後であっても，第三者が正当な事由によってその登記があることを知らなかったときは，善意の第三者に登記事項をもって対抗することはできない（商9条1項後段，会908条1項後段）。ここでの正当事由とは，登記を見ようとしても見られない客観的事情をいうものと解される。たとえば，災害，戦争，暴動などのため交通が途絶して登記所に赴くことができないような事情をいうのであって，長期の旅行・病気などの主観的事情を含まないと解される。

　会社に関するケースであるが，判例も悪意擬制説に立っている。AはY会社の代表取締役であったが，代表権を奪われ，Y会社は退任登記をしていた。退任後間もなく，Aは「Y会社代表取締役A」名義で約束手形を振り出し，手形はB，Cを経てXにより取得された。Xは，Aの退任及び退任登記がされていることを知らないで取得していたので，Y会社に対して民法112条による表見代理に基づく責任を求めた事案において，最高裁は，「株式会社の代表取締役の退任及び代表権喪失は，商法188条及び同15条（現会911条3項，同915条1項）によって登記事項とされているのであるから，前記法の趣旨に鑑みると，これについてはもっぱら商法12条（現商9条，会908条）のみが適用され，右の登記後は同条所定の正当の事由がない限り，善意の第三者にも対抗することができるのであって，別に民法112条を適用ないし類推適用する余地はない」と説いた（最判昭49・3・22民集28巻2号368頁）。

　この判例の立場は，学説上の通説（悪意擬制説）に従ったものであるが，この結論には多くの学者が異論を唱えている。商法9条1項後段（会908条1項後段）の正当事由はきわめて狭く解されているところ，実際上も登記を調査できなくする客観的障害はほとんど生じないのであるから，登記すべき事項の当事者は登記さえすれば，つねに第三者に対抗できる反面において，取引の相手方や第三者は，取引の都度つねに登記の有無の調査を余儀なくされてしまい，取引の円滑を害する結果となる点が問題とされている。そこで，正当事由を客観的事由にとどめず，弾力的に解釈すべきであるとの学説が登

場している。

　(ロ)　**正当事由弾力化説**　登記後といえども，第三者に正当事由があるときは，登記事項をもって対抗できないことになっている（商9条1項後段，会908条1項後段）。通説・判例は，この場合の「正当事由」を天変地変，戦争など極端に厳格な解釈をしているが，正当事由を弾力的に解し，登記に優先する事情や外観が存在することを認めるべきであるという見解もある（服部・486頁，喜多了祐・判時756号161頁，加藤勝郎「表見代表取締役と商業登記」鈴木古希記念下1294頁，米沢明「共同代表取締役と表見代表取締役」西原追悼論集187頁，龍田節・民商57巻5号823頁）。たとえば，先に紹介した最判昭和49年の事案においては，退任登記があるとはいえ，直前まで代表取締役であったAによる代表行為であるから，民法112条の表見代理の規定を優先して，第三者の保護を優先すべきであるとの見解が多い。

　この見解については，正当事由をどこまで弾力的に解するかその限界が不明確であるとの批判がある（加藤徹・商業登記の効力148頁）。

　(ハ)　**異次元説**　商法9条1項（会908条1項）と外観保護規定は完全に別次元のものであるという見解がある。商法9条1項前段（会908条1項前段）は，「登記事項は登記前には善意の第三者に対抗できないと」定めているにすぎないが，通説は，その反対解釈として，「登記後は善意者を含めてすべての第三者に対抗できる」ことを定めた規定であると通説は解釈している。この反対解釈は妥当でないという。

　商法9条1項（会908条1項）は，公示主義のもとに，商人に一定の重要事実につき登記義務を課し，その義務を促すために登記事項を登記しなければ，その事実が本来有する対抗力を認めないという不利益（民事制裁）を定めたものであり，したがって，登記すべき事項は登記をすれば本来その事実が有する対抗力を有することを定めたのであって，同条は，登記後に特別な効力が生じることを定めた規定ではないと説かれる（加藤・133頁以下）。

　異次元説によれば，登記すべき事項は，登記後はその事実が本来有している対抗力，すなわち，非登記事項に認められるのと同様の対抗力を与えられ，

登記後は，非登記事項に外観保護規定を適用するのと同じように，登記した事項にも外観保護規定を適用すべきであるとされる（加藤・138頁）。この説によれば，前述の例においては，「Y会社はAについて代表取締役の退任登記をしたという事実」は，Aは代表取締役でないということについて対抗力を有することになるが，この対抗力は特別な効力をもったものではなく非登記事項に認められるのと同じ対抗力であり，他方，Aは手形行為をする直前まで代表取締役であったのであるから，「Y会社代表取締役A」名義の手形行為については民法112条の表見代理が成立する外観があり，このいずれを優先させるかの問題になるとされる（加藤・147頁参照）。

　(ニ)　**検討**　個人商人や会社についての種々の登記事項は，各地域の登記所において管理される登記簿へ記録される。特定の事項についてその登記の有無を確認しようとすれば，容易に確認できる。テレビのコマーシャルは，向こうから情報が飛び込んでくるが，登記された事項については，こちらから登記簿にアクセスする必要がある。

　商法9条1項前段（会908条1項前段）は，登記事項は登記の後でなければ，善意の第三者に対抗することができないと定めているにすぎないが，通説・判例は，この規定の反対解釈として，登記後は，登記された事項について正当事由により知らない者を除き，すべての者がその事項を知ったものとみなし（悪意擬制），すべての者に対抗できることを定めたものと解釈している。この反対解釈は，条文の読み方としては，問題とすべきではないかも知れない。ただ，通説のように，「正当事由」を客観的な事情だけに厳格に解釈すべきかどうかについては検討の余地があるように思われる。次の二つの例を比較してみる。

　事例1　甲商店を営む個人商人の甲は，その営業のためにAを支配人に選任し，支配人の登記をしていたが，Aの売上金の管理に疑念が生じたので解任し，かつAの解任（代理権の消滅）の登記をした。その後，Aは「甲商店支配人A」名義で約束手形を振り出し，かねてより取引関係のあり，Aの解任の事実を知らないB信用金庫に同手形を交付して金銭を借入れ（手形貸付

け）た．手形の満期に甲商店（甲）が支払いを拒絶したので，B金庫が甲に手形金請求の訴訟を提起した場合，甲は，商法9条1項前段の規定の適用を主張するのに対して，B金庫は，民法112条の表見代理の成立を主張することになる．この場合，判例は，前述のように，商法9条1項前段のみを適用し，甲の主張を認める（前掲，昭和49年最判参照）．甲がAについて解任の登記をした以上，B信用金庫は悪意と擬制されるからである．

　事例2　それでは，次の例ではどうなるであろうか．甲商店を経営する甲が，経理に精通した使用人を求めていたところ，信用金庫に勤務した経験のあるCが応募してきたので，甲は喜んで採用した．甲は，その後，使用人CをつれてD信用金庫に赴き，D金庫の担当者に対して，以後はCに甲商店の経理を担当させ，信用金庫取引を任せる旨を告げてCを紹介した．甲商店は，集金した金銭及び小切手類をD金庫に開設している当座預金口座に預け，当座預金は甲商店の小切手を交付して引き下ろしていた．しかし，甲の同業者からCを信用しない方がいいと忠告されたので，翌日，甲はCに独断で小切手を振り出さないように命じ，信用金庫取引に使う甲の届出印をCから回収し，甲が自ら保管していた．小切手を振り出す必要があるときは，甲に申し出るように告げて，信用金庫取引に使う甲の届出印をCから回収し，甲が自ら保管していた．しかし，数日後，Cは甲のデスクから甲の信用金庫取引に使う届出印を勝手に取り出し，その印章を使って「甲商店甲」名義の小切手を振り出し（小切手の偽造），それを交付して，D金庫から当座預金を引き出して，その金銭を横領した．甲が，D金庫が偽造小切手に対して行った支払（甲商店の当座預金からの引落し）は無効であるとして，Cへの支払額と同額の支払をD金庫に対して求めた場合に，裁判所は，甲の請求を認めるであろうか．

　甲は，D金庫の担当者に「信用金庫取引をCに任せる」旨を表示したが，実際には，Cにその権限を与えなかった．民法109条の「代理権授与表示による表見代理」の成立する事情がある．実際には，Cは，甲商店のために小切手を振り出す権限を授与されておらず，したがって，Cによる「甲商店

甲」名義の小切手の振出は，小切手の偽造に当たる。判例は，小切手の偽造にも民法の表見代理の規定を類推適用するので，このケースにおいても，D金庫が善意である限り，民法109条の類推適用により，D金庫に対する関係では表見代理が成立し，甲はCによる小切手行為が無効であったという主張はできないことになる（最判昭32・2・7民集11巻2号227頁は類似の事件について，このような結論を導いている）。

　事例1では，支配人の行為であって，支配人の代理権を信頼したB金庫については表見代理に関する規定は適用されず，商人甲が保護されるのに対して，事例2においては，単なる使用人にすぎないCの行為について表見代理の規定が適用され，D金庫は保護される結果となっている。この違いは，登記事項であったかどうかによる。一方は，商法9条と民法の表見代理に関する規定との優先適用の問題であるのに対して，他方は，単純に民法の表見代理に関する規定だけの適用の有無が問題となるケースである。

　このような差異があることは仕方のないことなのか。通説・判例の立場からは，事例1では，B金庫は，支配人の代理権が消滅していないかどうかを確認しようとすれば，登記を調査して確認が可能であったのに，その確認をしなかった以上，保護されなくても仕方ないと説明されよう。このような差異は，商法9条に関する解釈によって生じたものである。

　商法9条1項前段（会908条1項前段）は，消極的に，「登記事項は，登記の後でなければ，これをもって善意の第三者に対抗できない」と定め，登記後は，登記事項が問題となるすべての第三者を悪意とみなすとまでは，定めていない。それゆえ，客観的な正当事由がないかぎり，すべての第三者は悪意であると擬制することは，条文の消極的な規定の仕方からみて，妥当とはいえないであろう。したがって，登記事項の登記後の効力を絶対視すべきではなく，登記後は，善意の第三者に対抗できる場合もあれば，善意者には対抗できない場合もあるという弾力的な解釈も成り立つように思える。これが，多くの学者が唱える正当事由弾力化説である。ある事項が登記された後も，当該事実について第三者が見ていないため善意であるという場合は少なくな

いのであって，しかも登記を調査しなかったことを責められるべきでない場合がありうる。取引の当事者に対して，取引の都度，登記事項については調査することを要求するのは，酷であるのみならず，取引の円滑を害することになる。

　このような解釈は，どのような場合であれば，登記後にも善意の第三者として保護され，逆にどのような場合には善意者でも保護されないのかの基準が不明確であるとの批判があるが，具体的なケースごとに事例（判例）を積み重ねることによって合理的な基準が形成されることを期待すべきである。基準を形成する際に，重要な観点は，具体的な事情において，登記で確認することを要求されるべきであったかどうかである。事例1の場合には，甲商店の支配人Aと長年にわたり何の事故もなく取引を継続してきたB金庫に対して，問題となった取引についてだけは，登記をみるべきであったと確認を要求する者はいないはずである。しかし，判例の立場は，そのような酷なことを要求しているのと同じであり，不当な結果を強いているのである。

④ **商法9条1項（会908条1項）の適用範囲**　商業登記の制度は，商人に関する取引上の重要な事実を公示させ，第三者が不測の損害を被ることのないように，商人と第三者との間の利害調整をはかり，取引の安全に資する制度である。したがって，商法9条1項（会908条1項）が，主として取引関係について適用があることは明らかである。その他に，訴訟関係についても，同条が適用されるであろうか。

　会社に関する事案であるが，個人商人にも妥当する判例を採り上げる。Y会社は株主総会で会社を代表する清算人（代表取締役と同じ）としてAを選任したが，清算人としての登記はまだしておらず，Bが清算人として登記されていた。株主のXは，Aを清算人に選任する株主総会決議には取消事由があるとして，「Y会社清算人A」と表示して総会決議取消の訴えを提起した。これに対して，Y会社は，Aは清算人として登記されておらず，Y会社の代表者は清算人として登記されているBだけであるから，Xの訴えは不適法として却下されるべきであると主張した。最高裁は，「商法12条（現商9条

1 項，会 908 条 1 項）は，登記事項は登記の後でなければ善意の第三者に対抗できない旨規定しているが，これらは，会社と実体法上の取引関係に立つ第三者を保護するため，株式会社の清算人が誰であるかについて，登記をもって対抗要件としているものであり，それ自体実体法上の取引行為でない民事訴訟において，誰が当事者である会社を代表する権限を有する者であるかを定めるに当たっては，商法 12 条（現商 9 条 1 項等）の適用はないと解するのが相当である」と判示し，代表者として未登記の A を表示した訴えは適法であるとした（最判昭 43・11・1 民集 22 巻 12 号 2402 頁）。

　この理を個人商人に当てはめれば，甲が甲商店の支配人として A を選任し，甲商店の営業に関する一切の権限を与えていた場合には，支配人の登記はしていないとしても，甲商店の債権者が「甲商店支配人 A」の表示で，売掛代金の支払を求める訴訟は適法ということになる。支配人は，その営業に関する一切の裁判上又は裁判外の行為をすることができ（商 21 条 1 項），かつ支配人であるかどうかは，登記によってではなく，事実の問題であるからである。

　不法行為については，商法 9 条 1 項，会社法 908 条 1 項の適用がないのが原則であるが，解任された支配人が，解任登記未了の間に，解任の事実を隠して取引先から商品を騙取した場合のように，取引的不法行為については，同条を適用すべきである。

(2) **登記の創設的効力**

① **創設的効力**　　会社はその本店において設立の登記をすることによって成立する（会 49 条，579 条）。設立登記によって，会社が成立するというのは，設立の登記をすることにより，そのときに法人格を取得するということである。会社の新設合併，新設分割，株式移転はいずれも会社を新設することであるから，新設会社が登記により法人格を取得したときに，それぞれの効力が生じるのは当然である（会 754 条 1 項，756 条 1 項，764 条 1 項，766 条 1 項，774 条 1 項）。このように，登記によって会社を成立させ，新た法律

関係を創設することを，登記の創設的効力という。

② **応用事例**　登記の創設的効力と登記の一般的効力である対抗力の関係が問題となるケースを検討してみよう。甲株式会社（登記済）は平成18年1月に商号を乙株式会社に変更し，Yが代表取締役に選定された。新商号（乙株式会社）の登記がされる前に，Yは「乙株式会社代表取締役Y」名義で約束手形を振り出し，手形は受取人AからXに裏書譲渡された。Xは同手形を満期に支払呈示したが支払を拒絶された。手形が支払呈示された後に，商号変更（甲会社から乙会社へ）の登記が行われた。

　XはYを被告として手形金支払請求の訴えを提起した。その理由として，新商号について登記がない以上，会社法908条1項前段（商法9条1項前段）によって，新商号をもって善意の第三者に対抗することができず，したがって新商号を有する会社の存在を対抗できないのであるから，実在しない会社の代表者として手形に署名した者が，手形法8条に類推適用により手形上の責任を負うべきである（東京高判昭31・11・23下民集7巻11号3343頁参照）と主張した。すなわち，新商号についての登記がない以上，その新商号をもった会社は存在せず，会社法908条1項前段により新商号の会社の存在をもって，又は新商号の会社と旧商号の会社との同一性をもって善意の第三者に対抗できないと主張したのである。

　最高裁は，この種のケースにつき，乙株式会社は，本件手形の振出，満期の当時並びにXがこれを取得した当時，まだその商号の変更ならびに代表取締役の氏名につき登記をしていなかったとはいえ，甲会社とその実質を同じくする会社として，現実に存在していたものとみるのが相当であり，またYはその代表取締役であったのであるから，本件手形は，実在する会社の代表者がその権限に基づいて振り出したものとみるのが当然であって，Xはその当然の権利として会社に対して手形上の責任を問うことができる（最判昭35・4・14民集14巻5号833頁）と説き，Yではなく会社に対して請求すべきものとした。

　学説は一般にこの判例の立場を支持している。甲会社という商号で設立さ

れたことにより，甲会社は成立していったん法人格を取得した以上，その後，商号を変更した場合には，新商号について登記をしていなくても，旧商号の会社と実質的に同一の会社として存在するということである。

(3) 不実登記の効力

① **不実登記の規制**　商法9条2項（会908条2項）は，故意又は過失により不実の事項を登記した者は，その事項が不実であることをもって善意の第三者に対抗することができない旨を定める。株主総会において取締役として選任されていないのに取締役として登記され，又は取締役会決議により代表取締役として選定されていないのに代表取締役としての就任登記がされることなどが，不実事項の登記に当たる。また，取締役を辞任したのに，取締役としての登記がそのまま残っている場合も，不実登記になる。

この規定は，取引の安全を保護するための規定と解され，権利外観法理ないし禁反言則で説明されている。不実の登記が行われ，第三者が不実と知らないで取引をした場合には，登記をした者に故意又は過失があった限り，事実と異なるとの主張を許さないという趣旨である。本条の解釈においては，「善意の第三者」の意義及び「不実の登記をした者」の意義が問題になる。

② **善意の第三者**　商法9条2項（会908条2項）が，取引の安全保護をはかるための規定であって，外観（不実の登記）を信頼した者を保護する趣旨のものだとすれば，登記を見て，それが不実の登記であることを知らないで取引をした者だけを保護すれば足りることになる。しかし，同条にいう「善意の第三者」とは，登記と事実が相違していることを知らない第三者をいい，不実の登記を見て，それを真実であると信じたことは必要でないという見解が有力であり，判例もこの立場である（最判昭47・6・15民集26巻5号984頁）。

③ **不実事項を登記した者**　「不実の事項を登記した者」が，不実であるとの主張を封じられるのであり，不実の事項が登記されていても，その「不実の事項を登記した者」に該当しない者に対しては，商法9条2項（会908

条2項)の適用はない。登記事項を登記することができるのは，登記申請権者である。登記申請権者は，個人商人の場合はその商人，会社の場合には代表者を通じて申請する会社自体である。それゆえ，個人商人や会社が，不実登記をしたときに，「不実の事項を登記した者」に該当する。

　商法9条2項（会908条2項）が適用されるためには，登記申請権者の申請に基づく登記であることが必要である。この点が，争点となった判例がある。X会社の代表取締役が死亡し，取締役Aが代表取締役に選定されたかのごとき虚偽の取締役会議事録を作成し，Aの申請によりAが代表取締役に就任した旨の登記がされた。Aは，X会社を代表してその所有不動産をYに売却した。その後，X会社の代表取締役職務代行者に選任されたBは，Yへの不動産売却は無権限者によるもので無効であるとして，当該不動産の所有権確認を求める訴えを提起した。これに対して，Yは，Aの代表取締役就任の登記が不実であっても，商法9条2項（会908条2項）により善意の第三者であるYには対抗できないと主張した。

　このケースにつき，最高裁は，同条が適用されるためには，原則として，その登記自体が登記申請権者の申請に基づいてされたものであることを必要とし，そうでない場合には，登記申請権者が何らかの形で，当該登記の出現に加功し，又は不実登記の存在が判明しているのにその是正措置をとることなく放置するなど，登記申請権者の申請に基づくのと同視することができるような特段の事情がなければならないとしたうえで，本件登記は，代表取締役に選定された事実がなく，代表権のないAが行った無効な申請に基づくもので，X会社の申請に基づいてされた登記とはいえないと判示した（最判昭55・9・11金法949号39頁）。

　④　**不実登記の出現に加功した者**　　取締役を選任するのは株主総会であるが，株主総会を開催せず，会社の支配株主兼社長から取締役に就任することを依頼され，これを承諾して取締役としての就任登記に協力する例が少なくない。正規に株主総会で選任さていないのであるから，このような取締役は法律上の取締役ではなく，したがってその登記は不実登記に該当する。

このような取締役が，会社法429条1項に基づき第三者から損害賠償を請求された場合に，会社法908条2項（商9条2項）の適用ないし類推適用はないとして，善意の第三者に対しても不実の登記であると主張することができるであろうか。会社法908条2項（商9条2項）は，登記申請権者（会社）について適用されるのであり，当該取締役は「不実の事項を登記した者」ではない。しかし，最高裁は，会社法908条2項（商9条2項）にいう「不実の事項を登記した者」とは，当該登記を申請した商人（登記申請権者）をさすが，その不実の登記事項が株式会社の取締役への就任でありかつその就任の登記につき取締役とされた本人が承諾を与えたのであれば，同人もまた不実登記の出現に加功したものというべきであり，したがって，同人に対する関係においても，当該事項の登記を申請した商人に対すると同様，善意の第三者を保護する必要があるから，同条の規定を類推適用して，取締役として就任の登記をされた本人も同人に故意又は過失がある限り，当該登記事項が不実であることをもって善意の第三者に対抗することができないと解するのが相当である，と説いた（最判昭47・6・15民集26巻5号984頁）。

　辞任等により取締役でなくなった者について，退任登記がされていない場合にも不実登記が残存していることになるが，これについてはどう解されるであろうか。

　取締役を辞任し又は任期満了となった者は，退任登記が未了であっても，原則として，会社法429条1項に基づく責任を負わない（最判昭62・4・16判時1080号142頁）。取締役の就任登記に際しては，就任する者の就任承諾書が登記の添付書類として必要であり，取締役として登記されるべき者の積極的な協力があってはじめて登記手続が完了する。しかし，辞任等による退任登記においては，辞任者等の協力は不要であって，会社が必要な手続をとれば足りる。辞任者等は，不実登記の出現に関与したことにはならないので，不実登記に拘束されないのが原則である。

　しかし，辞任等による退任取締役が，不実登記の出現に加功したと認められるときは，別である。すなわち，取締役を辞任したにかかわらず，なお積

極的に取締役として対内的又は対外的な行為を行ったときは，その行為によって損害を被った第三者に対して損害賠償義務を免れず，また，辞任者等が当該会社の代表者に対し退任登記をしないで不実登記を残存させることにつき，明示に承諾を与えた場合には，その者は会社法908条2項（商法9条2項）の類推適用により善意の第三者に対して取締役としての責任を免れない（最判昭63・1・26金法1196号26頁）。

ところで，退任した取締役について退任登記がないという事実については，二様の解釈が可能である。なすべき退任登記がされていないという意味では，登記すべき事項の登記がされていないということであり，このように解すると，商法9条1項（会908条1項）の問題となる。辞任登記の遅延は商法9条1項の適用の問題であるとした下級審判例もある（東京高判昭58・3・30金商684号35頁）。しかし，退任して取締役でないのに取締役として登記されているという意味では，不実登記といえる。最高裁は，不実登記の問題としている（前述の諸判例参照）。

不実登記に関する商法9条2項（会908条2項）は，登記申請権者の故意・過失を要件としているのに対して，商法9条1項（会908条1項）ではそれが要件となっていないから，登記義務者でない辞任取締役等に商法9条1項（会908条1項）を類推適用すると，会社の業務から離れた無過失な辞任取締役等に酷な責任を負わせることになり，不当である。したがって，退任登記が未了の退任取締役については，最高裁判例の立場が妥当であり，商法9条2項（会908条2項）を類推適用するのが妥当である。

4.9 営 業 所

1. 営業所の意義

商人の営業活動の中心となる場所を営業所という。営業所は，商行為によって生じた債務の履行場所とされ（商516条），登記所（商登1条の3）および裁判所（民訴4条4項）の管轄の基準とされ，民事訴訟上の書類送達の場

所とされる（民訴 103 条）など，種々の法的効果が認められる。したがって，商人の営業活動に関する場所のうち，どのようなものが法律上の営業所に該当すると解するかは重要な問題である。この意味での営業所とは，商人の営業活動の中心となる場所であって，営業上の指揮命令がそこから発せられ，営業活動の成果がそこに帰する場所である。指揮命令に従って物品を製造する工場やそれを保管するにすぎない倉庫は事実行為を行うにすぎないから営業所ではない。また，指揮命令を受けて機械的に取引を行うにすぎない鉄道事業の駅や博覧会の売店などは営業所でない。

　営業所であるための要件として，営業の目的である基本行為（取引）の締結される場所であることは必要でないというのが多数説である。これに対して，商法が営業所に取引活動その他の営業上の活動のために法的効果を定めている趣旨から，営業所とは商人が単に内部的に営業活動を統括する中心たるのみでは足りず，外部的にも取引活動その他の営業活動を行う中心的場所であることを要するとの少数説もある（大隅・174 頁，田中＝喜多・137 頁）。営業所たるには営業に関する指揮命令を発する首脳が所在する場所であれば足りるとの多数説は，そう解しなければ，指揮命令の場所と対外的取引だけをする場所が分離している商人について営業所が皆無になることをその理由とする（たとえば，大森・110 頁）。最高裁は，営業所であるためには，外部的な営業過程に属する法律行為についてこれを独自に決定施行しうる組織の実体を有することを要すると解し（最判昭 37・12・25 民集 16 巻 12 号 2430 頁），少数説の立場に立つ。たとえば，個人商人が自宅から電話や FAX で店舗の使用人に指示だけを与え，仕入れも販売もその店舗でさせているような場合には，多数説によれば商人の自宅を営業所とみるべきことになるが，少数説では営業指揮の中心と取引活動の中心との二要件を満たす場所はないから，この商人には営業所がなくなる。

　個人商人ではなく会社の営業所については特別な問題がある。会社の営業所（本店と支店）については，その所在地は定款の記載事項とされ，かつ登記しなければならない。本店とは会社の主たる営業所であって，法は会社の

住所（本店）（会4条）とその営業活動の中心地とが一致することを前提としている。しかし，実際には定款記載の本店所在地と営業活動の中心地とが異なる場合が少なくない。そこで，学者は形式的意義の本店と実質的意義の本店（大隅・175頁，大森・111頁）または客観的意義の本店と主観的意義の本店（鈴木竹雄・商法研究Ⅱ177頁，田中・喜多・140頁）に区別して妥当な結論を導こうとしている。すなわち，会社法的には，定款所定の本店の所在地が管轄登記所，会社法上の訴えの管轄裁判所を決定する基準となり（形式的または主観的意義の本店），商法総則的には，営業活動の本拠地が営業所（会社法上の営業所であると否とを問わない）であるとし，債務履行の場所や商行為上の裁判管轄を決定する基準とする（実質的または客観的意義の本店）。支店についても同様に区別して考える。たとえば，本店が大阪にある会社が東京に支店をおいた場合，取締役会において支店設置の決議をしないかぎり，それは会社法上（形式的または主観的意義）の支店ではないが，それが客観的に支店の実体を備えているかぎり商取引に基づく債務履行の場所を定める基準となり，またその主任者については表見支配人の規定が適用される（鈴木・178頁）。

2. 営業所の種類

　商人（個人商人たると会社たるとを問わない）につき数個の営業所がある場合には，その数個の営業所の間に主従の関係が認められ，その主たる営業所を本店，従たる営業所を支店という。会社法上の営業所の種類は本店と支店との二種類にかぎられる（会10条）。支店としての営業所といえるためには，営業活動につき本店からの指揮に従属しつつもある程度独立して営業に関する決定権を有し，一定の範囲内で独立して営業をなしうる人的・物的施設および会計的組織を備えていなければならない。支店か否かはその名称によってではなくその実質によって決定される。たとえば，支社という名称が法律上の支店と同等の営業内容を有する営業所を意味するものと直ちに断定できず，各場合につき問題となった支社の営業内容をみて法律上の支店に該当す

るか否かを決めるべきである（東京地判昭32・3・8判時113号28頁）。これを逆にいえば，出張所，事務所，支社その他の名称で営業が行われている場合でも，それが法律上の支店としての実体を備えていれば，法律上は支店としての営業所と扱われることになる。

3. 営業所の法的効果

商人の営業に関する場所が営業所と認められる場合には次のような法的効果が付与される。（イ）商行為によって生じた債務の履行場所（商516条），（ロ）裁判管轄の基準（民訴4条4項），（ハ）商業登記の管轄の基準（商登1条の3），（ニ）民事訴訟の送達の場所（民訴103条），（ホ）破産事件，更生事件の裁判管轄の基準（本店所在地）（破5条，会更5条）とされる。このほかに，ある営業の場所が支店であるときは，本店の所在地において登記すべき事項を支店の所在地においてもこれを登記すべき義務が生じ（会930条），その支店に支配人をおくことができ（会10条），さらに支店としての実体をもった営業所における主任者らしき名称を付された使用人は表見支配人と扱われる（会13条）。

4.10　客観的意義における営業

1. 客観的意義の営業

客観的意義における営業（会社法は営業のことを事業という）は，営業用の財産を意味する。営業は，財産として，譲渡，賃貸借等の対象となる（商16条以下，会21条以下，同467条以下）。この意味での営業は，当該営業のための人的・物的施設の統一体を指し，全体として1個の財産である。

統一的一体としての営業は，その構成要素である個々の財産価値の単なる総和を超える価値を有する。けだし，営業の継続によって，次第にその営業により沈澱・定着した信用，老舗など無形の価値が加わるからである。営業には，得意先関係，仕入先関係，営業上の秘訣，経営組織などの事実関係が

重要な無形の価値として含まれる。ここに，財産的価値としての営業の特殊性がある。そこで，現在の通説は，客観的意義の営業を，各種の物的財産とその営業に固有な各種の事実関係の組織的一体であると解している。

営業は，以上のように営業財産と各種の事実関係からなる組織的・有機的一体としての財産として営業主の人格から離れてもそれ自体が同一性を維持しうる客観的な存在である。したがって，そのような財産として処分が可能とされる。営業の譲渡においては，一定の営業目的のために組織化された有機的一体としての財産と扱われているが，これを担保とする取引においては同様には扱われていない。営業を組織的一体として評価し，これを担保の目的物とすることは理論的には可能であるが，現実にはそのような取引はみられない。全体としての営業についての所有権，抵当権，質権など物権は認められておらず，登記ができないから担保としての取得が行われていないのである（後述）。

2. 営業の譲渡

(1) 意　義

営業は，それを構成する各個の財産の価値の総計を超える価値があり，これを解体すれば本来営業の有する価値を失うことになる。したがって，一定の営業目的のために有機的に組織された機能的財産である営業を全一体として譲渡を認めることが当事者のみならず国民経済的観点からも利益である（大隅・300頁）。そこで，商法も全一体としての営業の譲渡を認めている（商15条以下）。

営業の譲渡の意義・性質をめぐっては議論がある（その議論の詳細については，宇田一明・営業譲渡法の研究1頁以下参照）。基本的には二つの説に分かれる。第一は，営業財産譲渡説であり，営業を純客観的に捉え，営業の譲渡とは，一定の営業目的により組織化された有機的一体としての機能的財産の移転を目的とする債権契約をいうとされる（大隅・301頁，鴻・133頁，宇田・17頁ほか）。第二は，企業者地位交替説であり，営業における活動的要

素の重要性を認め、企業者としての法的地位の承継であるとされる（西原寛一・商法総則・商行為法（改訂版）101頁）。地位交替説によれば、企業者は、（イ）企業財産、特に固定資産の所有者ないし利用権者たる人格者、（ロ）企業活動の権利義務の帰属者たる人格者、（ハ）企業収益の第一次的帰属者たる人格者、（ニ）企業経営の衝に当たる首脳者たる人格者たる地位をもち、その地位は、企業に生命を付与し、企業の組織化の原動力となる企業に内在的の存在であるが、企業の組織化がある程度に進むと、この地位が移っても、企業の独立的客観的存在は妨げられないようになり、営業譲渡は、上の四内容の企業者地位が一括して承継させられる法律関係であると説かれる。そのほかに、地位財産併合説があり、営業の譲渡とは、譲渡人が営業主の地位を譲受人に引き継がせ、かつ営業財産を一括して譲渡することを目的とする債権契約であると説く見解もある（田中=喜多・290頁、大森・242頁）。判例も、営業の譲渡とは、「一定の営業目的のため組織化され、有機的一体として機能する財産（得意先関係等の経済的価値ある事実関係を含む）の全部または重要な一部を譲渡し、これによって、譲渡会社がその財産によって営んでいた営業的活動の全部または一部を譲受人に受け継がせ」ることであるとしている（最判昭40・9・22民集19巻6号1600頁）。これは自然に読めば併合説である。

　以上の諸説のいずれをとるかによって具体的問題の処理に差異が生ずるものではなく、説明の仕方の違いである。営業の権利主体である営業主に着眼すれば、営業の譲渡はその地位の交替であり、譲渡される対象に着眼すれば、営業財産が譲渡されるのであって、二者択一的にいずれかを排斥する必要はあるまい。西原博士の前述の所説（地位承継説）は迫力があり、説得力があるが、その企業者たる地位を承継するためには、企業者として生命を付与し活力をもたらすべき対象としての営業財産の移転を受けなければならないのであるから、営業財産譲渡の面を無視することはできず、したがって、いずれの面も排斥しない併合説によるのが無難であろう。

　営業の譲渡は、有機的一体として社会的活力を有する状態での財産の譲渡

であるから，それがいかに重要な価値を有するものであっても営業を構成する個々の財産の譲渡は営業譲渡ではない。営業の譲渡であるためには，営業がその同一性を維持しつつ移転されなければならない。しかし，必ずつねに全一体として譲渡されることを要するというべきではなく，その一部が留保されてもなお社会通念に従って判断して同一性を害しないと認められる場合には営業の譲渡である。

　営業の全部譲渡と一部譲渡とがある。全部譲渡は，営業主が一個の営業しか行っていないときに，その全部を譲渡することである。営業主が数個の営業を営んでいてその中の一個を全体として譲渡することは，個人商人においては全部譲渡であるが，会社においては会社法467条1項2号の意義における一部譲渡に該当する。しかし，会社の場合にも，数個の事業のうち一個を全体として譲渡したときは，商法総則の意義においては全部譲渡と観念される。数個の営業所（本店・支店）で同一営業を行っている商人が支店の営業を譲渡することは営業の一部譲渡に該当する。

　営業譲渡であるためには，譲受人において営業活動を承継することが必要である（同旨，宇田・152頁）。譲渡人がその営業用財産のすべてを現況のまま営業を承継しうる状態で移転したが，譲受人がそれを解体し別の用途に使用または全く活用しないような場合は商法の予定する営業の譲渡とはいえない。かりに譲渡の対価の中に個別財産の価格の総計を超える額が加算され，あるいは競業避止義務が合意されたとしても，それは譲渡人をして営業を廃止させる契約であるか，単なる財産の一括譲渡でしかありえないと解すべきである（なお，渋谷達紀「企業の移転と担保」現代企業法講座1巻223頁参照）。

(2) 会社法467条1項の事業譲渡

　商法が営業の概念で捉えている実体を会社法は「事業」という用語を使っている。会社法では，総則（21条以下）のほか同法467条1項で「事業の譲渡」についての規定がある。総則21条以下における「事業」は，商法15条以下に規定される「営業」と同じ意義であることに疑問の余地はないが，会

社法 21 条以下に規定する「事業の譲渡」と会社法 467 条 1 項に定める「事業の譲渡」が同義であるかどうかについては，学説の一部が異論を唱えている。

議論の発端となったのは，業績不振で休業中の製材加工の X 会社が，その会社の全財産である工場の敷地とその中の設備を，金融機関から返済を迫られた代表取締役 A が，株主総会の特別決議を得ないで譲渡し，譲受人 Y が営業を承継することなく X 会社とは別の目的に使用したケースである。譲渡の数年後に，X 会社は Y にその返還を求めたものである。X 会社は，本件財産の譲渡は商法 245 条 1 項（会 467 条 1 項）の営業譲渡（事業譲渡）に該当し，株主総会の特別決議が必要であるのに代表取締役がその決議を得ないでしたものであるから無効であると主張した。

会社法 21 条以下に規定する「事業」の譲渡は，一定の事業目的のために組織化され，有機的一体として機能する財産を意味するが，同法 467 条 1 項にいう「事業の譲渡」も同義だとすれば，有機的一体として機能する財産である事業を譲渡するときに株主総会の決議が必要であって，単なる営業用財産を譲渡するときには株主総会の決議は必要でない。

最高裁は，旧商法 245 条 1 項 1 号（会 467 条 1 項 1 号）によって（株主総会の）特別決議を経ることを必要とする営業（事業）の譲渡とは，旧商法 24 条以下（商 15 条，会 21 条以下）にいう営業の譲渡と同一の意義であって，一定の営業目的のため組織化され，有機的一体として機能する財産（得意先関係等の経済的価値のある事実関係を含む）の全部または重要な一部を譲渡し，これによって，譲渡会社がその財産によって営んでいた営業活動を譲受人に受け継がせ，譲渡会社がその譲渡の限度に応じ，法律上当然に旧商法 25 条（商 16 条，会 21 条）に定める競業避止義務を負う結果を伴うものをいうものと解するのが相当である，と説いた（最判昭 40・9・22 民集 19 巻 6 号 1600 頁）。

これに対して，会社法 21 条以下（総則）にいう事業（営業）と同法 467 条 1 項にいう事業とは同じ意味ではないという少数意見がある。総則は，事業

譲受人の保護（会21条），事業譲渡を知らなかった債権者および債務者の保護（会22条）を目的としているのに対して，同法467条は，株主の保護がその目的であって，両者間では問題の局面が異なるのであるから，同じ意義に解する必要はないという。それを譲渡することによって，会社がその事業を維持できなくなったり，事業の規模を大幅に縮小せざるを得なくなり，会社の営業に重大な影響を及ぼすことになるような場合には，株主総会の特別決議が必要となる「事業の譲渡」というべきであるという。この少数説によれば，事業財産の譲受人がその財産を譲渡会社の事業とは別の事業のために使用し，譲渡会社が競業避止義務を負わない場合でも，事業の譲渡として株主総会の特別決議を要求されることになる。

　判例・多数説の立場が妥当である。同じ法律において，同じ用語が違った意味に解されるのは不自然であるのみならず，少数説の根拠にも疑問がある。総則は，事業譲受人等の保護を目的とするのに対して，会社法467条1項は，株主保護が目的であって両者は局面が異なることをいうが，株主総会の特別決議を要求する会社法467条1項の規定は，株主保護を目的とした規定には違いないとしても，代表取締役と取引した相手方の保護を無視することはない。「事業の重要な一部の譲渡」についても株主総会の特別決議が必要なことは，新旧法において変わりはないが，新法は「重要な一部」とは何をいうかを明確にし，総資産額の5分の1以上の資産としている（会467条1項2号）。

(3) 営業譲渡の手続

① **営業譲渡契約**　営業譲渡契約は，その営業のために組織化された有機的一体としての財産を移転し，営業主たる地位の承継を目的とする債権契約である。譲渡の対価として金銭が交付されるときは売買類似の，また対価として財産が交付されるときは交換類似の契約であるが，目的物として物または権利のほか得意先その他の事実関係をも含むので，純粋な売買ないし交換ではなく，一種の混合契約と解される。そして，民法の定める売主の瑕疵

担保の規定が類推適用されるべきであり，個々の物または権利の瑕疵のほか，営業そのものの瑕疵，たとえば，譲渡された営業を行うのに必要な技術が第三者の特許権の侵害となって使用できないなどの瑕疵についても売主の瑕疵担保責任が認められるべきである（大隅・304頁）。譲渡契約においては，譲渡の対価のほか移転されるべき財産の範囲，営業引継ぎの時期，使用人の引継ぎ等についても定められるべきこととなる。

譲渡人は営業の主体であるからつねに商人である。これに対して，譲受人は非商人でもよいが，営業を譲り受ける行為に着手したときには商人となる。けだし，営業を譲り受けようとすることはその営業意思を実現したのであり，営業譲渡契約およびその履行に関する行為は，営業のためにする行為（商503条1項）として附属的商行為となる。

なお，清算中の会社も清算または財産換価の手段として事業を譲渡することができる。すなわち，持分会社においては任意清算が認められ（会668条），清算の方法として事業譲渡をなしうる。株式会社につき，株主総会において解散の決議をなすと同時にその換価方法として事業譲渡を決議することも違法ではない（大判大2・6・28民録19輯530頁）。

② **手続**　会社が事業を譲渡しまたは譲り受ける場合には特別な内部手続が必要である。株式会社が事業の全部または重要な一部を譲渡する場合には，株主総会の特別決議を経なければならない（会467条1項1号，2号）。他の会社の事業の全部を譲り受ける場合も同様である（会467条1項3号）。しかし，会社が個人商人から営業全部を譲り受けたり，他の会社の事業の一部（いかに重要でも）を譲り受ける場合にはそのような決議は要求されていない。持分会社については存立中の事業譲渡に関する規定はない。しかし，これらの会社が自治に基づいて事業譲渡をなすことを禁ずべき理由はまったくなく，ただ合併に準じて総社員の同意が必要と解されている。株式会社については，特別の規定はなく，清算中も存立中も同様の手続が必要と解されている。このような内部手続を経て，会社の代表者が事業譲渡契約を締結することになるが，内部手続を経ないでなした事業譲渡契約は無効と解されて

いる。

　なお，会社が他の会社の国内における事業の全部または重要部分を譲り受けることにより，一定の取引分野における競争を実質的に制限することとなる場合には公正取引委員会に届け出て，その届出受理の日から30日を経過するまでは事業の譲受けをしてはならない（独禁16条，10条8項）。公正取引委員会は必要な排除措置を命ずることができる（独禁17条の2第1項）。

　(4)　営業譲渡の効果
　①　**営業財産の移転の義務**　　譲渡人は譲受人に対して営業（事業）に属する各種の財産を移転しなければならない義務を負う。移転すべき財産の範囲は契約において定められるのが普通であり，当事者は営業（事業）の同一性を害しない範囲において，営業財産の一部を除外することができる。営業譲渡に当たり譲渡すべき財産の範囲は各個の場合に当事者の間の契約によって決められるべきであるが，営業の譲渡といえるためには，少なくとも譲渡人が譲受人をして自己に代わりて経営者たる地位に就かしめる約束であるがゆえに，社会通念上営業の同一性を保有するものと認められるべき範囲の営業財産を一括して譲受人に譲渡する必要がある（東京地判昭9・6・14新聞3713号11頁）。当事者が移転すべき財産の範囲を定めなかったときは，営業に属する一切の積極・消極財産を譲渡したものと推定される。たとえば，運送その他の営業を譲渡するに当たっては，店舗，貨物，債権，債務，得意先および商業帳簿等はすべて譲渡するのが通常であるから，その反証のないかぎり，すべての譲渡があったものと推定すべきであり，営業上の債務もまた譲渡されたものと解される（大判明33・11・7民録6輯10巻42頁）。営業譲渡契約は独立した一個の契約ではなく，営業継続に必要な数種の営業財産に関する個々の契約の集合であるとの見解もあるが（東京控判大1・12・24新聞870号7頁），むしろ，当事者が移転すべき財産の範囲を定めたときはその範囲内に含まれるすべての財産を，また当事者が移転すべき財産の範囲につき別段の定めをしなかったときはその営業に属するすべての財産を一括し

て集合的に移転することを目的とした一個の契約と解すべきであろう。個々の財産ごとの個別契約の集合と解するときは，当事者が移転すべき財産を積極的に列挙すべきことになり，列挙から漏れた財産は移転しない趣旨と解すべきことになる。しかし，通説・判例は，移転すべき財産について当事者が特に除外せず，または別段の定めをしなかったかぎり，その営業に属するすべての財産の移転を合意したものと推定しており，そのような推定は，営業譲渡を営業財産の一括譲渡と解するときにはじめて可能となるというべきであろう。

　営業譲渡にあっては，営業財産は一括譲渡されるが，その移転行為は各種の財産の種類に応じ各別に行われる。動産の引渡，株券の交付，手形の裏書譲渡，指名債権の譲渡通知などに加え，不動産登記（移転登記）に協力しなければならない。株主名簿の名義書換請求は株券の交付を受けた譲受人が自らなすことができる。債務については，債務の引受・譲渡人のためにする弁済の引受（民474条）・債務者の交替による更改（民514条）など，契約の定めるところにより譲渡人をしてその債務から免れるための行為をする必要がある。また，得意先関係，仕入先関係，営業上の秘訣，経営組織などの事実関係については，その紹介，秘訣等の伝授をし，譲受人をして事実関係を引き継がせなければならない。

　② **競業避止義務**　営業の譲渡人は，契約で別段の定めをしないかぎり，同市町村および隣接市町村内において20年間同一の営業をなしえない（商16条1項，会21条1項）。譲渡人が同一営業をしない特約をしたときは，30年を超えない範囲内においてその効力がある（商16条2項，会21条2項）。すなわち，営業の譲渡人は当然に競業避止義務を負い，同市町村および隣接市町村内において20年間は同一営業をなしえないが，特約によってこの義務を排除しまたは拡張することもできる。しかし，この義務を特約によって拡張する場合でも，30年を超えない範囲においてのみ有効とする。東京都の特別区および政令指定都市では市町村を区又は総合区と読み替える（商16条1項，会21条1項）。平成27（2015）年現在，大阪，名古屋，京都，横

浜，神戸，北九州，札幌，川崎，福岡，広島，仙台，千葉，さいたま，静岡，堺，新潟，浜松，岡山，相模原，熊本が指定都市とされている。

　譲渡人の競業避止義務は地位交替説に立ってはじめて説明しうる（田中耕・339頁）との説に対し，地位の引継ぎによっては譲渡人はその企業についてこそは他人となるが，別に同種の営業を始めるか否かは地位の引継ぎとは別のことであるとの批判がある（竹田・97頁）。さらに営業の譲渡は組織財産の移転にすぎないから，譲渡人は同種の営業をなしえずとすべき当然の理由はないとして，競業避止義務は営業譲渡の当然の効果ではなく，法が譲受人保護のために政策的に定めた義務と解する見解もある（竹田・96頁）。しかし，譲受人が同種の営業を再開して従前の得意先を自己に誘引したり，その仕入先をして譲受人との関係を絶たしめるなど，営業譲渡の実効を失わしめるような行為をなしえないことは当然であって，法による別段の定めをまつまでもなく契約違反であるとする当然説が支配的である（大隅・313頁，鈴木竹雄・法協59巻9号1424頁，鴻・141頁）。いずれにしても，競業避止義務を負う譲渡人は，営業財産を移転し，譲受人をして営業者たる地位に就かせればそれで足りるというのではなく，譲受人がその営業を継続して収益を上げることを妨げるような行為をしてはならない不作為義務を負う。

　この不作為義務に関連して，営業を妨害しない旨の特約の効力が問題となったケースがある。営業譲渡契約において，譲渡人は譲受人に対しその営業を妨害する行為をしない旨の特約がなされたが，その妨害禁止の地域および期間を制限しなかった。この特約は，商法16条2項の規定に違反し，公序良俗に反する無効な法律行為であるとの主張を判例は排斥した（大判大7・5・10民録24輯830頁）。もし，この特約が同種の営業をすることを含む趣旨で妨害といっているのであれば，この特約は30年間は営業しないという範囲においてのみ有効と解すべきことになろう。競業避止義務を負うのは営業の譲渡人である。この義務は被相続人に一身専属的義務であって，相続人はこの義務を相続しない（田中＝喜多・295頁）という見解もあるが，相続は地位の承継であり，被相続人が経済的生活において負担した義務として相

続すると考えることもできよう。個人商人の場合には，営業譲渡契約の際に，相続人をも拘束したければ，相続人との間でも特約をすれば足りるとも考えられようが，誰が営業を開始するか分からない相続人全員とそのような特約をすることを要求するのは酷であろう。また譲渡人が会社であって，その代表者が個人として同種の営業をする場合，逆に個人商人が営業を譲渡して，その商人が代表者である会社によって同一事業をする場合には，法人格否認の法理が適用されることがあり，譲渡人ではない別人格の個人または会社が競業避止義務を負うこともある。

　なお，譲渡人は不正の競争の目的をもって同一の営業をすることはできない旨が定められている（商 16 条 3 項，会 21 条 3 項）。あまりにも，当然のことであって，そのようなことをわざわざ定める必要がないかのようである。しかし，この規定は，営業譲渡を行った譲渡人が競業避止義務を特約で排除した場合でも，不正競争の目的で同一営業を行うことはできないことを定めたものである。あるいはまた営業譲渡人は特約がなければ同一市町村または隣接市町村以外の地域では同一営業を行うことができるが，そのときでも不正競争の目的で同一営業をすることができないことを定めたものである。この場合の不正競争の目的とは，譲渡人が譲受人の営業上の顧客を奪おうとする目的で同種の営業をするような場合と解されている（大判大 7・11・6 新聞 1502 号 22 頁）。

3. 営業譲渡と第三者

(1) 営業上の債権者に対する関係

① **商号続用の場合**　営業上の債権者は債務者の営業および営業財産を信用して取引に応じている。その信用の基礎であった営業が譲渡された場合には，債権者が害されることがありうる。このような債権者の保護が必要である。ことに営業譲受人が債権者に対する関係で債務の引受，譲渡人のためにする弁済の引受，債務者の交替による更改契約などの債務負担行為がなされないかぎり，債務者は譲渡人であると扱われるべきことになり，債権者は

債権回収の機会を失うおそれがあった。そこで商法は昭和13年の改正で債権者保護のための特別な規定を設けた。

譲受人が譲渡人の商号を続用する場合には，譲渡人の営業によって生じた債務については譲受人もまたその弁済の責任を負う（商17条1項，会22条1項）。自己の営業によって負担した債務であるから譲渡人が債務者であることに変わりはないが，この規定によって譲受人が重畳的債務引受をしたのと同一の結果が生じる。譲受人は債務引受を債権者に対してしたのではなく，その意味では法定責任である。この場合，譲渡人と譲受人とは不真正連帯債務の関係に立つと解されている。譲渡人の営業によって生じた債務であるのに譲受人がこのような弁済責任の負担を強いられる根拠は，営業財産は営業上の債務の担保となっていると考えられているからである。しかし，それが唯一の根拠だとすれば，商号続用の場合だけに商法がこの責任を限定していることおよび商法17条2項および会社法22条2項が，譲受人が公示手段をとって債権者に知らしめるときにはこの責任から免れることの理由を説明することができなくなる。そこで，商法17条（会22条）は，譲受人が譲渡人の商号を続用するときは，営業の譲渡があったにかかわらず債権者の側より営業主体の交替を認識することが一般に困難であるから，譲受人のかかる外観（譲渡人の営業であるとの外観）を信頼した債権者を保護するために，譲受人もまた譲渡人の営業上の債務につき弁済責任があるものとしたのであり，譲受人が譲渡人の商号を続用しないときは，そのような外観がないから，譲渡人のみが債務を負担し，譲受人に弁済責任がないものとしたと説かれる（最判昭29・10・7民集8巻10号1795頁）。学説上も一般的に同様の説明がなされている。

しかし，このような判例・通説の理解は正当とはいえない。商号を譲受人が続用しているために，営業譲渡を知らなかった債権者が，旧営業主と取引しているものと誤信して新営業主と取引を継続するという事態は考えられるが，商法17条は，すでに取引の終わった旧営業主に対する債権（旧営業主の過去の債務）を問題としているのであるから，営業主の同一性に対する外

観の信頼を譲受人の弁済責任の根拠とするのは正当でない。

ある下級審判例は、「商法26条1項（現商17条1項、会22条1項）が、譲受人に譲渡人の営業上の債務の弁済義務を負わせた理由は、商号が続用される場合は、営業主の交代を債権者が認識するのは容易でなく、交代があったことを知らなかったために譲渡人に対して債権保全の措置を講ずる機会を失するおそれが大きい」ことを考慮したものであると説いている（東京地判平12・9・29金商1131号57頁）。債権保全の措置として、債務者に対する訴えの提起など時効中断の措置が考えられるが、譲渡人に対する債権が時効で消滅すれば、商号を続用する譲受人もその時効を援用することができるのであって、この下級審判例の立場も説得力を欠く。

なお、商号を続用する譲受人が譲渡人の債務を弁済する責任を負う場合には、譲渡人の責任は、営業を譲渡した日後2年以内に請求又は請求の予告をしない債権者に対して、その期間を経過した時に消滅する（商17条3項、会22条3項）。

営業財産が営業上の債務を担保するとの根拠を一貫すれば、商号の続用の有無によって譲受人の弁済責任を区別することには理由がなく、立法論的には商法の立場は批判を免れない。解釈論としては、通説・判例が説いている債権者側の事情からは首尾一貫した理解を得ることは困難であり、商法の立場を総合的に理解しようとすれば、譲受人側の事情に着眼せざるを得ない。商号を続用する事例のほとんどが、後述のように、個人商人が会社形態で営業を継続し、倒産した会社が第二会社を設立して営業を承継している場合である。そこで、商号を続用する譲受人には、営業上の債務をも承継する意思があるのが通常であり、商号を続用しない譲受人には通常その意思がないものと想定して規定されているものと解さざるを得ない（山下真弘「営業譲渡の債権者に対する効果」島大法学27号69頁）。商号続用の譲受人が登記・通知等により債務承継の意思がないことを表明すれば譲渡人の営業上の債務につき弁済責任を負わない（商17条2項、会22条2項）とともに、商号を続用しなくても譲受人が債務引受の広告をすればその弁済責任を負う（商18

条1項，会23条1項）ことを定めているのは，譲受人の意思を基準としていると解してはじめて理解できる。

　商号続用の譲受人が負担すべき譲渡人の営業上の債務には，譲渡人が営業上負担した不法行為による損害賠償債務も含まれる（最判昭29・10・7民集8巻10号1795頁）。商法17条1項（会22条1項）にいう商号の続用に当たるか否かの判断に際しては，会社の種類が異なったり，会社を示す字句が付加されても商号の同一性は失われないと解される。「株式会社日本電気産業社」は業績不振のため倒産し，営業目的，役員，店舗，施設，従業員がほとんどそのままで第二会社「株式会社日本電気産業」を設立し同一営業を営んでいたが，商号の続用があるとされた（大阪地判昭40・1・25下民集16巻1号84頁）。個人商人の名和洋品店が「株式会社名和洋品店」として（東京地判昭34・8・5下民集10巻8号1634頁），また「大阪屋」なる個人商人の商号が「株式会社大阪屋」として（東京地判昭45・6・30判時610号83頁）それぞれ株式会社の字句が付加され，同一の営業を続けるときは，営業の譲渡を受けかつ商号の続用に当たるとされた。「有限会社米安商店」が倒産し，第二会社として「合資会社新米安商店」が設立され，同一営業を継続した事例につき，会社の種類を変えかつ「新」の字句を付加したのは，旧会社の債務を承継しないためであると解され，旧商法17条（現会22条）の商号続用に該当しないと判示した判例（最判昭38・3・1民集17巻2号280頁）は不当である。また，商号ではないがゴルフクラブの名称が続用された場合に，旧商法26条1項（現会22条1項）を類推適用し，営業（事業）の譲受人の責任を認めた判例がある（最判平16・2・20民集58巻2号367頁）。

　営業譲受人の弁済責任を定める商法17条（会22条）は，営業が譲渡された場合の規定であって，営業の現物出資を受けて設立された会社が，現物出資をした者の商号を続用する場合に関する規定ではないが，営業の譲渡と現物出資とではその法律的性質を異にするにすぎず，その目的である営業の意味は同一であり，いずれも法律行為による営業の移転であるから，同条は営業の現物出資にも類推適用される（最判昭47・3・2民集26巻2号183頁）。

営業譲受人が商号を続用する場合には，譲渡人の営業上の債務についても弁済責任を負うのが原則である。しかし，営業譲渡後遅滞なく譲受人が譲渡人の債務については責任を負わない旨を登記（商登31条）した場合にはすべての債権者に対し，また譲渡後遅滞なく，譲渡人および譲受人の両者が第三者に対して，譲受人が譲渡人の債務につき弁済責任を負わない旨の通知をした場合には，その第三者に対して責任を負わない（商17条2項，会22条2項）。譲受人の免責登記は個人商人にあっては続用する商号の登記の登記記録にし，会社が譲受人のときは譲受人の会社の登記記録にする（商登規53条）。

② **商号を続用しない場合と債務引受広告**　営業の譲受人が譲渡人の商号を続用しないときは，譲受人は当然には譲渡人の営業上の債務については責任を負わない。しかし，この場合でも，営業譲受人が譲渡人の営業上の債務を引き受ける旨の広告をしたときは，譲渡人の営業上の債権者は譲受人にその弁済請求をなしうる（商18条1項，会23条1項）。これが，債務引受広告であり，その広告の方法および広告内容が問題となる。

広告の方法として新聞広告，ちらしなど不特定多数人に対してなされた場合だけでなく，大多数の債権者に個別的になされた書状の送付でもよい。記者会見における談話などの新聞記者に対する取材機会の供与も商法18条（会23条）の広告に該当する（那覇地判昭54・2・20判時934号105頁）。債務引受の意思であるか否かは慎重に判断される必要があるが，債務引受の意思を表明する広告の方法については限定的に解する必要はない。

議論が多いのは，「営業を譲り受けました」との新聞広告ないし取引先に対する挨拶状の送付が債務引受広告に当たるか否かについてである。最高裁は，事業を譲り受けた旨の新聞広告につき，それは事業に伴う営業上の債務をも引き受ける趣旨を包含すると解していたが（最判昭29・10・7民集8巻10号1795頁），その後，A，B，C三会社が営業を廃止し，新たにD会社が設立され三会社と同一の営業を開始するという趣旨の挨拶状をD会社が旧三会社の取引先に送付したケースにつき，それは単なる挨拶状であって，旧三会社の債務をD会社において引き受ける趣旨を含まないとした（最判昭

36・10・13民集15巻9号2320頁)。学説の多数説は後者の判例の立場を支持する（前田重行・商法総則・商行為判例百選（第二版）60頁参照）。そのような広告または通知は，営業譲渡という事実の通知にすぎず，債務の引受けという意思が明らかにされていないというのが，多数説の解釈である。

譲受人が債務引受広告をした場合の譲渡人の弁済責任は，広告の日から2年以内に請求又は請求の予告をしない債権者に対しては，その期間を経過した時に消滅する（商18条2項，会23条2項）。

(2) 営業上の債務者に対する関係

営業譲渡において特定の債権が譲渡の対象から除外された場合には，その債権は譲渡人に帰属したままであり，債務者は譲渡人に支払うべきである。譲受人が商号を続用する場合には，営業上の債務者が営業主の交替を知らないで，移転していない債務につき新営業主に弁済するという事態が生じかねない。このような債務者の保護が必要である。そこで商法は，債務者の保護のために特則を設け，営業の譲受人が譲渡人の商号を続用する場合において，譲渡人の営業上の債権につき譲受人にした弁済は弁済者が善意・無重過失であったときは弁済として有効であるとした（商17条4項，会22条4項）。譲渡人の商号を譲受人が続用しないときは，債務者が誤信して弁済するという事態は，通常は，考えられないから，民法の一般原則（民478条）に委ねれば足りる。

4. 詐害的営業（事業）譲渡

平成26（2014）年の商法改正において詐害的営業譲渡に関する規定（商18条の2）が設けられた。同年の会社法改正において詐害的事業譲渡につき会社法にも同一内容の規定（会23条の2）が設けられた。以下においては，詐害的営業譲渡について述べるが，詐害的事業譲渡についても妥当する。

譲渡人が譲受人に承継されない債務の債権者（残存債権者）を害することを知って営業を譲渡した場合には，残存債権者はその譲受人に対して，承継

した財産の価額を限度として当該債務の履行を請求することができる（商18条の2第1項本文）。営業譲渡の当事者双方が，残存債権者を害すること（債務の履行を受けることができなくなる事実）を知っていたときに，残存債権者は譲受人に対して，承継した財産の価額を限度として，当該債務の履行を請求することができる。譲受人が譲渡人の商号を続用しているかどうかは関係ない。

　営業譲渡の際に，譲渡人が消極財産（負債）を正確に開示しなかったために，譲受人には隠された譲渡人の債務（残存債権）が存在しかつその残存債権者が害される事実を知らなかったという事例は生じることがある。このように，営業譲渡の効力が生じる時に，譲渡人は残存債権者を害する事実を知っていたが，譲受人はその事実を知らなかったときは，残存債権者は譲受人に対して当該債務の履行を請求することはできない（商18条の2第1項ただし書）。

　譲受人が残存債権者に対して債務を履行する責任を負う場合の当該責任は，譲渡人が残存債権者を害することを知って営業を譲渡したことを知った時から2年以内に請求又は請求の予告をしない残存債権者に対しては，その期間を経過した時に消滅し，また営業譲渡の効力が生じた日から20年を経過したときにも消滅する（商18条の2第2項）。

　譲渡人について破産手続開始の決定又は再生手続開始の決定があったときは，残存債権者は譲受人に対して当該債務の履行を請求することはできない（商18条の2第3項）。譲渡人につき破産手続開始の決定がされた場合には，その時点での他の債権者たちも均しく扱われるべきであり，特定の残存債権者だけが譲受人から支払いを受けるのは相当でないからである。また，譲渡人につき再生手続開始の決定がされた場合には，残存債権者は再生債権の届出を行い，再生計画の定めに従ってのみ弁済を受けることができる（再生85条1項）。

5. 営業の賃貸借・経営委任

(1) 営業の賃貸借

① **意義**　一定の営業のために組織化された有機的一体としての営業の全部または一部を他人に賃貸する契約を営業の賃貸借という。賃貸人は賃貸借期間中その賃借人をして営業につき使用・収益をなさしめる義務を負い（民601条），したがって，営業を構成する各種財産の占有を移転し，また得意先等の事実関係についても紹介するなど賃借人をして利用しうる地位に置かなければならない。しかし，営業譲渡の場合とは異なり，営業財産（土地，建物，機械そのほかの権利）の所有権の移転は行われず，所有権は賃貸人に帰属する。賃借人は，自己の名をもって自己の計算で営業する権利を取得し，賃貸人に賃料を支払う義務を負う（民601条）。

② **手続**　事業全部の賃貸をする場合には，株式会社においては，株主総会の特別決議を経なければならない（会467条1項4号）。持分会社については特別の規定はないが，事業譲渡に準じた手続を経るべきである（前述2.の(3)「営業譲渡の手続」参照）。

③ **営業譲渡の規定の類推適用**　営業（事業）譲渡人の競業避止義務の規定（商16条，会21条）は賃貸人に類推適用されるべきであり，また，賃貸人の営業により生じた債権および債務は移転しないが，営業譲渡に関する商法17条ないし18条（会22条ないし23条）の規定は営業の賃貸借に類推適用されるべきである（通説）。

(2) 経営の委任

① **意義**　経営の委任とは営業の経営を他人に委託する契約である。その場合，営業は委任者の名義によって行われるが，計算は委任者に帰属する場合（経営管理契約）と受任者に帰属する場合（狭義の経営委託）とがある（大隅・326頁）。営業の賃貸借においては賃借人の名義で営業が行われるのに対し，経営委託にあっては委託者の名義で営業が行われる点が異なる。A（寿司店を経営する会社）が経営委託契約の名で，寿司店舗の一つをBに経

営委託し，BがAの商号ないし屋号で経営することにした。その契約内容はBが月々一定額の受託料をAに支払い，家賃を除く人件費，水道光熱費等の店舗経営費用をBが負担する代わり，営業利益はBが取得するというものであった。すなわち，BがAの名で営業を行い（Aの名義で営業許可も受けていた），一定の受託料を支払うが，Bの計算で営業を行うという事例について，これを契約の実体は賃貸借契約で受託料は賃料に相当すると説いた判例がある（東京地判平5・1・27判タ839号249頁）。

Aは「大番寿司」なる屋号で多くのチェーン店を経営しており，Bは開店当初から「大番寿司」なる店名を使って営業をしていたと認定しておきながら，前掲判旨は「BがAから経営委託を受けて，Bの計算と名において」営業したと説き，営業の賃貸借と結論づけた。しかし，Bが自己の名で営業したという認定は正当でなく，Bは，大番寿司の店名で鮮魚を仕入れ，これに加工を加えて販売したのであり，その契約の実体も営業の実体も，むしろ，経営委任であったというべきである。経営委任を受けた営業の賃貸借という認定自体が矛盾している。もっとも，経営委任と営業の賃貸借とは，自己の名で営業するか（賃貸借），委託者の名で営業するか（経営委任）の違いはあるが，一定の対価（賃料，受託料）を支払って他人に属する営業を自らが行い，それから生ずる収益を自己に帰属せしめる点では同じである。経営の委任をする場合も賃貸借と同様の内部手続を経なければならない（会467条1項4号）。委託者は営業譲渡に準じて競業避止義務を負うと解すべきであるが，営業は委託者の名で行われるのであるから，営業上の債権者ないし債務者を保護するための商法17条ないし18条（会22条ないし23条）の類推適用の必要はない。

② **経営管理契約**　これは受任者が委任者の名と計算において営業を担当し，その活動に対して委任者から一定の報酬を受ける契約である。その法的性質は委任者が受任者に対して経営という事務処理を委託するもので，通常の委任（民643条）と解される。

6. 営業の担保化

　営業は一定の営業目的のために組織化された有機的一体として，各個の財産の価格の総和を超える価値を有するものであるから，全体としての営業を担保とすることは，理論的には可能である。しかし，営業を担保取引の目的とする場合を想定した法律は存在せず，全体としての営業についての一個の所有権，抵当権等の物権の成立は認められておらず，したがって登記等の対抗要件を具備する方法もないため，実際上も営業を担保とする取引は行われていない。株式会社が発行する社債を担保するために，会社の総財産を一体として企業担保権の目的（物権）とすることを認める企業担保法（昭和33（1958）年施行）があるが，それは担保権設定時に現に会社に属する総財産に限られ，日々の営業活動に伴って会社が将来において取得する財産は含まれず，また社債の担保の場合にしか利用できない。同法による企業担保権は営業の担保ではない。

　そのほか，工場抵当法（明治38（1905）年），鉱業抵当法（明治38（1905）年），建設機械抵当法（昭和29（1954）年）など各種の財団抵当法があり，それぞれの企業に属する財産が全体として一個の対象として抵当権の目的とされているが，社会的活力のある一個の組織体としての営業のうえの担保権とは異なる。担保権の設定については，債務不履行の場合の強制執行の方法が同時に存在することが必要であるが，得意先関係，仕入先関係などは当事者がそれに価値を認めて任意の流通対象とすることには親しんでも，強制執行に親しまないものも存在し，そこに営業の担保化の限界がある。

III

商行為法

1

商行為の通則

1.1 総　　説

　商行為（その意義については第Ⅱ編3章参照）も私法上の法律行為であるから，一般私法である民法の規定の適用を受ける。「民法の商化」現象（本来は商人の法であったものが民法の中に包摂される現象）がみられるため，商取引に民法を適用してもほとんどの場合は妥当に律せられる。民法の商化現象の最も顕著なものは根抵当権（民398条の2以下）であって，実際上，根抵当取引は商人間で利用されるにすぎず，非商人がこれを利用することは考えられない。しかし，商法第2編「商行為」の第1章「総則」において，商行為に関する若干の通則と有価証券に関する断片的な規定を設けている。これらの特則は商行為の特殊性，すなわちその営利性，簡易迅速性，自由性などの要請に基づくものである。これらの特則は，その適用対象からみると，商人間，商人と非商人間，非商人間の取引の区別なく商行為一般について適用される規定（商504条ないし508条，511条，514条ないし520条，522条），当事者の一方が商人である場合に適用のある規定（商509条，510条，512条，513条2項），当事者双方が商人である場合にのみ適用のある規定（商513条1項，521条）とに分かれる。

1.2　商行為の営利性

1.　報酬請求権

　企業の経済的目的は営利の追及にあり，企業の活動である商行為は当然に営利性を有する。ところが民法は他人のために行為をしても無償であることを原則としている。すなわち，民法上は受任者は特約がなければ委任者に対して報酬を請求できないとされており（民648条），この規定は寄託および事務管理にも準用されている（民665条，701条）。営利を目的として活動する商人にこの原則を適用することはできない。そこで，商法は，商人がその営業の範囲内において，他人のために行為をしたときは，相当の報酬を請求することができるとの特則を設けた（商512条）。

　同条により商人が他人のために行為をしたときは，それがその商人の営業の範囲内の行為であるかぎり，特約がなくても当然に相当の報酬請求権が認められる。「商人がその営業の範囲内において他人のためある行為をしたとき」という場合のその営業の範囲内とは，商人の目的とする当該営業上の行為のみならずその営業のため，すなわちその営業の利益もしくは便宜をはかるためにする一切の行為を包含し，また商人の行為がその営業のためにするものであるか否かは反証のない限りその営業のためにするものと推定される（大判大10・1・29民録27輯154頁）。第一に，ここにいう行為とは，法律行為たると事実行為たるとを問わず一切の行為をいう。それゆえ，他人のために商人が手形を振り出すような法律行為はもちろん，商品の保管や運送のような事実行為をも含む。第二に，営業の範囲内とは，営業の目的たる行為だけでなく，その営業の利益または便宜をはかるための一切の行為をいい，たとえば一般の商人が他人のために融通手形を振り出す場合（上記判例のケースがその例）も営業の範囲内と解される。しかし，商人の行為はその営業のためにするものと推定される（商503条2項）ので，相手方が営業のためでなかったことを立証する必要がある。第三に，他人のためにするとは，他人

の利益のために行うことであって，債権者が担保物を処分する場合のように，自己のためであると同時に他人のためであるときもなお他人のためと解される。商人の行為が委任，準委任または寄託契約などの契約に基づいて行われる場合だけでなく，事務管理として行うときでも他人がその行為を法律上承認しなければならない場合にも報酬請求権が認められる（大判昭 8・9・29 民集 12 巻 2379 頁）。

　ところで，「他人のために」するとは，他人の利益のためにすることであるが，たとえば A が甲の委託を受けて甲乙間の法律行為を媒介したような場合に，A は乙に対しても報酬請求権をもつであろうか。A（宅地建物取引業者）が，甲から土地の買収を委託され，嫌がる乙を A が説得して仕方なく乙は買収に応じた場合に，A は他人間の商行為の媒介を業とする者ではないから商事仲立人（商 543 条）ではなく民事仲立人ではあるが，商法 502 条 11 号にいう「仲立に関する行為」を営業とする者であるから，商法 4 条 1 項の定めるところにより商人であると認定したうえで，A は乙の委託によりまたは「乙のためにする意思」をもって本件売買の媒介をしたものではないから，乙に対して商法 512 条に規定する報酬請求権を取得しないとした判例がある（最判昭 44・6・26 民集 23 巻 7 号 1264 頁）。

　また，宅地建物取引業者の A は甲から土地の売却につき，同 B は乙から買入れにつきそれぞれ媒介の委託を受けていた場合に，A は乙に報酬請求権をもつかに関して，宅地建物取引業者が売主または買主の一方から不動産の売却または買受けの仲介の委託を受けたにすぎない場合においては，たとえその仲介行為によって売主または買主とその相手方との間に売買契約が成立しても，その業者が委託を受けない相手方に対して商法 512 条に基づく報酬請求権を取得するためには，「客観的にみて当該業者が相手方当事者のためにする意思をもって」仲介行為をすることを要し，単に委託者のためにする意思をもってした仲介行為によって契約が成立し，その仲介行為の反射的利益が相手方当事者にも及ぶというだけでは足りないとされる（最判昭 50・12・26 民集 29 巻 11 号 1890 頁）。こうして，委託を受けず，他人のためにす

る事務管理にすぎない場合には，客観的にその者（他人）のためにする意思をもってした場合にのみ商法512条が適用される。

なお，行為の報酬が主たる契約上の対価に含まれている場合には，その付随的行為については報酬請求権は発生しない（たとえば見積書の作成）。一般取引慣行上無償とされている行為についても同様である（西原寛一・商行為法117頁）。

商法512条は，ほかに特別規定があるときはその適用が排除される。たとえば，他人間の商行為の仲介をする商事仲立人は，他人間の商行為が成立しないかぎり報酬請求権は発生せず（商550条），商行為が成立しなかった場合に，商法512条に基づいて報酬を請求することはできない。また，商人である運送人が他人のために運送をしたときでも，運送品の全部または一部が不可抗力により滅失したときは運送賃を請求できず（商576条1項），この場合も商法512条の適用は排除される。

2. 利息請求権

(1) 消費貸借の利息請求権

民法上は消費貸借は無利息が原則である（民587条）。しかし，商人間において金銭の消費貸借が行われたときは，特約がなくても，貸主は当然に法定利息を請求することができる（商513条1項）。商人は営利を目的として活動する者であるから，当然の規定であるが，ただ本項は商人間の消費貸借に限定している。商法513条1項は第2項および商法512条の規定との均衡を失しており，立法論としては，商人がその営業の範囲内においてした消費貸借についても，同様に扱うべきものと批判されている（大隅健一郎・商行為法46頁）。現実には，商人がその営業として金銭の消費貸借をなすときは，通常は法定利息以上の利息を特約するのが一般である。

会社の場合には営業のための金銭消費貸借しか考えられないが，個人商人にあっては，営業とは無関係の消費貸借がありうる。商法513条1項は営業の範囲内における消費貸借についてだけ適用があると解すべきである（多数

説)。

(2) 立替金の利息請求権

　商人がその営業の範囲内において他人のために金銭の立替をしたときは，その立替日以後の法定利息を請求することができる（商513条2項）。民法上も，受任者が委任事務処理のため必要と認むべき費用を支出したときは，委任者に対してその費用および支出の日以後の利息の支払を請求できることとなっている（民650条1項）が，事務管理の場合には有益な費用を支出した場合に，その費用だけ償還請求できるにすぎず利息は請求できない（民702条）。商人の立替払については，委任，請負もしくは雇用等の関係の下に他人のために事務処理をする場合に限らず，広く他人のために金銭の出捐をした場合を含む（大判昭4・12・4民集8巻12号895頁）。したがって債務者の委託に基づかない事務管理等の場合も含まれる。その販売先が負担する約束であった貨物の関税を貿易商が立替払をしたときは，商人がその営業の範囲内においてした立替払として立替払金および法定利息を請求することができる（前掲，昭4大判）。商法513条2項に基づく法定利息の請求権と商法512条に基づく報酬請求権とは別個の請求権であるから，商人がその営業の範囲内において他人のためある行為を行い，かつ立替払をしたときは，その行為についての報酬と立替日以後の法定利息を加えた立替金の支払を請求することができる。

3. 商事法定利率

(1) 適用範囲

　商事法定利率は年6分と規定され（商514条），民事法定利率より1分高い（民404条）。商法は，単に「商行為によって生じた債務」と規定し，主体が商人とも商人間とも限定していない。したがって，商法514条は非商人間における絶対的商行為による債務にも適用されることになる。民事取引に対して，商取引（商行為）は営利を目的としており，金銭の増殖力が一段と

高く評価されている。現実には，非商人間における商行為による債務について同条の適用が問題となるようなケースは発生しておらず，少なくとも一方が商人であり，商人が債権者または債務者となっている場合について同条の適用の有無が問題となり，議論の対象となっている。同条の立法趣旨も商行為に着眼するのではなく，商人に結びつけて説かれるのが一般である。そして，民事法定利率に対し商事法定利率が高く定められている理由として，(イ)商人が債務者の立場にあるとき，営利を目的とする商人は非商人よりも金銭を有利に運用しうる地位にあること，(ロ)商人が債権者の立場にあるとき，商人にとって金銭はその投資ないし運用によって収益を上げるための元手（営利活動の元手）であること，がいわれる。

同条の解釈として，①債務者にとって商行為である場合にだけ適用のある規定か，②債務者または債権者のいずれかにとって商行為であれば適用される規定かが議論されている。①説によれば，X（商人）に原材料を納入する契約をしたY（非商人）が，Yの債務不履行により契約が解除され，Xより受領していた前渡金を返還する場合，Xにとってだけ商行為であり，かつXは債権者であるから，商法514条は適用されないことになる。しかし，②説によれば，同条の適用があり，Yは前渡金に商事法定利息を加えた額を支払うべきことになる。

債務者にとって商行為であるときにだけ同条を適用すべきであるとの説（少数説）は，その理由として，債務者が商人であるときには金銭を有利に利用しうる地位にあること，債権者にとっては商行為であるが債務者にとっては商行為にならない場合の多くは商人が非商人である消費者ないし利用者と取引するときであり，消費者保護の理念に基づくべきこと，をいう（田中誠・新版商行為法95頁，服部栄三「一方的商行為と商法の適用」民商78巻臨時増刊号(2)159頁）。これに対して通説・判例は，債権者と債務者とのいずれかにとって商行為であるときは同条の適用を認める。商法514条は「商行為によって生じた債務」と規定しており，したがって，債務者（商人）にとって商行為であるときにのみ適用が限定されるべきであるとの主張に対しては，

1.2 商行為の営利性

「元来債権といい債務と称するは決して二個の異なるものを指称するのではなく，単一の法律関係を権利者の方面よりみて債権といい義務者の方面よりみて債務と称するにすぎず，したがって，商法各条に商行為によりて生じた債権あるいは債務と記載あるは単に各場合における字句の都合によったにすぎない」と答えられている（大判大4・2・8民録21輯75頁，同旨，最判昭30・9・8民集9巻10号1222頁）。通説もそう解している。消費者保護の理念から，同条を債務者にとって商行為の場合に限定して適用すべきであるとの主張に対しては，通説の側から，企業の維持（それには企業の収益が重要）も商法の理念であって，企業と取引をする消費者もこの理念を受容すべきであり，また商事法定利率によることが消費者ないし非商人にとっても有利な場合があるのだから，不利な場合だけを強調すべきでないと反論されている（西原・120頁，青竹正一・商法総則・商行為法判例百選（第二版）99頁）。

商法514条は，主体が商人であることすら要求しておらず，商行為一般についての規定であるから，解釈論としては，通説・判例の立場が妥当である。

(2) 「商行為によって生じた債務」の意義

商法514条にいう「商行為によって生じた債務」とは，商行為からその直接の法的効果として生じた債務だけでなく，それの変形したものまたはそれと実質上同一視すべきものも含むと解されている。そして，商行為によって生じた債務の不履行による解除の場合の原状回復義務（大判大5・7・1民録22輯1581頁），商行為である売買契約の合意解除に基づく前渡金返還債務（最判昭30・9・8民集9巻10号1222頁），商行為である契約上の債務不履行に基づく損害賠償債務は，商法514条にいう商行為によって生じた債務と認定されている。さらに，使用者が労働者に対して負う賃金債務の遅延損害金の利率も商事法定利率によるべきものとされる（最判昭51・7・9判時819号91頁）。

1.3　商行為の代理と委任

1.　商行為の代理
(1)　非顕名主義

　民法は法律行為の代理について，いわゆる顕名主義を採用し，代理人が本人のためにすることを示して意思表示をしなければ本人に対してその効力が生じない（民99条1項）とするとともに，代理人が本人のためにすることを示さないでした意思表示は代理人自身のためにしたものとみなすが，相手方が本人のためにすることを知りまたは知ることを得べかりしときは本人に対して効力が生ずると規定する（民100条）。これに対して，商法は，商行為の代理人が本人のためにすることを示さなかったときといえども本人に対してその効力が生ずると規定して，いわゆる非顕名主義を採用するとともに，相手方が本人のためにすることを知らなかったときは，代理人に対して履行の請求をすることができるものと定めている（商504条）。

　民法が顕名主義を採るのに対し商法が非顕名主義を採るのは，営業主が商業使用人を使用して大量的・継続的取引をするのを通常とする商取引においては，いちいち，本人の名を示すことは煩雑であり，取引の敏活を害する虞れがある一方，相手方においても，その取引が営業主のためにされるものであることを知っている場合が多い等の事由により，簡易・迅速を期する便宜のためである（最判昭43・4・24民集22巻4号1043頁）。しかし，相手方が本人のためにすることを知らなかった場合に，ことに代理関係の存在を認めるべき事情も外観もなかった場合にまで，非顕名主義を徹底するときは，代理人を本人と信じて取引をした相手方に不測の損害を与えるおそれがある。そこで，商法は，相手方が本人のためにすることを知らなかったときは，代理人に対して履行の請求ができるものとして，相手方の保護をはかっている（伊沢和平「商事代理の非顕名主義について」竹内先生還暦記念1頁以下参照）。

1.3 商行為の代理と委任

(2) 非顕名主義と相手方の不知

商法504条ただし書については，学説が分かれる。代理人が本人のためにすることを相手方が知らなかった場合の効果について，第一説は，この場合にも，非顕名主義の原則により，本人と相手方間に法律関係が発生し，本人は相手方に対し権利義務を有するが，代理人と相手方との間には法律関係は発生しないものの，相手方保護のために代理人は相手方に履行義務が生ずると説く（田中誠・新版商行為法（再全訂版）81頁）。代理人については履行責任のみをいっている条文には忠実な解釈である。しかし，この立場では，相手方が本人から請求を受けた場合に，相手方が代理人に対して有する抗弁（更改，免除，相殺，支払猶予など）を援用することができず，代理人を本人と信じて取引した相手方に不測の損害を与えると批判される（神崎克郎・商法の判例（第三版）259頁）。

第二説は，商法504条本文の規定は，商行為の代理においては本人のためにすることを明示しなくても，事実上そのことを見えれば足りるとする当然の規定であって，代理関係の存在を認むべき事情も外観もないために，相手方が本人のためにすることを（過失なくして）知らなかったときは，本人と相手方との間には法律関係は発生せず，代理人と相手方との間において法律関係が発生し，したがって，商法504条ただし書により相手方は代理人に履行の請求ができると解する（西原・123頁）。ただし，相手方に過失があった場合には，代理の効果が生じ，本人と相手方との間に法律関係が発生すると解する。そして，非顕名主義の原則を商法は採用するので，代理の効果を否認し，代理人と相手方との間に法律関係が生じたことを相手方が主張するには，代理人が本人のために行為をした事実を知らなかったことを相手方において立証しなければならないと解している。ただし書は，「代理人に対して履行の請求」をなすことができると定めているにすぎないので，第二説の解釈は，条文に調和しないと批判される。

第三説は，相手方に対しては代理人のみが債権者地位を取得し，相手方は本人および代理人に対して債権者地位を有し，この両者は不真正連帯債務の

関係に立つと解する（神崎克郎・昭和43年重判84頁）。この説では，代理人と相手方との間に法律関係が発生し，本人と相手方との間には法律関係は発生しないが，相手方は本人にも履行の請求ができると解するようである。商法504条の本人と代理人とを逆にしたような解釈である。相手方は代理人を本人と信じて取引したのに，なぜ本人にまで履行請求をなしうるのか根拠が明らかでなく，また相手方だけの過保護になるもので妥当でない。

　第四説は，代理人が本人のためにすることを表示せず，相手方において代理人が本人のためにすることを知らずまた知りえない場合においては，非顕名主義の原則により本人と相手方との間に法律関係が発生すると同時に，善意の相手方保護のために代理人と相手方との間においても法律関係が発生し，相手方はそのいずれかの法律関係を選択することができると解する（大隅・33頁，最判昭43・4・24民集22巻4号1043頁）。ただし，相手方に過失があったときは，本人と相手方との間にだけ法律関係が発生すると解している。第四説は，判例がこの立場を採っていることもあって，現在の多数説になっている（神崎克郎・商行為法1，53頁，田辺康平・商法総則商行為法判例百選（初版）104頁，平出慶道・商行為法（第二版）72頁，米沢明・商法の争点Ⅱ 229頁ほか）。しかし，この説には賛成できない。本人のためにする代理意思をもって代理人が法律行為をする場合に，なにゆえに，特定の相手方との間で二つの法律関係（本人および代理人）が発生しうるのか，知らなかった相手方になぜ選択権が生ずるのか，この説はあまりにも便宜論であり，しかも妥当な結論を導くものでもない。

　二つの最高裁判例を検討してみよう。XはA会社に対する貸金債権の担保のため同会社からアンゴラ毛糸を譲渡担保にとっていた。A会社の倒産後これを換価処分しようとしたが，Xは金融業者であり自ら買主を探すことはできなかったので，A会社の代表者Bに毛糸の売却を依頼し，BはこれをY会社に売却した。Bは毛糸の売買の際，Xのためにすることを示さず，またY会社はその毛糸がA会社よりXに譲渡担保に供されていたことを知らなかった。XがY会社に代金を請求したところ，Y会社はA会社に対する反

対債権と売買代金債務を相殺したと主張した。最高裁（前掲，昭和43年判決）は，上述の第四説の立場に立ち，本人Xと相手方Y会社との間には商法504条本文により代理に基づく法律関係が生じているのであるが，相手方において本人のためにすることを知らなかったとき（過失により知らなかったときを除く）は，相手方保護のため，相手方と代理人との間にも右と同一の法律関係が生ずるものとし，相手方はその選択に従い，本人との法律関係を否定し，代理人との法律関係を主張することができ，相手方が代理人との法律関係を主張したときは，もはや本人は相手方に対し本人・相手方間の法律関係の存在を主張できない，と説きXの請求を棄却した。A会社は倒産し，XもYもともに債権者であったが，Xが譲渡担保として取得していた毛糸がA会社によりYに，あたかも代物弁済に供されたのと同一の結果になっている。Xの一方的不利益のもとにYを全面的に有利に扱った判旨の結論には疑問がある。第一説に立てば，XのYに対する代金請求は認容されることになる。

　もう一つの判例を検討する。事例を極端に簡略化する。A組合の代表者BがCの所有するビルの一室につきA組合の営業事務所として賃貸借契約を締結し，敷金をCに寄託した。Cは借主をB個人と信じていた。賃貸借契約を解除したので，A組合がCに対して敷金返還請求を行い，訴訟を提起した。訴訟係属中に敷金返還請求権が発生してから5年が経過した。Cは，賃貸借契約はBとの間で結ばれており，敷金はBに返還すべきところ，商事時効が完成したので，Bに対しても消滅時効を援用すると主張した。最高裁は，相手方Cがその選択により本人Aまたは代理人Bのいずれかに対して債務を負担することを主張することができる場合において，本人が相手方に対し右債務の履行を求める訴を提起し，その訴訟の係属中に相手方が債権者として代理人を選択したときは，本人の請求は，右訴訟が係属している間は代理人の債権につき催告に準じた時効中断の効力があると判示した（最判昭48・10・30民集27巻9号1258頁）。その理由として，判旨は，相手方の選択以前は本人の債権と代理人の債権が併存しているが，両者は別個独立の債

権というより，後者が選択されれば前者はその主張ができなくなるという関係において，単に権利の帰属者の点においてのみ択一的な債権として併存しているにすぎず，債権の実体は単一であるとみることができるからといっている。最高裁が第四説に立って，本件の場合にAC間およびBC間に二つの法律関係が成立すると解したために，AのCに対する請求により，BのCに対する債権の時効が中断するとの効力を認めざるをえなかったのである。しかし，この解釈には無理がある（江頭憲治郎・商取引法（第七版）275頁）。

第一説が条文に最も自然な解釈であり，この説を採るべきである。この説によれば，善意の相手方が代理人に対して有する抗弁を本人に対抗できないという不利益が生ずるとの批判があるが，善意の相手方は代理人に対し，契約の本旨に従った履行の請求ができるのであり，相手方の保護はそれで十分であり，それ以上の有利な地位を付与する必要はない。

(3) 商法504条の適用範囲

同条は，本人のために商行為となる行為の代理についてのみ適用がある（通説，最判昭51・2・26金法784号33頁）。また，会社が代表取締役の個人名義で土地家屋を購入した場合など，代表行為についても類推適用があるというのが通説・判例である（最判昭44・9・11判時570号77頁）。ただし，手形行為については，その書面行為性により同条の適用はない。同条は，企業主体の経営活動がその組織の下にある補助者の行為により大量かつ継続的に展開される場合，これに含まれる個々の行為につきいちいちその主体の名を表示することが煩雑で取引の敏活を害するおそれがあり，また相手方も行為の主体を認識するのに困難がなく，その必要がないのを通常とする等の事情を考慮した規定であるから，ある行為の代理が企業組織の下においてその経営活動の一部として行われたときに適用があり，電気器具商の使用人が代理人として羊毛を売却した行為につき，代理関係の存在を認め得べき事情または外観が存在したことを認めえないとして，同条の適用を否定した判例がある（岐阜地判昭37・2・6下民集13巻2号170頁）。

2. 本人の死亡と代理権の存続

　本人の死亡は，民法上は代理権の消滅事由である（民111条1項1号）が，商行為の委任による代理権は本人の死亡によっては消滅しない（商506条）。支配人のように営業上の代理人は，商人の代理人というよりも営業の人的施設ないし永続的な企業組織の一環として存在するものであるから，営業の存続するかぎり，本人の死亡によりその代理権を消滅させるべき理由はないとの考慮による。代理人は営業主の死亡により当然に相続人の代理人となり，新たな授権行為を必要としない。このことは相続人が未成年者であっても同様であり，前営業主が選任した支配人は，前営業主の死亡後，未成年者が相続人として営業を承継した場合でも，支配人の代理権は何ら影響を受けない（大判大5・1・29民録22輯206頁）。商法506条の規定は，営業活動を行う営業主よりは営業自体に重きを置き，営業主の死亡によって敏速適切な営業活動が妨げられないようにするために設けられたものであり，したがって営業の継続を前提とし，本人より相続人に承継された営業の継続期間中の行為についてのみ適用がある（東京高判昭37・4・30下刑集4巻3・4号210頁）。

　同条は，「商行為の委任による代理権」についての規定であるが，その意味は，支配人その他の商業使用人などの選任のように，本人のために商行為（附属的商行為）である授権行為によって与えられた代理権ということである。非商人が商人にある行為を委任し，受任者にとって商行為を委任される場合には同条の適用はないというのが通説・判例である（大判昭13・8・1民集17巻1597頁）。同条は，「委任による代理権」と規定するが，代理権授与の基本となる法律関係は委任にかぎらず，雇用や組合などによる場合も含むと解されている。受任者は商人たると非商人たるとを問わず，受任者が商人であるのは代理商の場合であり，受任者が非商人であるのは商業使用人の場合である。

3. 商行為の委任

　商行為の受任者は委任の本旨に反しない範囲内において，委任を受けない

行為をすることができる（商505条）。民法によれば，受任者は委任の本旨に従い，善良な管理者の注意をもって委任事務を処理しなければならない（民644条）。民商法の両規定を比較すると，民法上は受任者は委任を受けていない行為についてはこれをなすことができないのに対し，商行為の委任については委任の本旨に反しない範囲で委任を受けていない行為をすることができるという差異があり，商法は，受任者が事情の変更に応じ臨機の措置をとりうるようその権限が拡張されたと解すべきように思われる（田中耕太郎・商行為法講議要領23頁）。しかし，受任者は委任の本旨に従い善良な管理者の注意をもって委任事務を処理すべきことを定めた民法の規定から，受任者は，明示の委任はなくとも事情の変更に応じ臨機の処置を講じうるのであって，また商行為の委任にあってもそれ以上のことを認める必要はないとの考慮から，通説は，商法は民法644条の規定を明確にしたにとどまり，受任者の権限を拡張したものではないと解している。

　売買代金の取立を委任された者は，その売買契約を解除する権限はなく（大判大14・10・5民集4巻10号489頁），取引所の仲買人は，買入れの委任を受けたときはその転売の権限はなく，売却の委任を受けたときはその買戻の権限は認められない（大判明34・5・4民録7輯5号9頁）。

　商行為の受任者とは，商行為をなすべき委任を受けた者であって，委任自体が商行為である必要はないと解されている。それゆえ，非商人が商人に商行為を委任する場合も含まれる。商法505条は，委任者と受任者との内部関係だけを定めた規定か，それに加えて，商行為をするための代理権を与えられた受任者が代理権外の行為をしたときも，委任の本旨に反しない限り，直接本人に対してその効力を生ずることをも定めた規定かについて争いがある。そして，内部関係だけを定めた規定と解するのが通説である。その理由として，委任と代理権とは必ずしも相伴わず，相手方保護のためには，民法110条の越権代理の制度があり，商業使用人については別に定型化された規定（商21条以下，会11条以下）があるので，対外的代理権をも定めるものとして積極的効果を認める必要がないという（西原・126頁，長浜洋一・商法総

則・商行為判例百選（初版）107 頁ほか）。これに対して，内部関係にとどまらず，対外的代理権についても定めたものと解する説（竹田省・商行為法 13 頁，大森忠夫・商法総則商行為法 168 頁，大隅・36 頁）は，商法 505 条の前後の規定がいずれも代理権に関する規定であることを根拠とする。判例もこの立場である。すなわち，支店の業務執行をなす権限を与えられていたが，消費貸借をなすことの委任を受けていなかった者が，営業資金として金銭を借り入れた場合につき，営業資金の借入行為にして業務執行の本旨に反しない場合には，受任者が消費貸借をなす委任を受けていなかったとしても，商法 505 条（旧 267 条）の規定によりその行為は（貸主より）営業主に対抗することができるとした判例がある（大判明 38・5・30 新聞 285 号 13 頁）。

　通説は，内部関係を定めたにすぎないというが，受任者が，委任の本旨に反しない範囲内で，委任されていない行為を第三者と行った場合には，その行為の効果が直接に本人に生ずることをなぜ否定するのか疑問である。重要なのは，受任者の行為が委任の本旨に反するかどうかであり，委任の本旨に反しない範囲内の行為と認められるかぎり，受任者の行為が明示に代理権を授与されていなくても直接に本人に効果が生ずると解するのが，当然であろう。

1.4　商事契約の成立

1.　契約申込の効力

　民法では，承諾期間の定めのある申込みは，対話者間であるか隔地者間であるかを区別することなく，その期間中は撤回することができないとともに，その期間内に承諾の通知がないときは，その申込みは失効する（民 521 条）。ただし，遅延した承諾を申込者は新たな申込みとみなすことができる（民 523 条）。承諾期間の定めのない申込みは，隔地者間では，申込者が承諾の通知を受けるに相当の期間はこれを撤回することができない（民 524 条）。承諾期間の定めがある申込みについては，民法の規定が商取引にも適用され

る。しかし、商法は、承諾期間の定めのない申込みについて若干の特則を設けている。

対話者間において契約の申込みを受けた者が直ちに承諾をしないときは、その申込みは失効する（商507条）。これは、商取引の迅速結了主義の要請に基づく規定である。民法には、この点についての規定がなく、申込者が撤回するまではその効力があると解する説と、相手方が直ちに承諾しないときは失効すると解する説とに分かれている。つぎに、隔地者間において、承諾期間の定めなしに契約の申込みを受けた者が相当の期間内に承諾の通知を発しないときは、その申込みは失効すると定められている（商508条1項）。

このような場合、民法は、申込者が承諾の通知を受けるに相当な期間は、申込みを撤回できない（民524条）とするのに対し、商法は、商取引の迅速結了主義の要請に基づき、申込みを受けた者が相当の期間内に承諾の意思表示を発しないときは、申込みは失効すると定める。相当の期間か否かを判断する際には、具体的な状況が斟酌される。関東大震災後の混乱した交通状況下において、サツマイモ一車の買受申込に対して20日後に承諾の通知が発せられた事案において、相当の期間を定むるに当っては、当時の交通並びに輸送の状態その障害の期間および障害除去の時期等の事情をも斟酌する必要があり、目的物の数量を確定しなければ承諾の通知を発しえないこともあるから、と説いて、これを相当の期間内における承諾と認めたものがある（大判昭2・2・21商事判例集追録（一）191頁）。

遅延した承諾は申込者においてこれを新たな申込みとみなすことができる（商508条2項）。商法507条と508条は、いずれか一方にとって商行為であるときに適用される。

2. 商人の諾否通知義務

契約は、申込みに対して明示または黙示の承諾があって成立するのが原則である。申込みがあっても、承諾の意思表示がなければ、契約は成立しないのが原則である。しかし、この点について商法は特則を設けている。商人が

平常取引をなす者よりその営業の部類に属する契約の申込みを受けたときは，遅滞なく諾否の通知を発することを要し，その通知の発信を怠ったときは，申込みを承諾したものとみなされる（商509条）。

　商法は，隔地者間における契約の申込みにつき，単発的な場合と継続的な場合とを区別している。平常取引関係にない当事者間の場合には，契約の申込みについて承諾するか否か相当の期間の考慮期間を与え，かつ相当期間内に承諾がなければ契約不成立と扱う（商508条1項）。これに対して，平常から継続的に取引をしている当事者間においては，その営業の部類に属する取引に関しての申込みについての諾否の判断は，通常は，即時にできることであるから遅滞なく諾否の通知をすべきものと規定し，何らかの事情でその通知が遅滞したときも，そのことによって継続的取引を中断したり消滅させることを当事者が意図していると推認すべきではなく，むしろ承諾を擬制して契約の成立を認めることが当事者の利益に合するとの立場をとっている。

　商法509条の立法趣旨として，商取引の迅速性の要請を満たすとともに，申込者の信頼の保護を図ることを挙げる見解が多い（東京高判昭58・12・21判時1104号136頁）。遅滞なく諾否の通知をなすべきことを要求していることからみても，商取引の迅速性の要請に出ていることは疑いない。しかし，申込者の信頼（申込が承諾されたとの信頼）を保護する趣旨が含まれているかは疑問である。商取引の迅速結了の要請から契約の成否を遅滞なく決すべきところ，承諾を擬制して契約を成立させることが，継続的取引関係にある当事者の利益に合致し，かつそのことが当事者の通常の意思であることを想定したものと解すべきである。ただし，法は，承諾を擬制した（みなす）のであるから，推定の場合とは異なり，反証によって覆すことは許されない。

　申込みを受けた者は商人でなければならないが，申込者は商人であることを要しない。しかし，平常取引をしていることが必要である。「平常取引をなす」とは，継続的取引関係にあるという意味であって，以前，1，2回売買取引があったとしても，これを平常取引とはいえない（大判昭6・9・22法学1巻上233頁）。

申込みの内容は,「その営業の部類に属する契約の申込み」でなければならない。米穀取引所の取引員に対する損失金の支払方法としての代物弁済の申込み（大判昭2・4・4民集6巻130頁），金物商から喫茶店商（A）および水道請負業（B）に対する借地権放棄の申込み（最判昭28・10・9民集7巻10号1072頁）は，ともに，商人の営業の部類に属する契約の申込みには該当しない。また，預金債権譲渡通知は，債権譲渡につき銀行の営業の部類に関する契約の通知ではあっても，営業の部類に属する契約とはいえないとしたものがある（大阪高判昭40・3・24金法407号11頁）。

銀行に対する保証人の変更の申込みにつき二つの事件が存在するが，最高裁は，いずれについても商法509条の適用を否定している（最判昭59・5・2金法1069号31頁，同昭59・11・16金法1088号80頁）。この二つの最高裁判決は，「原判決が適法に確定した事実関係のもとにおいて，原審の判断は正当として是認することができる」と述べるにすぎないが，原審は，銀行取引における保証人の脱退申込みは，銀行と主債務者との間に継続的取引関係があるからといって，その取引の申込みとは異なり，承諾が当然に予想されるものではないから（東京高判昭58・9・28判時1092号112頁），あるいは，「その営業の部類に属する契約の申込み」とは，相手方である商人が自己の営業として行う基本的商行為に属するもので，諾否を容易に決しうる日常集団的反復的に行われる契約の申込みを指称するから（東京高判昭58・12・21判時1104号136頁），保証人の変更申込みには，商法509条は適用されないと説いている。

営業の部類に属する契約とは，商人が営業とする基本的商行為に属する契約をいうと解するのが通説である。これに対して，基本的商行為に限定せず，商人が営業上の集団的反復的に行う行為を指し，日常の業務として行われるかぎり営業的商行為だけでなく附属的商行為も含まれるとの少数説も有力である（鈴木竹雄・新版商行為法保険法海商法（全訂第二版）9頁，今井潔・商法総則商行為判例百選（第三版）87頁）。商法509条は，平常から継続的取引関係にある商人とその相手方との商取引を迅速に成立せしめようとするもので，

容易に諾否の決定ができるものである場合を想定していると解すべきであるから，同条が適用される契約はおのずから限定される。承諾を擬制するということは，法が商人に契約を強制することを意味する。商人の意思に反してまで契約を強制する場面を広げることは妥当でないが，問屋が委託の実行行為（附属的商行為）としてなす売買には適用すべきである。

3. 商人の物品保管義務

　商人の所に，注文もしないのにその商人の営業の部類に属する商品を送付し，かつ買取の申込みをしてきたが，その商人は申込みを拒絶した場合，商人はどうすればよいかについて，商法は特則を設けた。このような場合について，民法は特に規定せず，商品を受領した者は事務管理として商品を返送するか保管することができることになる（民 697 条）。民法上は，返送の義務も保管義務もないので，放置されても商品の送り主は受領者を責められないのである。しかし，商法は，このような場合，商人は物品の価額がその費用を償うに足らないとき，または商人がその保管によって損害を受けるときを除き，その物品を保管する義務があると定めた（商 510 条）。企業取引の迅速と取引界の信用保護がその立法趣旨といわれるが（西原・128 頁，大隅・44 頁），保管義務を定めるにすぎないから，取引の迅速の要請というのは当たらないようである。平常取引のある取引先からの物品の送付であれば，商人に信義則に基づく保管義務を認めてもよいが，未知の者からの物品の売込みの場合にまでこのような保管義務を課した根拠は明らかでない。

　商法 510 条は，物品の送付を受けた者が商人であり，かつその商人の営業の部類に属する商品についてのみ適用される。送付者は平常取引のある者に限られず，非商人でもよい。その申込みは，売買に限らず問屋への販売委託，運送業者に対する運送の申込みなどでもよい。商人は善良な管理者の注意義務をもって保管しなければならないが，倉庫業者に寄託することもできると解されている。保管費用は送付者が負担すべきことになる。

1.5 商事債権の担保

1. 多数債務者間における連帯

　民法の原則によれば，AとBとの2人が共同でCより100万円を借り入れた場合，別段の意思表示（特約）がなければ，AとBは平等の割合（各自50万円）で義務を負う（民427条）。しかし，商法は，商取引上の債務の履行の確実性をはかるため特則を設けている。

　たとえば，甲と乙とが共同経営している商店（非法人）の営業資金として丙より100万円を借り入れたときは，甲と乙は連帯して100万円を返済すべき義務を負い，丙は甲・乙に対し同時にまたは甲，乙に順次に全額の返済を請求することができる（商511条1項，民432条）。すなわち，数人の者がその1人または全員のために商行為となる行為によって債務を負担したときは，その債務は数人の連帯債務となる。商法511条1項が適用されるためには，債務が債務者の1人または全員のために商行為である行為によって発生したことが必要である。したがって，A会社とその代表者Bとが第三者Cより，A会社の運転資金を借り入れる場合，その借入行為はA会社にとって附属的商行為であるから，Bにとっては商行為ではないが，A会社とBとは連帯債務者になる。債務負担の相手方にとって商行為であるか否かは問わない。

　夫婦2人が子供の入学資金のため金融会社から金銭を借り入れる場合のように，債権者にとってだけ商行為となるにすぎないときは，同条は適用されない（大判明45・2・29民録18輯148頁）。1個の契約をもって同時に2個の商事会社と雇用契約を結んだ場合には，雇用契約は会社にとって附属的商行為であり，雇用契約より生ずる給料支払の債務は両会社のために商行為たる行為によって負担した債務であるから，両会社は連帯して給料支払の義務がある（東京高判昭32・6・24高民集10巻4号252頁）。

　数人の債務者が1個の共同の行為によって債務を負担することを要し，数人が各別の行為により債務を負担した場合は含まないというのが通説である。

しかし，条文は，明示にはそのことを要求しているわけではない。商行為によって生じた債務だけでなく，それと同一性を有する債務，たとえば，解除や遅滞による損害賠償債務，原状回復債務などが含まれる。

古い判例の中には，手形の共同振出人についても同条を適用し，その1人になした呈示はすべての振出人に対してその効力が生ずるとしたものがある（大判明37・12・6民録10輯1560頁）。しかし，現在の手形理論は，手形の共同振出を含めて手形行為独立の原則に基づき各手形債務者は連帯債務者ではなく合同債務者であると解している。したがって，手形債務については，商法511条の適用はない。

数人の債務者のうち1人にとって商行為となる行為によって負担した債務はその全員の連帯債務となるが，さらに商法3条2項は，当事者の一方が数人ある場合において，その1人のために商行為たる行為についてはその全員に商法を適用することにしているので，数人の中に非商人がいる場合にも，法定利息や時効についても商法の規定によるべきことになる。

2. 保証人の連帯

民法では，特約がないかぎり，保証は単純保証であって連帯保証とはならない。単純な保証人は，まず主たる債務者に催告すべき旨の催告の抗弁権（民452条）およびまず主たる債務者の財産につき執行をなすべき旨の検索の抗弁権（民453条）を有する。そして，民法上は，保証人が数人いるときは，分別の利益を有する（民456条）。これに対して，商法は特則を設けた。

主たる債務者の商行為によって生じた債務の保証人および保証が商行為であるときのその保証人は，主たる債務者と連帯して債務を負担する（商511条2項）。連帯保証にあっては，保証人は前述の催告の抗弁権および検索の抗弁権をもたず，また共同保証のときも分別の利益を有しない。このように，商取引上の債務の保証を連帯保証としたのは，その相手方である債権者の人的担保を強化し，債権の回収を容易にするためである。

商法511条2項は，①商行為によって生じた債務を保証人が保証したとき

と，②保証行為が商行為であるときの二つの場合を規定する。主たる債務者の債務が商行為によって生じたものであれば，主債務者が商人であるかどうかを問わない。ただし，消費者が会社からその製品を購入した代金について友人が保証する場合のように，債権者にとってのみ商行為であるときは同条は適用されない。保証が商行為であるときとは，保証人として保証すること自体が商行為となることである。銀行が顧客のために保証することがあり，また一般の事業会社が他人の債務を保証することがある。これらはすべて附属的商行為である（大判昭6・10・3民集10巻851頁）。

保証が債権者にとってのみ商行為である場合にも同条の適用があるかに関して，X会社がAを雇用し，Yら2名が身元保証をしていたところ，Aが会社の金銭を着服して会社に損害を与えた事案につき，Yらの保証は会社にとっては商行為とみるべく，商法511条2項は債権者にとり保証が商行為のときも含むと解した判例がある（大判昭14・12・27民集18巻1681頁）。しかし，非商人がたまたま商人（債権者）のためにした保証にまで連帯性を認めることは行きすぎであるのみならず，条文の文言を無視した拡張解釈であって不当である。現在の通説は，保証が商行為であるときにだけ同条の適用を認める。

数人の保証人が各別に保証した場合に，保証人間にも連帯関係が生ずるであろうか。判例・通説はこれを肯定する（大判昭12・3・10新聞4118号10頁）。この判例は，保証人と主債務者との間だけでなく，同時に保証人相互の間にも連帯債務を負担させるのが商法511条2項の趣旨であると説く。

小切手行為は絶対的商行為である（商501条4号）。したがって，小切手債務につき民法上の保証をした者は主たる債務者と連帯して責任を負う（東京地判昭32・6・27判時121号20頁）。ただし，手形保証および小切手保証は，手形（小切手）行為独立の原則に基づき合同債務であって，商法511条2項の適用はない。なお，同条は，これに反する特約を排除するものではないというのが判例・通説である（大判昭13・3・16民集17巻423頁）。

3. 流質契約の許容

　質権の設定行為または債務の弁済期前の契約をもって質権者に弁済として質権の所有権を取得せしめその他法律の定めた方法によらないで質物を任意の方法で処分せしめる契約を流質契約という。民法はこれを禁止している（民349条）。債務者の経済的窮状に乗じて，債権者が暴利を上げるのを防止するためであり，そのような流質契約を無効として債務者を保護しようとするものである。しかし，庶民金融の法であって債務者保護が最も必要とされるはずの質屋営業法19条は，流質契約を認めており，民法の原則は実効の乏しいものとなっている。

　商法515条は，商行為によって生じた債権を担保するために設定される質権については，流質契約も許容した。その趣旨をめぐっては二つの見解が対立している。債務者の商人性に着眼する見解によれば，商人は自己の利害を慎重に計算したうえで金融取引に臨むことができる立場にあり，債権者の暴利行為に対し自衛能力を有しており，法の後見の役割を必要としないので，流質契約を有効になしうるものとしたと説かれる（鈴木竹雄・新版商行為法保険法海商法（全訂版）17頁，大隅・41頁，平出・94頁ほか）。これが近時の多数説になっている。これに対して，商事債権に着眼して同条を理解する見解がある。すなわち，同条は商取引としての金融取引の円滑をはかるため，商事債権の自治的強化を認めたものという見解である。これは，かつての通説であったが，現在では少数説となっている（西原・134頁）。

　同条の立法趣旨についての見解の相違から，「商行為によって生じた債権」の意義についても二つの見解に分かれている。多数説は，法の後見的機能の必要がない商人が債務者となっている債権を意味すると解し，同条が適用される局面を制限する。したがって，債務者が非商人であって，債権者のためにのみ商行為である場合には商法515条は適用がない。たとえば，会社の経営者である社長が個人的な株式投資の資金を銀行から借り入れるに際し（投資目的で株式（株券）を購入する行為が絶対的商行為となっても非商人の借入行為は商行為にならない），流質契約の特約条項のある契約書を差し入れて，

個人として保有する有価証券に質権を設定した場合には，多数説によれば商法の適用はなく，この契約は民法の流質契約禁止の原則の適用を受けて，無効となる。この経営者の経営する会社が同様の行為をした場合には商法が適用され，有効な契約となる。このような差異を合理的といえるであろうか。これに対し，少数説では，商法のいう「商行為によって生じた債権」とは，条文の字義の通り，債権者および債務者の双方のために商行為である場合はもちろん，債務者または債権者のいずれかにとって商行為である行為により生じた債権であれば足りる。少数説が，このように条文に忠実に解釈し，ことさらに制限的に解釈しない背景には，多数説のような制限的解釈は，金融取引にとって無用の拘束となること，当事者が質権を避けて譲渡担保（流質契約禁止の問題は生じない）の方法を採れば実効がないこと，が考慮されている。この少数説によれば，前述のような投資資金の銀行からの融資の場合には，会社としてであるか社長個人としてであるかにより差異はなく，いずれについても商法515条が適用され，流質契約は有効となる。多数説は，金融取引をゆがめる原因となっている。

　金融機関が株券発行会社の株式を担保として取得する場合には「有価証券担保差入証」の提出と株券の交付を受けている。株式の略式質も略式譲渡担保も担保目的のために株券を交付することで足りる。その担保差入証には，有価証券（株券）が「いっさいの債務の根担保として」提供される旨を記載しているだけで，略式質か略式譲渡担保かを明確にしておらず，債務者が債務を履行しなかったときは，銀行は，債務者に事前に通知することなく担保株券を一般に適当と認められる方法，時期，価格等によって任意処分し，債務の弁済に充当することができること，債務の全部または一部の弁済に代えて銀行が担保株券を取得できること等が記載されており，いわゆる流質契約が行われている。もし，この担保が質権であるとすれば，銀行が商人でない一般の投資家（たとえば会社の社長）に融資をして株式を担保にとる場合は，本文で述べた現在の多数説によると，流質契約は無効となる。銀行のこの約定が多数説のような見解をとられることを懸念して，ことさらに不明確にし

て譲渡担保であるとの主張ができる余地を残しているのである。譲渡担保である旨を明確にすれば，銀行としては有利であるが，借主（担保提供者）である取引先に有価証券取引税が課せられるという不利益がある。少数説のように解すれば，略式質と明言していても商法515条によりこの約定は一般の個人投資家との間でも有効となる。

　商法515条は流質契約の特約が商行為により生じた債権に関しては許容されることを定めたにすぎず，商事債権のために設定された質権であるという事実から当然に債権者に流質権が生ずるものでないことはいうまでもない。

4. 商人間の留置権
(1) 民法上の留置権と商法上の留置権

　留置権とは，他人の物の占有者がその他人に対する自己の債権の弁済を受けるまでその物を留置する権利である。民法上は，他人の物の占有者がその物に関して生じた債権（修繕した物の修繕代金など）について留置権が生ずるが（民295条），商人間の留置権は，その物に関して生じた債権である必要はなく，債権者・債務者双方にとって商行為による債権であれば足りる（商521条）。両者はその成立要件のみならず効力においても差異があるが，両者の起源が異なることによる。

> ❖民法上の留置権はローマ法の悪意の抗弁から生じた。ローマ法においては，債権者がその債務者に対してみずからも債務を負担するにかかわらず，これを弁済しないで自己の債権の履行を求めることが信義の原則に反するとみられる場合に，債務者が悪意の抗弁を主張してその義務の履行を拒むことを許したのが起源である（我妻栄・新訂担保物権法21頁）。商人間の留置権は，中世イタリアの商人団体の慣習法に起源を有し，民法の留置権とはその沿革が異なる。商人は同一の相手方（商人）と継続して取引をし，相互に債権を取得し債務を負担するのがつねである。その場合，自己の相手方に対する債権のために相手方の所有物であるが自己が占有する物のうえに質権を設定することも考えられるが，いちいち質権設定の手続をとるのは煩雑であるのみならず，ある物を引渡してまた別の物を占有することになり，自己が占有する

物が絶えず変わることになるから，質権設定は実際的でない。質権に代わるものとして，相手方に対する債権を担保するために，債権者は弁済期にありながら弁済のない債権のためにその時点で自己が占有する相手方の物を留置できるとの慣習法が成立した（小町谷操三「商事留置権に関する二三の疑点」法学3巻6号609頁以下参照）。このように，継続的取引関係の間に一方が取得する債権は，その者の占有する他方の所有物によって担保されるものとすることは，商人間の信用を維持し，安全確実な取引関係を維持させることに役立つ（我妻・23頁）。

(2) 商事留置権の要件

商法は商人間の一般留置権のほかに，代理商（商31条），問屋（商557条），運送取扱人（商562条），陸上物品運送人（商589条），海上物品運送人（商753条2項）の留置権を規定する。これらは広義で商事留置権といわれるが，商人間の一般留置権を狭義の商事留置権という。ここでは，商人間の留置権の要件を述べる。商法521条は，商人間において「その双方のために商行為となる行為によって生じた債権」が弁済期にあるときは，債権者は弁済を受けるまで「その債務者との間における商行為によって自己の占有に属した」「債務者の所有する物又は有価証券」を留置することができると定める。

① **被担保債権**　商人間における双方的商行為によって生じた債権であることを要する。民法の留置権は，留置物について生じた債権でなければ成立せず，留置物と被担保債権との間の個別的牽連性が要求されている。しかし，商法は，商人間においては継続的に信用取引の形態で取引が行われるのが通常であり，そのような継続的な信用取引においては，一方の他方に対する債権はその者が占有する相手方の所有物によって担保されているものとすることが商人間の信用取引を助長するとの発想に基づいている。すなわち，個別的な牽連性に対して，当事者双方の「営業上の取引から得られた債権」と「営業上の取引から得られた物」との間に牽連性を要求している（大隅・47頁）。債権者の債権群が被担保債権となる。たとえば，土木建設機械の修理業者甲会社は林道工事業者乙会社のためにさく岩機の修理代金のほか，乙

の振り出した約束手形の所持人として手形債権をも有しており，乙が手形金の支払を遅滞していたので，さく岩機を留置した。乙はさく岩機の修理代金さえ支払えば，留置物を返還すべきであるとの主張に対し，当事者双方が商人であり，かつ双方のために商行為である行為によって生じた債権であって弁済期にあるから，商法521条により甲は修理代金と手形金の双方の弁済があるまでさく岩機を留置できるとされたものがある（大阪高判昭42・1・23金商50号18頁）。

当事者双方が商人（機械類の販売業者と機械類の貿易業者）であるときは，手付金の返還請求権は商行為によって生じた債権である（大阪地判昭15・6・10新聞4593号12頁）。相手方である商人との商行為によって発生した債権であることが必要であるから，他人より譲り受けた債権は被担保債権とはならない。他人よりの債権の譲受けではなく，相続・合併による包括承継の場合およびこれに準ずる営業譲渡の場合には，債権の移転とともに物の占有が移転されるかぎり，留置権は消滅しないと解されている。

また，流通証券（無記名証券，指図証券）については特別な扱いがなされる。たとえば，A，B2人の商人が継続的な取引関係にあるとする。AとBとの営業上の取引によってAがBに対して取得した債権を被担保債権として，Aが占有するBの所有物のうえにAの留置権が成立するのであって，CのBに対する売掛債権や貸付債権などの指名債権をAがCより譲り受けても，この譲受債権のためにはAの留置権は成立しない。しかし，BがCに対して交付していた手形または小切手をAがCから取得した場合には，AのBに対する手形債権および小切手債権は，Aの占有するBの所有物のうえに，Aの留置権を成立せしめると解される（通説）。B振出の証券をAがC以外の者から取得した場合でも同様である。この種の流通証券の債務者は所持人の誰であるかを問わず，すべての所持人に直接に債務を負担する意思があるものと認められるからである。

この商事留置権は商人間においてのみ発生するが，債権発生の時点で商人であれば足り，債権の弁済期ないし留置権行使時においていずれか一方が商

人資格を失っていてもかまわない。

② **目的物** 商事留置権の目的物は債務者所有の「物または有価証券」である（商521条）。不動産についても商事留置権が成立するかの問題がある。建築請負人が注文主（土地所有者）より建物の建築を請け負い，建物を完成させたが，注文主が請負代金未払いのまま倒産する例がバブル経済崩壊後に続発し，土地購入資金を融資した銀行（抵当権者）と建物の敷地に対し商事留置権を主張する請負業者との利害が衝突する事態が生じていた。不動産には商事留置権は成立しないとした判例（東京高判平8・5・28判時1570号118頁）もあるが，この判例は強引な独断を展開したもので，通説および下級審判例の主流は，商法521条が「物」と規定し，動産に限定していないことから不動産についても商事留置権が成立するものと解している。通説のこの見解は立法趣旨に沿うものであり（田邊光政「不動産に対する商事留置権の成否」金法1484号6頁），妥当である。

注文主の所有地に建築請負人が建物を建築したが，その請負代金残額の支払がない場合に，請負人がその建物の占有を継続しているかぎり建物について商事留置権を有するのは明らかであるが，建物の敷地についても商事留置権を取得するであろうか。この点について，敷地に対する抵当権者は，その設定当初は最優先担保権者として取引を行ったにもかかわらず，その後，地上に建物を建築した注文主が代金を支払わないために請負人が商事留置権を主張するのは，抵当権者の地位と期待を覆すこととなって妥当でなく，請負人と抵当権者との利益が競合する場合には，商事留置権者による占有取得と抵当権設定登記との先後により優劣を決すべきであるとの見解もある（生熊長幸・金法1447号37頁，片岡宏一郎・銀行法務21・522号3頁）。融資を受けて土地を取得し，そのために土地に抵当権を設定登記した後に，建物の請負契約を締結するのが普通であるから，この説は事実上抵当権者を優先する見解である。法定担保権と約定担保権とを時間的先後による対抗問題と扱ってよいか疑問がある。

Ａ会社は銀行から融資を受けて土地を購入し，抵当権の設定登記をした。

B会社はA会社との間で230億円で建物の請負契約を締結し，建築を完成させたがA会社が請負代金の半額しか支払わないので建物およびその敷地を占有していた。銀行が抵当権に基づいて競売を裁判所に申し立てたところ，B会社が商事留置権を主張したので，裁判所は，買受人は留置権の被担保債権を引き受けるべきものとして，土地・建物の評価額から被担保債権額を差し引いて最低売却価額を決定した。これに対しA会社が，不動産には商事留置権は成立せず，とりわけその敷地には商事留置権は成立しないと抗告した。東京高裁は，Bが土地および建物を占有していることが認められると認定したのち，「請負契約は双方にとって営業のための商行為であることは明らかであるから，Bが請負契約に基づいて占有した本件土地および本件建物について商事留置権が成立することはいうまでもない」と説いた（東京高決平6・2・7金法1438号38頁）。自然な解釈というべきであろう。

　債権者の占有中に，債務者がその所有物を譲渡しても，債権者の留置権は影響を受けない。そして，倉庫業者（債権者）が寄託者に対して寄託料債権を有し，受寄物について商事留置権が発生した場合には，倉庫業者が倉庫証券を発行しそれが裏書譲渡されても，証券所持人に対し倉庫業者は留置権を対抗できる（東京高判昭45・12・17判時623号96頁）。しかし，債務者の所有物でなければならず，債権者が善意で占有を開始しても第三者の物については留置権は成立しない。留置権は法定担保権であって，権利の移転・担保権の設定を目的とする取引の安全を保護しようとする制度ではないから，善意取得の規定（民192条）は適用されない。

　③　**占有取得の態様**　債務者所有の物が「その債務者との間における商行為によって自己（債権者）の占有に帰した」ことが必要である。その意味は，物の占有取得の原因が当事者間の商行為によるものであることが必要であるということであり，債務者から直接に占有の移転を受けたことを要するのではない。たとえば，A（倉庫業者）がB（寄託者）との間で商行為である寄託契約を締結し，Bが第三者Cより買い入れた商品をCがAに引き渡した場合でもよい。当事者間における商行為であれば，債権者または債務者の

いずれにとって商行為であるかを問わないとの見解（小町谷操三・商行為法論94頁）もあるが，「その債務者との間における商行為によって自己の占有に帰した」債務者所有の物であるから，債権者にとって商行為であることが必要と解すべきである（通説）。また，商行為によって占有を開始したことが必要であるから，非営業的な偶然の事情によって占有することとなった債務者の所有物には留置権は成立しない。

　売買契約に基づいて目的物が買主（債権者）に引き渡され，所有権が一度買主に移転した後に契約が解除され，所有権が売主（債務者）に復帰した場合，その物について債権者の商事留置権が成立するであろうか。売主に返還すべき物のうえに留置権を行使できないとの立場もある（京都地判昭32・12・11下民集8巻12号2302頁）。特段の事情がないかぎり，この場合にも商事留置権を認めるべきであろう（松本恒雄「商法上の留置権と民法上の留置権」民商50周年記念論集II 186頁）。しかし，たとえば，その売買契約の解除が買主（債権者）の代金不払を理由とするものであるような場合とか，破産に瀕した取引先から手形の割引依頼を受けた銀行が，割引意思がないのに割り引くかのごとき期待をもたせ裏書譲渡をさせつつ，代金を交付せず，銀行みずからまたは取引先が割引取引を解除したような場合には，信義則上，留置権の行使を認めるべきではないであろう。

　④　**特約による排除**　　商521条ただし書は，別段の意思表示（特約）によって商事留置権を排除することができるものと定めている。

(3) 商事留置権の効力

　①　**一般法上の効力**　　商法は商事留置権の成立要件について規定するにすぎず，その効力については何ら定めていない。したがって，特別法による特別な効力を除いては，民法の一般原則によってその効力を考えなければならない。民法によれば，留置権者は債権の弁済があるまで目的物を留置し（民295条1項），留置物より生ずる果実（株式の利益配当金，賃料など）を収取して優先的に弁済に充てることができる（民297条1項）。通説は，さ

らに，留置物の競売権も認めるが，競売による換価金について一般の債権者の配当請求が認められ，留置権者が優先的配当金受領権はないものと解されている。

② 破産法上の商事留置権　債務者が破産した場合，民事留置権は破産財団に対してその効力を失い，破産管財人からの引渡請求に応じなければならないが，商事留置権は破産財団に対し特別の先取特権とみなされ，別除権とされている（破66条1項，2条9項）。債務者の破産手続開始により商事留置権も民事留置権と同じように失効するのか，それとも留置的効力を失うことなく特別な先取特権を付加したものであるかについては争いがある。

　留置的効力を否定する見解によれば，破産手続開始により商事留置権は失効し，特別の先取特権となり，この先取特権に基づき競売を申し立て，換価金から競売費用および配当要求をした優先権者（動産売買先取特権など）に対する弁済金を控除したのち余剰があれば被担保債権の範囲内で交付を受けうるにすぎないという（田原睦夫・金法1221号25頁，宗田親彦・判タ830号248頁，瀬戸正義・金法1405号18頁，大阪高判平6・9・16金法1399号28頁）。商事留置権者は，破産管財人より留置物の引渡請求があるときは，特別の先取特権による競売申立をしないかぎり，その請求に応じなければならないと説かれる（田原・前掲）。

　これに対して，商事留置権の留置的効力（留置権としての効力）は債務者の破産手続開始により消滅せず，商事留置権者は，留置権による競売（民執195条，190条）および破産法66条の付与する特別の先取特権に基づく競売（民執190条）のいずれかにより目的物を換価できるとする（伊藤眞・破産法（新版）246頁，佐々間弘道・金法1404号8頁，大阪地判平6・2・24金法1382号42頁）。そして，留置権による競売においては他の債権者による配当要求は認められないと解し（桜井孝一「民事執行法と留置権」金融担保法講座(4)156頁ほか多数説），留置権者は競売費用を控除した残余の換価金の交付を受け，これを留置物の所有者（債務者）に引き渡すべき債務と自己の債権とを対等額で相殺することにより，事実上優先弁済を受けうると解する。特別

の先取特権に基づく競売の場合は、先の留置的効力否定説と同様になり、他の債権者の配当要求が可能である。

　両説を検討してみる。留置的効力を否定する説は、破産法66条3項が民事留置権を破産手続上失効させていることとの対比において、商事留置権も失効するという（田原・24頁）。同条項は、「前項に規定するものを除き留置権は」失効すると定めているところ、否定説は、「商法又は会社法の規定による留置権は特別の先取特権とみなす」の外は、と解釈するのである。しかし、大正11年の破産法制定の際の議論からみて、66条2項は、「留置権にして商法によるものを除く」趣旨と解するのが自然である（瀬戸・18頁）。否定説の第二の論拠は、旧会社更生法161条の2が商事留置権の存続を前提として管財人は、その留置物の価額が被担保債権をこえるときは、留置権の消滅を請求できると規定しているのは、破産手続では商事留置権が失効することを当然の前提としているからであるというにある（田原・前掲）。しかし、旧会社更生法の規定と破産法66条の解釈とは無関係であるといわれる（瀬戸・17頁）。民事留置権と商事留置権の効力を全く同様に扱おうとする解釈には賛成できない。

　商事留置権は、沿革的には、先取権付競売権のあるものとして制度化されたのであった（毛戸勝元「商法上ノ留置権ノ効力ヲ論ス」京都法学会雑誌九巻一〇号七頁）。両者はその沿革が異なり、継続的な取引関係にある商人間の信用取引を助長するために、いちいち質権設定を求めることが煩雑であり、また商人（債権者）の許に留まることなく流動する物に質権を設定することは無理であるから、質権に代わるがそれに劣らない担保として商事留置権を法定担保権として制度化したものと考えるべきで、民事留置権と同様に扱うのは妥当でない。債務者の破産手続開始の決定によって、他の先取特権に後れる特別な先取特権とするだけで、その留置的効力を失わしめる解釈は適切ではない。

　学説および下級審判例の分かれていたこの問題について、最高裁は存続説に立つことを明らかにした。A銀行が手形を預かっていた取引先B会社が

破産し，破産管財人CがAに手形の返還を求めたところ，Aは商事留置権があるとして返還を拒み，満期に手形交換により取り立てたうえで，Bに対する貸付金の返済に充当した。そこで，CはAの処置は不法行為に当たるとしてAに対し損害賠償を請求した。この事案について，最高裁は次のように説いた。破産財団に属する手形に商事留置権を有する者は，旧破産手続開始の後も同手形を留置する権能を有し，破産管財人からの手形の返還請求を拒むことができると解するのが相当である。けだし，旧破産法66条1項は「破産財団につき存する商法の規定による留置権にして商法によるものは破産財団に対してはこれを特別の先取特権とみなす」と定めるが，「これを特別の先取特権とみなす」という文言は，当然には商事留置権者の有していた留置権能を消滅させる意味であるとは解されず，同条項が商事留置権を特別の先取特権とみなして優先弁済権を付与した趣旨に照らせば，破産管財人に対する関係においては，商事留置権者が適法に有していた手形に対する留置権能を破産宣告（現在の破産手続開始の決定）によって消滅させ，これにより特別の先取特権の実行を困難となる事態に陥ることを法が予定しているものとは考えられないからである，と説いた（最判平10・7・14民集52巻5号1261頁）。

　商事留置権の留置的効力（留置権能）は債務者の破産手続開始により失効すると解する失効説の論者は，民事留置権と商事留置権とをともに留置権であるから，その効力をできるだけ一元的に扱おうとする立場であるが，両者は本来その沿革や制度目的が異なるのであって，商事留置権の効力はその制度趣旨に立脚して判断すべきであり（田邊光政「手形の商事留置権」金法1424号20頁），最高裁が，破産法66条1項の解釈において，商事留置権の制度趣旨を考慮して存続説を採ったのは妥当である（従来から存続説に立つものとして，渡辺功・ジュリ1129号121頁，原秀六「商人間の留置権」現代企業取引法36頁以下，松下淳一・私法判例リマークス11号158頁）。

　破産法は平成16（2004）年に全面改正されたが，新破産法も破産手続開始時に破産財団に属する財産につき存在する商法・会社法の規定による留置権

（商事留置権）は破産財団に対しては特別の先取特権とみなす旨を定め（破66条1項），破産手続開始により商事留置権は当然には消滅しないとの立場を前提に，一定の要件のもとで破産管財人は商事留置権の消滅を請求できるものとしている（全国倒産処理弁護士ネットワーク編・論点解説　新破産法71頁以下参照）。すなわち，破産手続開始の時において破産財団に属する財産につき商事留置権がある場合において，当該財産が裁判所の許可を得て継続されている債務者の事業に必要なものであるとき，その他当該財産の回復が破産財団の価値の維持または増加に資するときは，破産管財人は，裁判所の許可を得て，商事留置権者に対して，当該留置権の消滅を請求することができる（破192条1項，2項）。この請求をするには，裁判所の許可を得て，当該財産の価値に相当する金銭を商事留置権者に弁済しなければならない（破192条2項，3項）。

③ **商事留置権と会社更生法**　会社更生法は，会社更生申立ての後，開始決定までの間に，商事留置権の消滅請求の制度を設けている（会更29条）。すなわち，開始前会社（保全管理人が選任されているときは，保全管理人）は，事業の継続に欠くことができない財産に商事留置権がある場合には，更生手続開始の申立てにつき決定があるまでの間，裁判所の許可を得て，留置権者に対して当該留置権の消滅を請求することができる（会更29条1項，3項）。この請求をするには，当該財産の価額に相当する金銭を留置権者に弁済しなければならない（会更29条2項）。これは，高額の機械が修繕費のために留置されているとき又は未払倉庫料のために倉庫業者が事業継続に必要な商品等を留置しているときなど，留置権者が被担保債権に比べてはるかに高額の財産を留置している場合に，債務を弁済して当該財産の引渡を受けることができるようにした制度である。

ちなみに，民事再生法においても類似の制度（担保権消滅請求）が設けられている。民事再生手続において，商事留置権等を有する者はその目的である財産について別除権を有する（民再53条1項）。別除権は，再生手続によらないで行使できる（民再53条2項）。それゆえ，商事留置権に基づき競売

をすることができる。また,判例は,取立委任を受けた約束手形につき商事留置権を有する者は,当該約束手形の取立金を留置することができると解している（最判平成23・12・15民集65巻9号3511頁）。

しかし,再生債務者は,再生手続開始の時においてその財産につき商事留置権（抵当権,質権,特別の先取特権についても同じ）が存する場合に,当該財産が再生債務者の事業の継続に欠くことのできないものであるときは,再生債務者は当該財産の価額に相当する金銭を裁判所に納付して,裁判所に対して当該財産につき存するすべての担保権を消滅させることについての許可を申し立てることができる（民再148条1項）。裁判所に納付された金銭は,裁判所が配当表に基づき担保権者に配当する（民再153条1項）。

1.6　商事債務の履行・時効

1. 商事債務の履行

(1) 履行の場所

商法は商行為によって生じた債務の履行場所がその行為の性質または当事者の意思表示によって定まらないときは,特定物の引渡は行為の当時（取引の成立した当時）その物が存在した場所で,その他の履行は債権者の現在の営業所,もし営業所がないときはその者の住所ですべきことにしている（商516条1項）。この点につき,民法は,別段の意思表示がないときは,特定物の引渡は債権発生の当時その物の存在した場所において,その他の弁済は債権者の現在の住所において,これをなすべきものと定めている（民484条）。民法は「債権者の住所」としているのを,商法は商人を想定しているので「債権者の営業所」と変えただけで,履行場所に関する民・商法の規定は基本的に差異はない。

指図債権および無記名債権の弁済は債務者の現在の営業所,もし営業所がないときはその住所においてこれをなす（商516条2項）。これらの債権は指図証券および無記名証券に表章され,債務者不知の間に転々と流通する性

質があるので，履行期日に債務者には誰が債権者か不明なのが一般である。したがって，取立債務となるのである。

(2) 履行および履行請求の時間

法令または慣習により取引時間の定めがあるときは，その取引時間内にかぎり債務の履行をしまたはその履行の請求をすることができる（商520条）。取引時間の定めのある法令として銀行法がある。銀行法15条2項は，銀行の営業時間は，金融取引の状況等を勘案して内閣府令で定める，と規定し，これを受けて，銀行法施行規則（内閣府）16条1項は，午前9時から午後3時までを営業時間と定めている。

商法520条は任意規定であるから，当事者が別段の特約をすることはさしつかえない。そして，弁済が取引時間外になされても，債権者が任意に弁済を受領し，それが弁済期日内であるときは，債務者は履行遅滞の責めを負わない（最判昭35・5・6民集14巻7号1136頁）。

2. 商事債権の消滅時効
(1) 商事債権の時効期間

民事債権の時効期間が10年である（民167条1項）のに対し，商法は，商行為によって生じた債権（商事債権）の時効期間を5年とし，商法に別段の定めがある場合および他の法令に5年より短い時効期間の定めがある場合を除くことにしている（商522条）。民法に対して商法が商事債権の時効期間を短縮しているのは，企業取引の迅速な結了の要請に基づくものである。商法の別段の規定としては，商法566条，同567条，同589条，同615条その他相当数があり，また他の法令では，短期時効期間を定めるものとして民法170条ないし同174条，および手形法70条，小切手法51条などがある。商法522条は「商行為によって生じた債権」であれば，当事者のいずれにとって商行為であっても適用される（大判大4・2・8民録21輯75頁）。

(2) 適用範囲

　商行為によって生じた債権とは,商行為である消費貸借による貸付債権のように,ある商行為の直接の効力として生ずる債権だけでなく,商行為によって生じた債権の変形したものまたはそれと実質上同一視すべきものを含むと解されている（大隅・42頁,西原・144頁）。判例も,商行為の解除権は純然たる債権ではないが,商行為によって生じた債権と同視し5年の時効により消滅すると解している（大判大5・5・10民録22輯936頁,同,大判大6・11・14民録23輯1965頁）。これらの判例は,解除権は消滅時効にかからないというべきではなく,またその不行使期間は債権の時効期間よりも長くてよいとする法意も推知できず,ことに商行為により生じた債権の消滅時効期間は5年であるのに,その解除権だけに民法の消滅時効を適用すべき理由はないから,商行為によって生じた債権と同視して5年と解するのが相当と説いている。

　また,商行為たる売買の解除により発生する原状回復請求権（東京地判昭6・3・2新聞3241号11頁）および商事契約の解除による原状回復義務の履行不能による損害賠償義務（最判昭35・11・1民集14巻13号2781頁）は5年の消滅時効に服する。この最高裁判決は,商事契約の解除による原状回復義務は商事債務であり,その履行不能による損害賠償義務は,本来の債務と同一性を有すると説いている。商行為によって生じた債務の不履行による損害賠償請求権は,本来の債権が変形したもので,本来の債権とは別個の債権ではないから,商法522条（旧商285条）の規定を適用すべきである（大判明41・1・21民録14輯15頁）。株式払込金保管証明をした銀行が会社法64条2項に基づいて負担する債務にも商法522条が適用される（最判昭39・5・26民集18巻4号635頁）。

　保証債務が商行為によって生じた債務であるときは,主たる債務が民事債務であっても,その保証債務については商法522条が適用される（大判昭13・4・8民集17巻668頁）。保証債務は付従性を有するが,主債務の一部をなすのではなく,別個独立の債務であるから,主債務より存続期間が短かく

独立の消滅原因をもつことは保証債務の性質に反することはない。信用保証協会（非商人）が商人の金融機関からの借入債務を商人からの委託に基づいて保証し，その債務を履行して商人に対して取得する求償権は商法522条所定の5年の消滅時効にかかる（最判昭42・10・6民集21巻8号2051頁）。この判例は，保証人は商人でなくても，その保証委託行為が主債務者の営業のためにするものと推定される（商503条2項）結果，保証委託契約の当事者双方に商法が適用される（商3条1項）ので，保証人の弁済行為自体は商行為でなくても，保証人の求償権には商法522条の適用があると説いている。

いったん民事債務として発生したものは，それが商人に譲渡されても商事債務に変わることはないから，その時効について商法522条の適用はなく（大判大2・10・11民録17輯783頁），同様に，商事債務が非商人に譲渡されても，その時効については同法の適用がある（西原・145頁）。

不当利得返還請求権については見解が分かれる。この権利は，法律行為によるものではなく，法律の規定（民703条）によって発生するものであるが，この権利が企業活動に関連して生じた場合には，商法の規制に服せしめるのが適当であるとの見解が有力に唱えられていた（西原・145頁）。判例は一貫して商法の適用を否定する。商行為である契約が無効であった場合の不当利得返還請求権（大判昭10・10・29新聞3909号15頁）および商行為である金銭消費貸借に関し，利息制限法所定の制限を超えて支払われた利息・損害金についての不当利得返還請求権について（最判昭55・1・24民集34巻1号61頁），この権利は，法律の規定によって発生する債権であり，民法167条1項により10年の時効に服するとしている。

最判昭55には，少数反対意見があり，次のように説いている。商事契約の解除による原状回復義務が商法522条の商事債務たる性質を有するというのが最高裁判例（最判昭35・11・1民集14巻13号2781頁）であるが，その趣旨は，契約解除による原状回復は，契約によって生じた法律関係を清算するもので，商事契約に基づく法律関係の早期結了の要請は，その解除に伴う既発生事態の清算関係にも等しく妥当するという考慮によるところ，解除に

よる原状回復は，契約上の義務の履行としてされた財貨の移動につき，その後の解除によってそれが法律上の原因を欠くこととなったため，これによる利得を相互に返還せしめようとするものであり，それは実質的に不当利得返還義務にほかならない。他方，契約上の義務を履行してなされた給付がその契約の全部または一部の無効のときは，法律上の原因を欠くこととなり，その給付による利得につき不当利得返還義務が生ずるような場合には，契約の履行によって生じた関係を清算するものである点において，解除による原状回復の場合と同様である。しかも，その清算関係が商事契約に起因する場合には，早期結了の要請があるから，商法522条を適用すべきである，と論じている。この少数意見が妥当である（同旨，青竹正一・Law School 23号96頁，浜田道代・判時972号180頁，平出・99頁）。

　売買契約に基づいて前渡金を支払ったが，売主の契約不履行により合意解除された場合に，前渡金返還債務（その実質は不当利得返還債務）に商法514条を適用する判例（最判昭30・9・8民集9巻10号1222頁）の立場と最判昭55の多数意見とは矛盾するであろう。商事法定利息には商法を適用するが時効については民法によるというのは整合性を欠く。

　手形法上の利得償還請求権は商法501条4号にいう「手形に関する行為」によって生じた債権に準じて考えるべきで，その時効期間については商法522条が類推適用される（最判昭42・3・31民集21巻2号483頁）とし，満期白地手形の補充権の時効についても全く同種の論旨で商法522条を準用するのが判例である（最判昭44・2・20民集23巻2号427頁）。しかし，本体たる手形債権についてはより短期の時効が定められており（手70条），利得償還請求権および補充権の時効期間は別個に手形理論において考慮されるべきである（田邊光政・最新手形法小切手法（五訂版）329頁以下，355頁以下参照）。

2

有価証券

2.1 種々の有価証券

　商取引に基づいて発生する権利は，無形の価値であるために，そのままでは流通に適しない。そこで，無形の権利を有形の紙片に表章させ，有形の証券の取引を通じて無形の権利を取引の対象としようとするのが有価証券の制度である。有価証券とは何かについてここで説明しておこう。その正確な定義は後に示すことにして，まずどのような有価証券があるかを列挙して簡単に説明する。

1. 株　　　券

　株式会社は，定款で定めることにより，株券を発行することができる（会214条）。株券発行会社では，株式を発行した日以後遅滞なく株券を発行しなければならない（会215条1項）。株券は，株主の会社に対する地位を表章する有価証券である。株主は，会社に対して利益配当請求権その他の自益権と議決権などの共益権を有するが，それらすべての株主の権利が一体となって株券に表章されている。株主の会社に対する権利の行使又は会社の株主に対する義務の履行は，株主名簿の記載を基準にして行われる。しかし，株券発行会社における株式の譲渡又は質入は，株券の交付によって行われる

（会128条1項，同146条2項）。株券の交付を受けて株式を譲り受けた者は，会社に対して株券を呈示して株主名簿の名義書換を請求することができる（133条1項）。

　株式会社は，新株予約権を発行することができる（会236条）。新株予約権とは，その権利者が会社に対してその予約権の内容に従って新株の発行を請求することができる権利である。会社が，新株予約権を表章する新株予約権証券を発行するかどうかは自由であるが，証券を発行する場合には，遅滞なく新株予約権証券を発行しなければならない（会288条1項）。この証券は完全な有価証券であり，新株予約権を譲渡するには新株予約権証券を交付しなければならず，新株予約権を行使する場合には，会社へ証券を提出しなければならない（会280条2項）。

2. 社債券

　株式会社が投資家から直接に資本調達をする方法としては，株式の発行と社債の発行とがある（社債は株式会社だけでなく，持分会社も発行することができる）。株式に投資した者が払い込んだ代金は，会社の資本金（一部を資本準備金とできる）を構成するのに対して，社債の引受人が払い込んだ金銭は，会社の借入金であって，会社は定期的に利息を支払い，約定の期限がくれば元本を返済（償還）しなければならない。社債権者は，会社に対して利息請求権と元本の償還請求権を有するが，これらの権利を表章するのが利札と社債券である。社債には，記名社債と無記名社債とがあり，それに応じて記名社債券と無記名社債券とある。いずれも，完全な有価証券である（会689条）。記名社債については，社債券を発行するかどうかは，会社の自由であるが，無記名社債については，必ず社債券が発行される。

　会社が発行する社債に新株予約権が付けられる場合があり，これを新株予約権付社債という。新株予約権付社債の本体は社債であるが，普通社債と異なり社債に新株予約権が付加されたものである。新株予約権と社債権との双方を表章するものとして，新株予約権付社債券が発行されることがある。新

株予約権付社債券は完全な有価証券である（会258条3項）。新株予約権付社債については，新株予約権のみの譲渡又は社債権だけの譲渡は許されず，両者を一体としてのみ譲渡することができる（会254条2項，3項）。ただし，社債又は新株予約権のいずれかが先に消滅したときは，残存している社債又は新株予約権のみを譲渡することはできる。

3. 運送証券等

　商法上の有価証券として，以上のほかに貨物引換証，船荷証券，倉庫証券がある。それぞれについて別に詳細に説明するが，ごく簡単に述べておく。貨物引換証は，陸上物品運送において運送業者が発行するもので，運送業者が運送品を受け取ったことを認証し，物品を運送したうえで目的地においてその証券の所持人に運送品を引き渡すことを約束した有価証券であり，海上運送業者が同様の趣旨で発行した有価証券を船荷証券という（商571条，767条，769条）。倉庫証券とは，倉庫業者が物品の寄託を受けて保管していることを認証し，証券の所持人の返還請求に応じて保管している物品の引渡を約束した有価証券である（商598条，599条，627条）。物品の荷送人または寄託者は，物品の運送中ないし倉庫で保管中に，これらの有価証券を譲渡することによってそれらの物品を処分することができる。

4. 手形・小切手

　商取引上の代金の支払に関して手形・小切手が利用される。手形には，約束手形と為替手形とがあるが，わが国では為替手形は実際上ほとんど使用されず，一般に約束手形が普及している。先進国の中で手形（約束手形）を国内の商取引において多用するのはわが国だけであって，日本は手形王国といわれている。

　企業間の取引においては，商品の買主は代金の支払のために約束手形を売主に振り出す。この手形には，将来の一定の日（3カ月ないし4カ月後が普通）が満期日として記載されており，売主がその満期に手形の所持人に支払

うことを約束している。買主が，たとえば3カ月後に代金を支払う約束で商品を買い入れ，約束の3カ月後に売主に代金を支払えばよいのであって，手形を振出交付する必要はないとも考えられよう。しかし，買主が手形を交付するのは売主の資金調達のためである。商品を売却しても数カ月後でないと代金を支払ってもらえないときには，売主は日々の営業のための資金に窮してくる。売主が手形をもらっておけば，銀行が手形金額から満期日までの利息を差し引いた金額で手形を買い取ってくれるのである（手形割引）。

　商品の買主が売主に手形を交付するのは，売主がその手形で銀行から融資を受けることができるようにするためである。この手形割引は，銀行が企業（売主）に資金を融資する重要な手段である。わが国の企業が商取引において約束手形を多用するようになったのは，銀行の融資政策によるものである。明治の初期までは，わが国の企業は商取引に手形を使わなかった。当時の銀行の融資形態は貸付だけであったが，明治政府は銀行の融資方法として手形割引の方法を普及させるのが合理的であると考え，大蔵省の役人が銀行に手形割引の方法を勧めた。そして，銀行が各取引企業に手形の利用を勧めたのである。銀行の企業への普及宣伝が効を奏して明治10年代にわが国の企業間で手形の利用が普及するようになったのである。他の有価証券と違って，手形は多様な機能を果たしている。商取引の代金支払のためだけでなく，遠隔地（海外）への送金の用具として利用され，また短期の社債に類似する多額の資金調達の手段（コマーシャルペーパー）としても利用されている。

　企業は比較的小額の支払のためには手形ではなくて小切手を使っている。銀行に当座預金を預け入れておいて，企業に代わって銀行にその当座預金から支払ってもらうのである。小切手には満期はなく直ちに支払を受けることができる。

5. 抵当証券

　抵当証券とは抵当権と債権とを併せ表章するもので，登記所が発行する特殊な有価証券である（抵当証券法1条）。たとえば，A会社がB抵当証券会

社のために土地・建物などの不動産に抵当権を設定してB会社から金融供与を受ける。抵当権者（B会社）は抵当権の設定登記をしたのち，その登記済証および債権に関する証書（貸付証書）等を添付して登記所に抵当証券の交付を申請する。交付を受けた抵当証券には抵当権と債権（B会社からA会社への貸付債権）とが表章されており，B会社はこれを裏書譲渡することができ，被裏書人は債権とともに抵当権を取得する。抵当証券の所持人は，債務者（A会社）に支払請求をなし，もし支払がなければ抵当権を実行することができる。抵当証券（原物）は銀行に預け，抵当証券に対する持分を細分化し，小口化された共有持分権を投資家に販売する方法での取引が行われている。

2.2 有価証券の意義と特徴

1. 有価証券の共通概念

各種の有価証券に属する証券を説明してきた。多種多様で，これらを統一的に捉えることは，一見すると，無理なようにみえるであろう。しかし，これらの種々の証券が「有価証券」と呼ばれ，有価証券法の対象とされるのは，共通して「財産的価値のある私権を表章している証券」であるからである。

権利はすべて無形である。一定の金額の支払を請求することができる債権も，物品の引渡を請求できる請求権も，抵当権も所有権も，すべて「権利」は無形である。100万円の金銭は目に見えるが，100万円を支払えという請求権は目に見えない。抵当権設定済証は見えるが，抵当権そのものは見えない。貴重な財産的価値はありながら権利は無形であるために，そのままの形で取引の対象とすることは不便であり，また不確実である。

いまその一例を債権譲渡についてみてみよう。債権を譲渡するには譲渡人から債務者に債権譲渡通知をしなければならない（民467条1項）。譲渡人が第三者に対抗するためには確定日付のある証書で譲渡通知をしなければならない（民467条2項）。このような不便な手続を踏んだとしても，譲受人は確実に債権を取得できるとは限らない。その譲受人よりも先に同じ債権を

譲り受けて確定日付のある証書で譲渡通知をしている別の譲受人がいるかも判らない。このように，債権そのままでの取引は，不便であり不確実であるために，活発な取引の対象には適しない。

　容易でしかも確実な取引をなしうる権利にする必要がある。そのために，無形の権利を有形の証券に結合させ，権利を有形化して取引の対象とすることが合理的である。有価証券と呼ばれるものは，権利の流通を促進する目的のために，その手段として権利を証券に表章（結合）させたもので，適法に証券を取得さえすれば，確実に権利を取得することができる仕組みになっている。証券上に表章された権利を取得するためには証券を取得さえすればよく，証券の移転に伴って証券上の権利も移転し，譲渡人等，証券を所持しない者は証券上の権利者にはなりえないので，二重譲渡はありえず，したがって証券を取得した者は確実に権利を取得できる。そして，譲渡の方法も定型化されていてきわめて容易である。債務者に譲渡通知をする必要はなく，譲渡人と譲受人だけの法律行為で足りる。こうして，有価証券の取引はすべて証券についての取引であり，権利の帰属もすべて証券を基準に決めるので，債務者も証券の所持人に支払えば免責されることになる。

　ところで，有価証券とは無形の権利を表章した証券であるが，これだけでは表面的な定義にすぎないので，学者はより明確な定義を試みようとしている。第一に，有価証券とは，財産的価値のある私権を表章するもので，権利の発生，移転，行使の全部または一部が証券によってなされることを要する証券をいう，との定義がある。これは，かつての通説であったが，この定義によれば，たとえば，権利の発生には証券の作成が必要であるが，その権利の移転，行使には証券の移転，呈示が不要なものを有価証券というべきことになるところ，そのような証券の存在は考えられない。この定義はあいまいすぎる。

　現在，有力な説は，①権利の移転及び行使が証券によってなされる必要がある証券を有価証券というとする説と，②権利の移転に証券の交付が必要な証券を有価証券と呼ぶ説である。この二つの説の論争は，株券は有価証券で

ありながら，前述のように，その権利行使が株主名簿の記載を基準とすることに基因する。②説によれば，記名株券の場合には，株券を会社に呈示して権利行使するのではなく，株主名簿の記載に基づいて権利行使が行われるのであり，しかも会社法131条は株券が有価証券であることを定めているのであるから，権利の行使と証券の呈示とは必ずしも結びついておらず，有価証券の定義から権利行使の面を除外すべきであるという。しかし，①説は，株券においても，権利の行使と証券の呈示とは結びついていると説く。すなわち，株券の権利行使は株主名簿の記載に基づいて行われるが，株券の譲受人が株主名簿の名義を書き換えるためには取得した株券を呈示する必要があり，株主として株券を取得し所持することを確認したうえで会社は株主名簿の書換に応じるのであるから，権利行使と株券の所持（呈示）とは結びついており，それゆえ，有価証券とは権利の移転及び行使に証券の移転及び所持が必要なものというべきであると説く。①説が妥当である。

　株主名簿制度は，株主の会社に対する権利行使は反復・継続的であるから，その氏名・住所等を一度株主名簿に記載したならば，権利行使の都度いちいち株券を会社に呈示することなく，その記載に基づいて権利行使をなしうるものとすることが，会社のためにも株主のためにも合理的であるとの考慮に基づいている。株主名簿の記載は株主が株券を所持していることを反映したものである。株主の権利行使は集団的・反復的であるため，会社のために株主名簿の記載に従って事務処理をすれば特別な免責的効力を認めているが，その記載はおおむね株券の所持を反映したものであり，株券においても，権利の行使と株券の所持とは結びついていると解してよい。

2. 有価証券の特徴

　有価証券の特徴は，権利と証券との結合に基因する。証券上の権利（金銭の支払請求権，物品の引渡請求権など）を取得するためには，その権利を表章している証券自体を取得しなければならない。手形を例にとって検討してみよう。

手形は一定の金額（100万円としよう）の支払を請求できる債権を表章した有価証券であるが，この100万円の債権をAがBに譲渡するのは，手形（証券）自体の交付が必要である。Aが手形を交付しないで，この100万円の債権だけをBに譲渡する旨の契約をしても，手形上の権利（100万円）はBに移転しない。Aが手形を自ら所持するかぎり手形上の権利はAのもとにあり，AがBに手形を交付してはじめてBに手形上の権利が移転する。株主権を表章する株券についても同様である。株主としての権利を譲渡するには株券を交付しなければならない。その他の有価証券もすべて同様である。

　有価証券上の権利の行使においては，必ず証券を呈示し，債務者は証券と引換えにのみ給付（支払，物品の引渡など）すればよい。債務者は証券を所持しない者に対しては，いくらその者が権利者であると主張しても，給付する必要はない。これが基本原則である。

　有価証券を正当に所持していた者が，その証券を紛失，焼失その他の事由で喪失したときは，どうなるであろうか。この場合にも，有価証券の特質は貫かれる。債務者は証券の所持人であった者がいくら喪失の事実を証明しても給付する必要はない。証券の喪失者が債務者の履行を求めるにはその喪失証券について裁判所により厳格な手続の後に除権決定をして貰わなければならない（非訟114条以下）。すなわち，いちど有価証券が作成されたならば，権利が証券に表章され，私人が勝手に証券から権利を取り除いたり，無効にすることはできないのである。唯一，裁判所だけが所定の手続を踏んだのち，除権決定によって喪失証券を無効にすることができる。裁判所が申立人（喪失者）の申立てに基づいて除権決定をすると，その判決以後，証券は無効となり，喪失者は除権決定を示して債務者に債務の履行を求めることができる。

　株券についても，喪失者の救済は，従来は，除権決定によるべきものとされていたが，平成14（2002）年の商法改正において特別な制度が設けられた。株券喪失者は，発行会社へ申請して，会社が備えている株券喪失登録簿に喪失登録をしてもらうことができる（会221条以下）。会社は喪失者の氏名，株券番号等を株券喪失登録簿に記録する。株式会社では，1年に一度は必ず株

主総会が開催され，新規に株式を取得した者はその総会前に株券を呈示して名義書換請求をしてくる。名義書換請求をしてきた者が，喪失登録されている株券を呈示したときには，会社は喪失登録をしている者に喪失株券の所持人が現れた事実を通知し，かつ株券所持人（名義書換請求者）にも喪失登録がされている旨を告げて，直ちに名義書換をしないで株券を2週間預かっておく。喪失者と株券所持人との間で，いずれが権利者であるかを争う機会を与えるために，2週間は株券を会社が預かるのである。株券所持人が株券を善意取得している場合が多く，そのときは所持人のために名義を書き換える。

喪失株券について名義書換請求をしてくる者がいなかったときは，株券喪失登録の日から1年後の喪失株券は無効となり，誰かの手中にあっても，その株券は無効となる。会社は，1年後には，喪失者に新たな株券を交付することができる。

3. 有価証券の分類

(1) 権利者の指定方法

① **記名証券**　有価証券上の権利者の指定方法に着眼した分類が重要である。このうち，記名証券は証券上に特定の者が権利者として記載され，この権利者に対して債務者が給付することになっている有価証券である。指図禁止手形（手11条2項）がこれに属する。この種の証券の譲渡は一般の指名債権の譲渡方法（民467条）及び指名債権譲渡の効力をもってのみなしうる。したがって，善意取得や抗弁の切断（いずれも後述）の効果はない。ただし，記名証券も権利を表章した有価証券であるから，証券上の権利を譲渡するには証券自体の交付が必要である。債務者に対して権利行使するには証券の呈示が必要である。

② **指図証券**　証券上にまず最初の権利者が指定されるが，裏書によって自由に譲渡できる有価証券である。手形は典型的な指図証券であり，しかも法律上当然の指図証券とされている（手11条1項）。すなわち，手形の振出人が指図式（裏書譲渡可能な方式）で振り出していなくても，とくに裏書

禁止の文句がないかぎり，法律上自由に裏書譲渡できるという性質が付与されている。指図証券の譲渡は譲渡人が裏書署名をして譲受人に証券を交付するだけで足り，容易に譲渡できる。民法469条は，証券を譲受人に交付することを債務者その他の第三者に対する対抗要件としているが，この規定は有価証券の本質に適合したものではなく，証券の交付がなければ証券上の権利は移転せず，証券の交付は権利移転の効力要件と解しなければならない。指図証券の裏書譲渡には善意取得，人的抗弁の切断，担保的効力など特殊な効力が認められる。手形のほか貨物引換証（商574条），船荷証券（商776条）も法律上当然の指図証券とされている。

③ **無記名証券** 証券上に特定の権利者が指定されず，証券の所持人に給付される証券である。持参人払証券，所持人払証券などとも呼ばれる。小切手は普通には持参人払式で振り出されている。小切手のほか無記名社債券が無記名証券に属する。この種の証券を譲渡するには単に証券を引き渡すだけで足りる。

平成17（2005）年改正前の商法は，株券には株主の氏名を記載すべきことになっていた（旧商225条）。それゆえ，株券は記名証券であったが，譲渡方法は無記名証券と同じく，単なる株券の交付により行うものとされていた（旧商205条1項）。会社法においては，株主の氏名は株券の記載事項ではなくなり，株券は無記名証券となった（会216条参照）。

(2) 有因証券と無因証券

有価証券は有因証券と無因証券とに分けられる。株券は有因証券の典型例である。株券は株式（株主権）を表章する有価証券であるが，表章される有効な株式が存在しないのに株券が作成されても，その株券は無効である。会社は転々と流通して汚損した株券に代えて株主に新しい株券を交付する場合があり，そのために印刷した予備株券を備えていることがある。新株を発行して増資したわけでもないのに，予備株券に代表者印を押捺し，有効な株券であるかのごとく株券に必要な事項を記載して流通に置いたとしても，それ

は無効な株券である。有効な株券であるためには，取締役会の決議に基づき新株発行を決定し，株式引受人を確定してその払込みを受けるなど適正な手続に基づいて「株式」をまず発生させ，真実発生した株式を表章させたものでなければならない。このように有効な株式が存在することが有効な株券であるための要件となっているので，株券は有因証券である。

　他方，手形・小切手は無因証券の典型である。手形は，たとえば AB 間で商品の売買契約が結ばれ，買主 A が代金支払のために売主 B に振り出すが，AB 間の商品売買契約が B の契約不履行のゆえに解除されても，手形は無効にならないという性質がある。手形や小切手は何らかの原因関係上の債務の支払のために振り出されるが，手形は原因関係の有効，無効によって影響を受けないという性質があり，したがってこれを無因証券という。手形・小切手においては，この無因性がきわめて重要な機能を果たしているが，この点については後に詳しく述べる。

(3) 設権証券と非設権証券

　有価証券の中には，証券を作成することによりはじめて証券上の権利が発生するものと，証券を作成したことによって権利が発生するのではなく，証券の作成とは無関係にまず権利が存在し，すでに存在している権利を証券に表章させるにすぎないものとがある。手形・小切手は設権証券であり，手形・小切手を作成したとき，また作成することによってはじめて手形上の権利・小切手上の権利が発生する。これに対して株券は非設権証券である。株主の権利（株式）は株券を作成する前にすでに存在しており，その存在する株主権を株券に表章するにすぎない。したがって，株券は非設権証券である。株式（株主権）が存在しないのに株券を作成しても，これによって株式が発生するのではない。

4. 有価証券類似の証書

　法律上の書面には，単なる証拠書面にすぎないものが多い。各種の領収書，借用証書，売買契約書などがそうである。これらの書面は，金銭ないし物品を受領した事実，金銭消費貸借契約または売買契約を締結した事実を証明するにすぎない。しかし，各種の法律上の書面の中には，有価証券に類似した機能を営むものがある。それは，免責証券ないし資格証券と呼ばれるものである。銀行等の預金証書がその例である。同種の契約が不特定多数の者との間で大量に結ばれ，債務者がいちいち債権者を識別できない場合に，その証書の所持人に給付すれば，かりに所持人が盗人・拾得者であるなど，無権利者であっても，債務者が善意で相当の注意を尽くしたかぎり免責される証書がある。有価証券ではないから，証書を紛失その他の事由で所持していなくても，何らかの方法で自己が正当な権利者であることを証明することによって債務者に履行を求めることができる。有価証券は権利の流通目的のために存在するものであるのに対し，免責証券と呼ばれるものは，権利の流通目的のために発行されたものではなく，事務処理上の便宜のために発行されるにすぎない。

　なお，有価証券であるか否かの議論の余地がある証書もある。ゴルフ会員権証書及び旅行者小切手（トラベラーズ・チェック）がそうである。ゴルフ会員権証書は，有価証券であるとの学説もないではないが，判例及び通説はその有価証券性を否定している。

　トラベラーズ・チェックについては，これを自己宛小切手の一種と解し，有価証券であると解する学説も有力であり，そのように解する判例もある（東京地判平2・2・26金商855号34頁）。しかし，旅行者小切手の発行者と購入者との法律関係はもっぱら購入契約によって決められていて，証券を紛失・盗難等により失っても購入者が所定の欄に署名をしていたかぎり発行者は払戻に応じていること，その他，小切手要件を充足していないことなどから，その有価証券性は否定されるべきものと考える。

2.3 有価証券に関する一般規定

1. 有価証券の譲渡方法

　商法は手形・小切手の譲渡方法に関する手形法および小切手法の規定を「金銭その他の物又は有価証券の給付」を目的とする有価証券に準用する（商519条）。それが指図証券であれば，主として手形法の規定が，無記名証券であれば主として小切手の規定が準用されることになる。以下においては，最低限度のことを説くにとどめる。詳細については，手形法小切手法の書物を参照されたい。

(1) 指図証券の譲渡方法

　指図証券は証券上の最初の権利者の名称が記載され，その者またはその指図人に給付（支払）がなされるもので，その譲渡は裏書の方法で行われる。裏書は，通常，証券の裏面に行われる。裏書には，正式裏書（記名式裏書）と略式裏書（白地式裏書）とがあり，前者は被裏書人名，裏書文句を記載して，裏書人の署名が行われるものであり，後者は被裏書人名を記載せず裏書人が裏書文句を記載してまたはしないで署名するものである。裏書をしたうえで，これを譲受人に交付することによって証券上の権利が移転する。白地式裏書によって証券を譲り受けた者は，被裏書人欄に自己の名を補充または補充しないで，さらに自己の署名をして譲渡することができる。あるいは，白地式裏書によって譲渡を受けた者は，自己の裏書署名をせず，単に証券を交付することによって譲渡することもできる（交付譲渡）。

　一部裏書は無効である（手12条2項）。すなわち，証券上の権利の一部を譲渡する旨の裏書は無効である。これを認めると，証券上の権利の一部が譲受人に移転し，残部が譲渡人の許に存在することとなって，権利の分属が生ずることになり，これは有価証券理論としては認められないことである。証券上の権利を行使するには証券の所持が必要であるところ，一部裏書をして

証券を譲受人に交付したとすれば、残部の証券上の権利者である譲渡人は証券を所持しない証券上の権利者となるが、そのようなことは理論上認められない。

また、裏書は単純でなければならない。単純とは、無条件という意味である。たとえば、裏書人が「この裏書は日本丸が横浜港に到着したならば効力が生ずる」と記載しても、この記載はないものと扱われる（手12条1項後段）。

(2) 無記名証券の譲渡方法

無記名証券は、証券上に権利者の名がまったく記載されない証券をいう。証券上に「甲殿または持参人にお支払い下さい」などの記載のある選択無記名証券も無記名証券と同様に扱われる。その譲渡は、当事者間における譲渡の合意と証券の単なる交付によって行われる。

(3) 有価証券の善意取得

商法519条2項は小切手法21条の規定を準用する。同条は小切手の善意取得に関する規定である。Aの所持していた証券をBが盗取し、BがこれをCに譲渡した場合、Cがその譲受の際に善意で重過失がなければ、Cはその証券の完全な権利者になる。AがBに証券を預けていたとかAが紛失しBが拾ったような場合も同様である。さらに、近時の有力説によれば、証券の譲渡が、譲渡人の行為能力の制限、無権代理、錯誤などのため瑕疵があるときでも、譲受人が善意でかつ重過失がなければ善意取得が成立する。

無記名証券の場合には、譲渡人を権利者と信じたことまたは行為能力者、代理人などと信じて証券の交付を受けたことで善意取得が成立するが、指図証券にあっては、譲渡人が裏書の連続する証券を所持していたことが必要である。裏書の連続とは、最初の権利者が次の権利者を指定し、指定された権利者がさらに次の権利者を指定することによって、証券面上、権利が順次譲渡された記載が整っていることをいう。

譲受人が善意取得していない場合、先の例でBが盗人であることを知っ

てCが取得した場合には，真実の権利者AはCに対して証券の返還を請求することができ，CはAに証券を返還しなければならない。Cに重過失があった場合も同様である。

2. 有価証券の権利行使

指図債権（指図証券上の権利）または無記名債権（無記名証券上の権利）の債務者はその履行につき期限の定めがあるときといえども，その期限が到来したのち所持人がその証券を呈示して履行の請求をした時より遅滞の責任を負う（商517条）。指図証券及び無記名証券は債務者不知の間に転々と譲渡され，証券の履行期日に誰が所持人であるか債務者には分からない。したがって，所持人の方から債務者に証券を呈示して履行の請求をする必要がある。誰が所持人か分からず，履行の請求もないのに，履行期を過ぎたというだけの理由で債務者に履行遅滞の責任を負わすのは不合理である。そこで，証券を呈示して履行の請求があり，かつ履行期が到来しているのに，債務者が給付しなかったときに，はじめて債務者は履行遅滞の責任を負うことになる。履行期がすぎても，証券の呈示を伴わない請求には応ずる必要がない。ただし，手形の呈示を伴わない（所持人が証券を喪失）で，裁判外の請求をしたときにも，債務者は証券の受戻がないかぎり給付する必要はないが，その請求には時効を中断する効力は認められる（最判昭38・1・30民集17巻1号99頁）。

3. 有価証券の喪失

(1) 証券喪失者の権利

有価証券上の権利を行使するためには，証券の所持が必要である。証券を盗難，紛失，焼失などの理由で喪失した者も，それだけの理由では権利者たる地位を失うことはない。証券喪失者は実質的には権利者であるが，証券の所持という形式的資格を有しないので，権利行使ができない。そこで，証券喪失者が形式的資格を回復する手段として，除権決定の制度がある。除権決定を得る前に公示催告の手続がある。

(2) 公示催告

　証券の喪失者はその証券に表示された履行地を管轄する簡易裁判所に公示催告を申し立てることができる（非訟114条，115条）。裁判所は，証券の喪失の事実・内容などについて疎明させたのち（非訟116条），申立人の表示，権利を争う旨の申述の終期（公示催告期日）の指定，公示催告期日までに権利を争う旨の申述をし，かつ，証券を提出すべき旨の証券所持人に対する催告，および，催告に応じて権利を争う旨の申述をしなければ証券を無効とする旨の表示をして公告する（非訟117条1項）。これが公示催告である。この公示催告の内容を，その裁判所の掲示板に掲示し，かつ，官報に掲載する方法によって公告する（非訟102条1項）。公示催告を官報に掲載した日から権利を争う旨の申述の終期までは，少なくとも2カ月の期間を置かなければならない（非訟103条）。

　この公示催告の申立をしたときは，証券の喪失者はその債務者をしてその債務の目的物を供託させまたは相当の担保を提供して債務の履行をさせることができる（商518条）。債務の履行を求める場合には相当の担保の提供が必要であるが，これは，公示催告を申し立てただけでは，証券の所持人がいて権利の届出又は権利を争う旨の申述をすることが考えられ，その権利者から債務者に履行請求があれば拒みえず，債務者が二重の給付をさせられる危険があり，その場合には担保として提供を受けているものによって喪失者へ給付した分をカバーするためである。

(3) 除権決定

　裁判所の指定した公示催告期日までに，適法な権利の届出又は権利を争う旨の申述をする者がいないときは，裁判所は除権決定をしなければならない（非訟106条1項）。それは，喪失した証券を決定以後無効とする旨の裁判所の宣告である。この決定により，かりに証券が誰かの手中にあっても，以後，有価証券としての効力を失い，一枚の紙切れになる。他方，除権決定を得た者は，証券を所持するのと同一に扱われ，決定書を呈示して権利行使するこ

とができる。ただし，除権決定以前に，証券を善意取得していた者があるときは，善意取得者の権利が優先すると解される（最判平 13・1・25 民集 55 巻 1 号 1 頁）。

3

商事売買

3.1 商事売買に関する特則

1. 緒　説

　売買は各種の商行為の基本であり，最初の商行為である。それにもかかわらず，商事売買に関し商法はわずかに5カ条の特則を設けているにすぎない。それは次のような理由によるものと考えられる。第一に，売買については民法に詳細な規定があり（民555条以下），しかも民法が契約自由の原則に立ち，「民法の商化」現象が最も顕著に現れていて商事売買においてもその規定を適用しうること，したがって，「売買契約の規定中民法と重複するものを除き実際上商法において特別の規定を要するもの」だけを規定した（商法修正案理由書）ことによる。第二に，商事売買は，当事者の私的自治の要請が最も強い領域であって，これについて詳細な規定を設ける必要がないばかりか，詳細な規定を設けるとかえって取引の自由を阻害するおそれがあるからである（大隅健一郎・商行為法62頁）。商人間の売買取引においては，個々の企業によって普通取引約款が作成され，それによって取引が行われるほか，各事業団体ごとに標準約款や統一規則が制定される例もあり，私的自治に基づき自由に取引が行われている。そのほか，商事売買の領域，ことに国際的な取引においては，FOB（Free on Board，本船渡条件）やCIF（Cost, Insurance and Freight, 運賃保険料込条件) などの定型的な取引条件が世界的に知られている。そして,国際取引のために種々の条約や国際的ルールが作られている。

❖国際物品売買契約に関する国連条約 (United Nations Convention on Contracts for the International Sales of Goods, 1980 年 4 月 11 日採択,1988 年 1 月 1 日発効,わが国については,平成 21(2009)年 8 月 1 日発効) が基本的に重要であり,またインコタームズと呼ばれる貿易用語の解釈のための国際的ルールも重要である。これは,International Rules for the Interpretation of Trade Terms (INCOTERMS) の略称で,国際商業会議所が 1936 年にはじめて公刊し,その後,改訂が繰り返されている (曽野和明=山手正史・国際売買法 7 頁以下参照)。

2. 商事売買規定の特徴

商法の売買に関する規定は商人間の商行為たる売買に適用される。商法が明文で「商人間の売買」について適用があることを明らかにしている規定については,商法 3 条 1 項の適用は排除されることに注意しなければならない。商法 3 条 1 項は,当事者の一方にとって商行為であるときは,その双方に商法を適用をするとの原則を定めているが,商事売買に関する規定は商人間の売買,すなわち双方的商行為についてだけ適用される。ただし,商事売買に関する規定は任意規定であるから,これと異なる特約または商慣習があるときは,それに従うべきことになる。

商法の売買に関する規定は,民法のそれらに比べていずれも売主の利益を強く保護する点に特色がある。これは,企業である商人間の売買には地位の互換性があり,売主の立場からみてとくに取引の安全・迅速の要請があるとの考慮に基づいている。

3.2 売主の供託権・競売権

1. 買主の受領拒絶・受領不能

売主が売買の目的物を引き渡そうとしても,買主が受領を拒みあるいは受

領することができない場合がある。そのような場合，民法は目的物を供託することができるものとしており（民494条），また目的物が供託に適しないときは裁判所の許可を得て競売し，その代金を供託することができる（民497条）ものとしている。この点につき，商法は，売主は目的物を供託しまたは相当の期間を定めて催告をしたのち目的物を競売することができることとしている（商524条1項）。

民法が，供託に適しない目的物につき裁判所の許可を得てのみ競売できるものとしているのに対し，商法は，つねに供託するか競売するかの自由を与え，かつ競売につき裁判所の許可を不要としている。商事売買においては法律関係の迅速な確定が必要であるから，売主が供託してその給付義務を免れるだけでなく，積極的に競売権を付与しその競売代金を売買代金に充当することができるものとして，確実に代金を回収しうる手段を提供している。売主の利益保護を強化している。

2. 売主の供託・競売の要件
(1) 商人間の売買

商法524条は商人間の売買に適用される。本人が商人であれば，非商人である無権代理人が民法117条1項により履行の責任を負う場合でも，同条が適用される（大判昭8・1・28民集12巻10頁）。同条は商人間の売買についての特別規定であるが，本人および相手方の双方が商人であって，代理人に代理権があったならば商人間の売買契約が成立したはずの場合には，相手方が民法117条によって無権代理人に履行の請求をする以上，相手方は同条の適用により同条所定の行為（供託または競売）をなしうると解される。同条は商人間の売買が当事者双方にとって商行為である場合にのみ適用される。商人が妻子のためにピアノを購入するような例については適用されない。しかし，商人間における商行為としての売買であれば，商事売買を営業とする者である必要はなく，たとえば運送業者から倉庫業者がトラックを買い取るような場合（附属的商行為）にも適用がある（通説）。

(2) 買主の受領拒絶・受領不能

買主が目的物を受け取ることを拒みまたは受け取ることができないときに売主は供託または競売をなしうる。受領拒絶は明確な意思表示があるときだけでなく，売主の履行の申込に対し買主があいまいな態度をとったり面会を避けるようなとき，契約の解除を買主から申し出るようなときも含まれる。受領不能は，買主の営業所が災害を受けて閉鎖しているときなどにかぎらず，買主が不在であるなどの事実上の不能および買主が制限行為能力者になり法定代理人も存在しないとき（法律上の不能）も含まれる（甲斐道太郎・注釈民法12巻291頁）。売主の過失なくして買主を確知することができない場合（民494条後段），たとえば，相続が開始したが相続人が不明のような場合についても，受領不能に含めるか（大隅・64頁）あるいは商法524条を類推適用すべきである（西原寛一・商行為法148頁）。

買主の受領遅滞は要件ではないというのが通説である。判例は，買主の受領遅滞，すなわち売主が適法の提供をするかもしくはこれに代わるべき引渡の準備をしたことの通知をしてその受領を催告することによって買主を遅滞に付すことが（民493条），商法524条の供託の前提条件であると解している（大判明41・10・12民録14輯994頁）。ただし，売主が提供しても受領しないであろうことが明確な場合には，口頭の提供をせずに供託できるとしている（大判大11・10・25民集1巻616頁）。買主を遅滞に付し遅滞による損害賠償を請求する場合とは異なり，供託は債権者（買主）側の事情によって弁済（履行）をなしえない債務者（売主）を救済するための制度であって，債権者に特に不利益を与えるものではないから，債権者が受領せずまたは受領できない事情のあるときは，直ちに供託して債務を免れうるものと解すべきであるというのが民法上の通説であり（甲斐・290頁），商法524条についても同様に解するのが商法学者の通説である。

(3) 売主の競売権（自助売却権）

買主が目的物を受領しない場合，民法によれば，①目的物が供託に適しな

い場合（危険物，材木など容積が大きいもの）とき，②目的物が滅失または損傷のおそれがある（生鮮食料など）とき，③保存に過分の費用を要するときに，裁判所の許可を得て売主は競売を申し立てることができる（民497条）。買主が受領しないときは，供託によって売主は債務を免れるべきことを民法は原則としており，例外的にのみ競売を認めている。これに対し商法は，目的物のいかんを問わず，裁判所の許可を要せず，「相当の期間を定めて催告をした後」競売を申し立てることができるものとし，しかも，損敗しやすい物（生鮮食料品などのほか，価格急落の危険のあるものを含む）については，催告は不要とされている（商524条2項）。売主が目的物を競売することができることを自助売却という。

　相当の期間とは，買主が目的物を受け取るべきか否かを判断するにつき相当な期間をいい（大隅・65頁），長期間の受領遅滞ののちの2日間の期間を定めた受領の催告は，相当の期間を定めた催告である（東京控判大13・6・2新聞2278号21頁）。売主が競売をしたときは，遅滞なく買主に対してその通知を発しなければならない（商524条1項後段）。ただし，この通知は競売成立の要件ではなく（大判大10・6・10民録27輯1127頁），この通知を怠ったときは売主に損害賠償義務が生ずるにとどまる。

　売主が目的物を競売したときは，競売代価を供託しなければならないが，その代価の全部または一部を売買代金に充当することができる（商524条3項）。競売費用は買主の負担となる（東京地判明42・10・30新聞622号11頁）。売主が売買代金の全部の支払を受けていた場合には，競売代価から執行費用を控除した額を供託すべきことになり，売買代金の一部または全部の支払を受けていなかったときは，その代価を売買代金の残部または全部に充当し，執行費用を控除してさらに余剰があればそれを供託すべきことになる。競売代価から競売費用を控除した額が売買代金に充当されてもなお不足額があるときは，買主はその不足額を売主に支払わなければならない（大判昭12・9・2新聞4181号13頁）。

　売主が買主に対する代金債権を第三者に譲渡したときでも売主は商法524

条による競売権を失わないが,売主は売得金(競売代価)を売買代金に充当することはできず,債権譲受人が代価をその債権に充当することができる(大判大 10・6・10 民録 27 輯 1127 頁)。

(4) 売主の選択権

商法 524 条は,買主が目的物を引き取らない場合に,売主に供託権と競売権とを選択的に付与している。そして,売主が供託をした後で,これを取り消して競売することも,また相当の期間を定めて催告し,競売の準備にとりかかった後,競売の申立をしないで供託することもできると解される。同条は,売主保護のために特に設けられたものであるから,同条による供託権または競売権を行使するかどうかは売主の自由であり,売主がこれらの権利を行使しないで,民法の一般原則により売買契約を解除し買主に損害賠償を請求することもできる(大判大 6・12・25 民録 23 輯 2227 頁)。売主が契約を解除したときは,売主は目的物を任意に売却(任意売却)することができ,その売却代金と売買代金との差額を買主に損害として賠償請求することができる(大阪高判昭 45・11・30 下民集 21 巻 11・12 号 1499 頁)。

3.3 買主の検査・瑕疵通知義務

1. 民法の一般原則と商法の特則

隠れた瑕疵があったときは,買主がその事実を知った時から 1 年以内に,数量不足については,買主が善意のときはその事実を知った時から 1 年以内にそれぞれ解除,減額請求または損害賠償請求をなしうる(民 570 条,566 条 3 項,565 条,564 条)。民法のこの原則によれば,目的物を受領後長期間が経過していても,買主が瑕疵を知らないかぎり解除権その他の権利を行使することができ,しかも買主がその事実を知ってから 1 年間はその権利を行使できることになっている。売主は長期間にわたって不安定な状況におかれることとなって,法律関係の迅速な確定が必要な商事売買においては,民法

の原則は不適切である。

目的物を引き渡した後早い時期であれば，売主は引渡当時の瑕疵を調査することも可能であり，仕入先その他の関係者に対する権利を確保することもでき，解除により返還を受けても目的物を他に再売却することも可能になる。そこで，商法は，売主の利益のために，買主は受け取った目的物につき遅滞なく検査し瑕疵・数量不足を発見したら直ちに通知すべき義務を負わせた（商526条1項，2項）。民法のように，瑕疵・数量不足の事実を知ってから1年間も瑕疵担保責任を追及できるものとした場合には，買主は自己に最も有利な時点でこの権利を行使することができ，売主の危険において買主に投機の機会を与えることになりかねない。そこで，商法は，買主が商品売買の専門家であることを想定して，遅滞なく瑕疵の有無を検査させ，瑕疵があれば直ちに通知すべき義務を課し，この義務を怠れば，解除，代金減額または損害賠償の請求をなしえないものと定めた（商526条1項，2項）。

2. 買主の検査通知義務
(1) 検 査 義 務
売買の目的物に隠れた瑕疵または数量不足があるときは商事売買における買主も解除，代金減額または損害賠償の請求をすることができるのは当然であるが，それには前提条件がある。それは，目的物を受け取ったときは遅滞なく検査し，もし目的物に瑕疵があることまたは数量不足があることを発見したときは直ちにその事実を売主に通知することである。

① **目的物を受け取ったこと**　目的物を現実に受け取り，検査できる状態におかれたことが必要である。したがって，貨物引換証や船荷証券の交付を受けただけでは足りない（大判大11・11・2民集1巻732頁）。商法526条は，瑕疵，代金減額，解除などを問題としており，特定物の売買に関する規定ではないかとの疑問が生ずる。不特定物の売買においては，売主が瑕疵のある物を給付しても債務の本旨に従った履行とはならず（不完全履行），買主は新たに完全な履行を求めることができ，または完全な履行をしなければ

債務不履行の規定によって解除または損害賠償請求をなすことができる（民541条，415条）のであって，債務不履行のときは売主の瑕疵担保責任は問題とならないのではないかとの疑問も生ずる。

売買の目的物に直ちに発見することのできない瑕疵があった場合にも，買主が6カ月内に瑕疵を発見し，直ちに通知をしないかぎり（発見が6カ月以内でかつ直ちにであれば発信は6カ月をすぎていてもかまわない）瑕疵担保責任を追及できない（商526条2項）。しかし，同条は特定物か不特定物かを問わず適用があると解される（通説）。買主において瑕疵ある物の引渡を履行として認容したうえで売主に瑕疵担保責任を追及することは可能とされる（大判昭3・12・12民集7巻1071頁）。とりわけ商事売買においては，不特定物の売買が主要であるのに，同条がこれに適用されないとすると商法規定としての存在意義がなくなる（西原・152頁）。

売主が不特定物の目的物を給付し，それに瑕疵があったが，買主が商法526条の検査通知期間内に通知を発せず，同条による契約の解除または損害賠償を請求することができなくなった場合には，かりになお完全な給付が可能であるとしても，買主は売主に対して，もはや完全な給付を請求できないと解される（最判昭47・1・25判時662号85頁）。同条は，このように，完全履行請求権にも適用される。

買主が検査通知義務を負うことを定める商法526条は，売買の目的物が動産である場合にのみ適用があり，不動産の売買には適用がないと主張して訴訟が提起されることがある。

下級審ながら，判例はすべて同条の「目的物」には動産のみならず不動産も含まれると解している（東京地判平4・10・28判時1467号124頁，東京地判平10・10・5判タ1044号133頁，東京地判平10・11・26判時1682号60頁）。判例のこの立場は立法趣旨に沿うものである。制定当時の商法の条文の中には，民法（85条，86条）にいう「物」の意義と違った意味でこの用語が使用されていた条文があった。商事留置権に関する制定当時の41条（現商31条）及び当時の184条（現521条）がそうである。このことが判明したので，

商法と民法で「物」の意義が異なっては商法の解釈に混乱を招くとの理由で、上述の諸規定に使用される「物」の意義が民法のそれと同義になるように明治44（1911）年の商法改正が行われたのである（法律新聞社編・改正商法理由103頁、337頁）。このことから、商法526条の目的「物」は、民法にいう物（民85条、86条）と同義であって、不動産も含まれることは明らかである。商法において不動産を除く物を表現しようとするときは、「物品」という用語が使用されている（たとえば、551条、569条、597条等）。

② **検査の時期**　買主は目的物の受領後遅滞なく検査し、直ちに発見できない瑕疵でも受領後6カ月以内に瑕疵を発見し、売主に直ちに通知しなければならない。買主は遅滞なく検査し、直ちに通知しなければ売主の瑕疵担保責任を追及しえなくなるのであるが、商法526条は、直ちに発見できる瑕疵・数量不足と直ちに発見できないものとを区別しており、そのいずれに属するかについて紛争となる例が多い。

受領後1週間目に日本酒の腐敗を発見した例（大判大12・6・30判決全集4巻13号4頁）、受領後1週間後に転売先で大豆油に大量の水が混入していることを発見した例（東京控判大9・10・22新聞1831号20頁）、異議なき受領の10日後に木材の数量不足を発見した例（大判昭16・6・14判決全集8巻22号7頁）は、いずれも時機に遅れた検査とされた。これに対して、目的物の受領後5～6日以内の検査・通知（東京高判大4・12・25新聞1134号24頁）、多数のおもちゃの品質不良を受領後10日内に発見した例（東京高判大2・6・30高判集538頁）は適法な検査とされた。

直ちに発見できる瑕疵か否かは、その業種の商人が通常用いるべき注意を基準として定められる。外見上容易に認識することができる場合でも、多数の物件であって一つ一つ点検してはじめて発見できる瑕疵は隠れた瑕疵といえる（大判昭3・12・12民集7巻1071頁）が、大量の物品でも等質のものであってその2～3について検査すれば発見できる瑕疵は直ちに発見できる瑕疵である（大阪地判大6・6・18新聞1284号24頁）。試運転により直ちに発見できる発動機の性能不良は直ちに発見できる瑕疵であるが（大阪地判昭26・

1・30下民集2巻1号100頁），製氷機械の能力（1日4トンの製氷能力ありとして売買したものが2トンの製氷能力しかなかった）の不良は直ちに発見できない瑕疵とされた（東京控判大2・10・30評論2商367頁）。容易に計量できる程度の木材の寸法不足・数量不足は直ちに発見できる瑕疵であるが（大判昭16・6・14判決全集8巻22号7頁），重量91トン，枚数11,500枚余の取引では全部を計量しないと数量不足は発見できないから直ちに発見できる瑕疵とはいえない（東京地判昭30・11・15下民集6巻11号2386頁）。

(2) 通知義務

① 直ちに発見できる場合 直ちに発見できる瑕疵・数量不足については，遅滞なく検査してそれを発見し，その後直ちに売主にその事実を通知しなければ，売主の瑕疵担保責任を追及することができない。商人としてその業種の普通取引に必要な方法ないし程度における検査をしなかったために瑕疵・数量不足を発見しなかったときまたは発見したが直ちに通知しなかったときは，もはや売主の瑕疵担保責任を追及できない。通知は発信主義であり，着否の危険は売主が負担する。

② 直ちに発見できない場合 目的物の瑕疵・数量不足が直ちに発見できないものであるときは，6カ月以内に発見し，直ちに通知すればよい。発見が6カ月以内で，かつ直ちに通知すれば，通知が6カ月を経過していてもかまわない。6カ月を経過した後に隠れた瑕疵を発見した場合には，もはや売主に瑕疵担保責任を追及できないというのが通説であるが，注目すべき異論も唱えられている（中東正文・商人間の売買における買主の検査通知義務（浜田ほか・現代企業取引法67頁以下））。

「直ちに」とは，可及的速やかにとの意味である。この要件が規定されているのは，売買の効力を永く不確定の状態のまま放置しておけないという取引の迅速結了の要請からであるが，「直ちに」というのは一刻寸時も猶予を許さないという意味ではなく，瑕疵の発見と通知との間に多少の日時の間隔があっても，時機に遅れたとはいえない（大阪控判明36・6・23新聞155号

10頁)。瑕疵発見の 20 日後の通知は時機に遅れた通知である(大阪地判昭 26・1・30 下民集 2 巻 1 号 100 頁)。オキシドールの売買において,その容器に瑕疵があることを通知したのがその引渡の日より 6 カ月を経過した後であるときは,かりにその瑕疵発見が引渡の日より 6 カ月を経過した後であっても,売主の責任を追及できない(東京地判昭 42・3・4 下民集 18 巻 3・4 号 209 頁)。

③ **通知の内容** 瑕疵の通知がどのような内容であるべきかは,商法 526 条の立法趣旨に照らして判断する必要がある。それは,買主から瑕疵の通知をさせて,売主に善後策を講じる機会を与えるためである。すなわち,売主をして早急に,買主と協議して瑕疵のない物と引き換えることにするか,瑕疵がないことを主張して現状の証拠保全を申請するか,その他臨機の処置を取るべきか,契約を解除するかなどの決断をさせるためである。したがって,瑕疵の通知の内容は単に瑕疵または数量不足の事実を通知するだけでは足りず,瑕疵の種類および大体の範囲を通知することを要しかつこれをもって足り,その細目とくに不足する数量を正確に通知する必要はない(大判大 11・4・1 民集 1 巻 155 頁)。瑕疵の通知には,契約解除,損害賠償の請求などの意思表示をする必要はない。

(3) **買主の通知の効果**

商法 526 条は,商事売買における売主の瑕疵担保責任の発生要件として,買主に検査・通知義務を課したものである。民事売買には存在しない要件を商事売買に付加したものである。買主が同条所定の適法の通知をしたときにはじめて民法の規定に従い,売主の瑕疵担保責任を追及することができる(最判昭 29・1・22 民集 8 巻 1 号 198 頁)。商事売買においても,売買の目的物に瑕疵があり,そのために契約の目的を達することができないときだけ契約を解除することができ,その他の場合には損害賠償を請求できるにすぎない(民 570 条,566 条)。また,売買の目的物に数量不足があるときは,代金減額を請求でき,残存する部分(引渡のあった部分)だけであれば買い受け

なかったに違いないときは契約を解除することができ，さらに減額請求または解除と併せて損害賠償の請求をなしうる（民563条，565条）。商事売買において，買主が適法の瑕疵の通知をしても，それが数量不足でないときは，売主に対して代金の減額請求をすることはできない。

3. 売主の悪意

　商法526条は，善意の売主の利益を保護するための規定である。売主が悪意のときは，同条は適用されない（商526条3項）。売主が悪意のとき，すなわち，売買の目的物に瑕疵・数量不足があることを知っていたときは，買主が検査・通知義務を怠っても，民法の規定に従って売主の瑕疵担保責任を追及することができる。

4. 瑕疵・数量不足による解除と買主の義務

　売買の目的物に瑕疵または数量不足があったため買主が契約を解除した場合には，買主は売主の費用をもって目的物を保管または供託する義務があり，その物につき滅失または損傷のおそれがあるときは裁判所の許可を得て競売しその代金を保管する義務がある（商527条1項）。民法上は買主は原状回復のため目的物を返還する義務を負うにとどまる（民545条）が，商法は売主の利益をとくに保護するために特別の義務を買主に負わせている。ただし，買主のこの義務は，遠隔地間の売買についてだけ生じ，売買当事者の営業所，営業所がないときは住所が同市町村内にあるときは，特別の義務は生じない（商527条4項）。商法527条は「前条第1項に規定する場合に」といっており，前条第1項は売主が善意のときだけに適用があるから，買主が特別に保管・供託義務を負うのは売主が善意であったときに限られることになる。売主が目的物の瑕疵・数量不足につき悪意であって，買主が民法の規定に従って契約を解除したときは，この義務を負わない。買主が目的物を競売したときは，遅滞なく売主に通知しなければならない（商527条3項）。

　買主のこの特別な保管・供託義務は，売主が注文品と異なる物品を引き渡

したときまたは注文の数量を超過して引き渡したときも生ずる（商528条）。注文した物でない物の引渡しは，債務の本旨に従った履行ではないので，買主は代物請求（完全な履行請求）ができ，それでも履行がなければ債務不履行を理由に契約を解除することができるが，そのときでも売主が善意のときは，買主は引渡を受けた物を保管・供託する義務がある。

3.4 定期売買

1. 定期売買の意義

契約の性質または当事者の意思表示によって一定の日時または一定の期間内に履行するのでなければ契約の目的を達することができない売買を定期売買という。これには絶対的定期行為と相対的定期行為とがある。前者は履行期に履行するのでなければ契約の目的が達せられないことが，契約の性質（客観的性質）から生ずるもので，当事者間で定期売買であることの意思表示の有無にかかわらず定期行為となる。判例上，契約の性質から定期行為とされた例としては，商人が顧客に贈与することを目的とした中元用の団扇を中元前（6月中）に引き渡すべき売買契約（8月24日に引き渡した，大判大9・11・15民録26輯1779頁），新年の暦を旧年末に引き渡すことを約した売買契約（大阪区判大7・5・15新聞1425号18頁），輸出用のクリスマス用品の売買契約（大判昭17・4・4法学11巻1289頁）などがある。養蚕用の桑葉を栽培するための桑苗の植付は4月中旬でなければならないから，その履行は遅くとも4月初旬でなければならないことは実験則上明らかであるから，桑苗の売買契約は性質上の定期売買と解すべきである（これを意思表示による定期売買とした判例＝大判大15・11・15新聞2647号16頁）。

これに対して，相対的定期行為（意思表示による定期行為）は，当事者間の意思表示によって，一定の時期に履行されるのでなければ契約の目的が達成されない場合をいう。この場合には，契約の客観的性質からは認識できず，履行期後の履行では当事者の契約目的が達成されないこと，したがって履行

期が契約の要素となっており，そのことを契約の内容としていることが必要である。松茸狩りの顧客に供するための清酒と篭の売買（大阪地判昭5・12・20評論21巻627頁），株式の売買につき履行期をとくに重視し，履行期以後の提供によってはその目的を達せられないことを相手方に申し入れ，相手方がこれを承諾して売買契約が成立した場合（津地上野支判昭25・12・19下民集1巻12号1991頁），転売のため急ぎ発送すべき事情にあることを示して結ばれた杉苗の売買（盛岡地判昭30・3・8下民集6巻4号432頁），特飲街をつくるという特殊な事情から相場より安く土地を売却し，売主が期日までに代金の支払のあることに特別な関心を示し，買主もこれを了解して期日までの代金支払を約束した場合（最判昭44・8・29判時570号49頁）は，すべて意思表示による定期行為と認定された。

2. 定期売買の解除

　民法は，定期行為においては，債務者が履行期に履行しなかったときは，債権者は催告をすることなく直ちに契約を解除することができるものとしている（民542条）。一般に債権者が解除をするには，相当の期間を定めて相手方にその履行を催告し，もしその期間内に履行がないときに契約の解除をなしうるのが原則であるが（民541条），定期行為ではその催告が不要であり，債権者は直ちに解除の意思表示をなしうる。この点につき，商法は，定期売買において，「当事者の一方が履行をしないでその時期を経過したときは，相手方は直ちにその履行の請求をした場合を除き，契約の解除をしたものとみなす」ことにしている（商525条）。商法上は，解除の意思表示をまたず，当然解除となる旨が定められている。商事売買の迅速な確定の要請による。定期売買において，履行期が経過してもなお履行しない例は売主に多いが，買主が履行期までに代金を支払わないという例もある（前掲，最判昭44の例）。

　確定期売買にあっては，当事者の一方が履行しないで期限が経過すれば，商事売買では，当然に契約解除の効果が生ずる。履行しなかったことが，その者の責めに帰すべき事由によるか否かも問わない。

商事売買における定期行為の場合でも，履行期の経過後に，債権者が直ちに履行の請求をすることは妨げられず，債権者がこの意思表示をしたときは，当然解除の効果は排除される。

3. 商法525条の適用範囲

　同条は商人間の売買にのみ適用があるのか，それとも当事者の一方にとって商行為である売買にも適用があるかについては，条文からは明らかでなかったために，見解が分れていた。同条の前後の規定がいずれも商人間の売買に関するものであることから，商人間の売買にのみ適用があるとする見解（竹田省・商行為法51頁，田中誠・新版商行為法（再全訂版）134頁，鈴木竹雄・新版商行為法・保険法・海商法21頁，大隅・66頁，上柳克郎・売買（動産）判例百選（初版）195頁，実方謙二・基本法コンメンタール商法総則・商行為法（第三版）108頁，平出慶道・商行為法（第二版）141頁，大判昭16・4・16判決全集8巻26号11頁）と，商人間の行為である場合には，商法はそれを明言するのがつねであり，当事者の一方が商人である場合に意味があるとして，当事者の一方が商人であれば適用があるとする見解（西原・160頁，谷川久・商品の売買80頁，古瀬村邦夫・商事判例研究昭和25年度192頁，神崎克郎・商行為法（Ⅰ）244頁，戸田修三・商法総則商行為判例百選（初版）143頁）とに分かれていた。

　商法の売買に関する規定は，商人間の売買であることを念頭において設けられた特則と解するのが妥当であり，条文に「商人間」という字句がないことだけから，商人と非商人との間の売買にまで特殊の規定を適用すべきではないであろうというのが本書の見解であった。平成17（2005）年の改正で同条に「商人間の売買」という語句が追加され，この議論は立法的に解決した。

4

交互計算

4.1 意義と経済的機能

1. 意　　義

　交互計算とは，商人間または商人と商人でない者との間で平常取引をする場合において，一定の期間内の取引から生ずる債権債務の総額について相殺をし，その残額の支払をすることを約する契約をいう（商529条）。継続的な取引関係にあって，相互に債権を取得する両当事者が，債権の発生するたびにその都度決済するのは不便である。相互に相手方に対して取得する債権を一定期間後に全体について相殺し，差額だけを支払えば足りるようにする合意である。運送業者間や保険会社と代理店間でみられるぐらいで，取引社会ではそれほど利用されていないようである。それゆえ，本書ではきわめて簡単にふれるにとどまる。

　① **当事者**　交互計算の当事者は二人であって，少なくともその一方は商人でなければならない。非商人間に交互計算と同じ内容の契約が結ばれても，商法上の交互計算とはいえず，商法の適用はない。商人にとっては，交互計算は附属的商行為である（商503条）。相互の債権債務が生ずべき当事者であることが必要である。一方だけが債権を取得し他方が債務を負担するだけの当事者間には交互計算は成立しない。交互計算は相互の債権債務を相

殺によって決済する契約だからである。ただし，相互に債権債務が生ずべき取引関係にあるかぎり，現実には一方だけ債権を取得する結果に終わったとしても，その交互計算の効力は失われない。

② **対象となる債権債務**　交互計算の対象となるのは，一定の期間（交互計算期間）内の取引より生ずる債権債務である。その期間は自由に決めることができるが，当事者がその期間を定めなかったときは6カ月とされる（商531条）。交互計算に組み入れるべき債権債務の範囲は，当事者が契約において定めることができる。その定めがないときは，当事者間の通常の取引より生ずる一切の債権債務に及ぶと解される。ただし，次のような債権は除外される。(a)不法行為・不当利得・事務管理による債権や第三者から譲り受けた債権のように当事者間の通常の取引によって生じたのではない債権，(b)消費貸借の予約による債権のように現実の履行を要する債権，(c)金銭債権以外の債権，(d)手形その他の商業証券上の債権のように特殊の権利行使を必要とする債権は除外される。

2. 交互計算の経済的機能

取引の当事者が相互に継続的な取引によって債権債務を発生させる場合，将来の一定の時期にまとめて差引計算により決済するものとすれば，頻繁な金銭の授受に伴う危険と手数を免れると同時に，資金を有効に利用できることにもなる。交互計算は多数の債権債務を一定の時期に一括相殺することを内容とする契約であるところ，相殺の担保的機能が明確に認識されてきており，したがって交互計算に担保的機能があることはいうまでもない。相互に相手方に対する債権が担保的機能を有している。

商法上の交互計算は，一定期間中の債権債務を期末に一括相殺し，残額の支払を約束する契約であるが，これとは別に，個々の債権が発生するつどそのたびに決済し，その時々の残高債権を確定していくものを段階的交互計算と呼ぶ学説もある（前田庸・法協79巻4号392頁以下）。このような段階的交互計算という概念の必要性があるかは疑問である。少なくとも，銀行の当座

勘定取引を説明するためには不要な概念である。

4.2 交互計算の効力

1. 消極的効力

　交互計算は，一定期間内の取引から生ずる債権債務の総額について相殺することを約するものであるから，その期間中の債権・債務は独立性を失い，その結果，当事者は各個の債権を行使することはもとより，譲渡または質入をすることはできない。このように各個の債権を行使・処分できないものとする効力を交互計算の消極的効力という。また，交互計算期間中の各個の債権債務が独立性を失い，当事者は任意に各個の債権を交互計算項目から除外して行使・譲渡等ができず，一括相殺の対象とされることを，交互計算不可分の原則という。この原則は，当事者以外の第三者に対してもその効力を有するのか，すなわち，交互計算期間中の債権が第三者に譲渡されまたは差し押さえられた場合，第三者の善意・悪意にかかわらず，その譲渡・差押えは無効となるか，については見解が分かれる。

　判例は，交互計算不可分の原則が第三者に対しても効力があるとの立場である。すなわち，交互計算契約の存続中に当事者の取引により生ずる債権債務は，その総額につき相殺の方法でのみ決済されるべき運命にあり，当事者は商法に別段の規定があるものの外は，交互計算に組み入れた債権のあるものを任意に取立のため除外しまたは他人に譲渡して除外の結果を生ぜしめることはできず，その譲渡不許は当該債権が交互計算の下における取引により生じたことの当然の結果であって，当該債権につき当事者間で譲渡禁止の契約をしたことによるものと解すべきではなく，その譲渡不許は第三者が交互計算契約の成立を知っていたと否とを問わず，これをもってその者に対抗することを得べく，これについて民法466条2項ただし書の適用はないと解され，このように交互計算に組み入れた各個の債権が譲渡性を有しない以上，これを差し押さえることはできず，これにつき転付命令を得ても無効である，

と解する（大判昭11・3・11民集15巻320頁）。この立場は，交互計算は商法上の制度であり，各個の債権は独立性を喪失し，総額につき相殺によって決済されるべき運命にあるから，各個の債権の譲渡・差押えは，第三者の善意・悪意を問わず無効とするもので，これを支持する学説もある（石井照久=鴻常夫・商行為法89頁，鈴木竹雄・新版商行為法・保険法・海商法24頁，前田庸・商法総則商行為判例百選（第三版）131頁）。

これに対して，交互計算は当事者間における契約にすぎず，第三者に対する公示手段もないから，交互計算不可分の原則は当事者を拘束するにとどまり，当事者が各個の債権を譲渡しまたは譲渡担保に供したときは，損害賠償の問題が生ずるにとどまり，善意の第三者には対抗できないと解する説が，現在では多数説となっている（小町谷操三・商行為法論154頁，西原寛一・商行為法169頁，大隅健一郎・商行為法75頁，田中誠・新版商行為法（再全訂版）152頁，神崎克郎・商法総則・商行為法通論184頁，中村真澄・基本法コンメンタール商法総則商行為法（第三版）115頁）。この説は，交互計算の成立とこれに組み入れる債権の決定は当事者の意思表示に基づくから，債権の処分禁止は当事者の契約による債権譲渡の禁止にほかならず，民466条2項ただし書の規定が適用されるべきこと，また当事者の意思表示に基づく差押禁止財産を作ることは避けるべきであるとの見解である。多数説の立場が妥当である。ただし，実際上は差押えの場合に差異が生ずるにすぎないであろう。けだし，債権譲渡，譲渡担保の場合には，債務者は譲渡人に対して主張しうる相殺の抗弁をもって対抗できるからである。

交互計算不可分の原則により，当事者は交互計算に組み入れられた債権を計算項目から任意に除去することはできないが，手形その他の商業証券により生じた債権債務を交互計算に組み入れた場合において，証券の債務者が弁済をしなかったときは，その債務に関する項目を交互計算より除外することができる（商530条）。証券より生じた債務は証券上に表章された債務ではなく，手形を割引のため授受し，その割引代金債務のようなものである。これを項目から除外した理由は，割引手形の主債務者が満期に支払うことを前

提として割引代金債務を項目に組み入れたのであるが，手形が不渡りとなった場合には，割引手形の主債務者からの支払を受けられず，その主債務者が破産した場合には他の債権者と平等の割合でしか配当を受けえないのに，割引人の相手方に対する債務は完全に相殺により決済されることとなって酷だからである。

2. 積極的効力

交互計算期間が満了すると，当事者は，債権債務の総額につき相殺をして，いずれか一方が他方に対して支払うべき残額を確定すべきこととなる。契約の効力として，差引計算が行われ，残額債権が確定するので，これを交互計算の積極的効力と呼んでいる。残額債権は，当事者の一方が債権債務の各項目を記載した計算書を作成し，相手方がこれを承認したときに確定する。計算書を承認したときは，当事者は各項目について異議を述べることはできず（商532条），残額が確定する。ただし，錯誤または脱漏があったときは，交互計算外において，不当利得返還請求の問題を生ずる（商532条ただし書）。しかし，計算書の承認行為自体に錯誤，詐欺，脅迫などの瑕疵があるときは，一般原則によりその効力を争いうる（西原・170頁）。

残額が確定したときは，債権者は計算閉鎖の日以後の法定利息を請求することができることになる。当事者の特約によって，各項目を交互計算に組み入れた日より利息を付すことにしているときでも同様である（商533条2項）。この場合は，例外的に重利（民405条）を認めている。

3. 交互計算の終了

交互計算は二当事者間の契約にすぎないので，各当事者はいつでも解除することができる（商534条前段）。すなわち，交互計算の存続期間を定めていると否とを問わず，いつでもこれを解約することができる。この場合には，直ちに計算を閉鎖して残額の支払を請求することができる（商534条後段）。交互計算の存続（契約期間）と交互計算期間とは別であり，交互計算期間の

満了は残額を確定するだけで,契約の終了を伴うものではない。

なお,交互計算契約は,当事者の一方について破産手続が開始されたとき(破59条1項),は終了する。

5

匿名組合

5.1 匿名組合契約

1. 沿　　革

　匿名組合とは，当事者の一方が相手方（営業者）の営業のために出資をし，その営業から生ずる利益を分配することを約する契約である（商535条）。匿名組合は，10世紀ころに地中海沿岸とくにイタリアの諸都市で広く行われたコンメンダ契約（conmenda）にその起源がある。

　コンメンダ契約は，本国にとどまる資本家が企業家（多くは船長）に金銭，商品，船舶などを委託し，その企業家が海外に渡航して貿易を行い，帰国後に本国で利益を分配することを内容としていた。その後，企業家も資本の一部を出すようになり，この共同企業体をコレガンチア（collegantia）と呼んだ。コレガンチアは15世紀ころから二つの形態に分化した。一つは，企業家と資本家とが対外的に現れる合資会社に，他の一つは企業家だけが前面に現れ，資本家はその事業の背後に隠れ前面に現れない形態の匿名組合（パルティシパチオ；participatio）に発展した。これは資本家の資本と企業者の経営手腕が結びついた共同企業であるが，出資者が背後に隠れ，外部的には営業者の営業として現れる。匿名組合の利用の実態は明らかでないが，近時，金融機関等の金利減免債権の処理方法として匿名組合方式が利用されるようになっ

ていることから，匿名組合に対する関心は高まっている（後述）。

2. 匿名組合の対内関係
(1) 当 事 者

　匿名組合は，出資者たる匿名組合員と営業者との間の諾成契約である。この契約は要物契約ではないから，出資が履行されていなくても，当事者間の意思表示だけで効力が生じたのちは，解約の事実がない以上，匿名組合として有効に存続する（東京地決明37・5・20新聞210号5頁）。それは民法上の組合とは異なる一種特別の商法上の契約である。出資者は商人たると非商人たるとを問わないが，営業者は商人でなければならない。商人であるかぎり，会社であるか個人商人であるか，あるいは小商人であるかを問わない。すでに商人として営業していることは必要でなく，開業準備行為として匿名組合契約を締結することで足りる。匿名組合契約は商人の附属的商行為である。ところで，通説は金融業を営む者を非商人と解するので，金融業に対して一定の出資をなし，その利益の分配を受ける契約は匿名組合にならないことになる。

　❖商法502条8号の銀行取引を金銭または有価証券の転換を媒介する行為と解し，受信および与信をともにすることを要し，単に貸付をなすだけでは足りないとして，貸金業者の行為の商事性を否定することは，現代の経済事情のもとでは理論上も実際上も格別理由があるものではないから，少なくともYの事業（金融業）が営業的商行為といえないとしてもこれに準ずる行為といってさしつかえなく，とにかく本件契約の内容が，Yが対外的に自らの名において金融業をなし，XはYの事業に要する資金のほとんどを出資するがその共同関係は内部的なものにとどめ，YはXの監視下にその事業を営み，それより生じる利益は相互に分配する旨の契約であるから，本件契約をもって匿名組合に類似する契約として，商法の匿名組合に関する規定を準用するのが相当とした判例がある（岡山地判昭41・12・7下民集17巻11・12号1200頁）。

　匿名組合は二当事者間の契約である。三名以上の者が一個の匿名組合契約を結ぶことができない点で民法上の組合と異なる。したがって，匿名組合か

らの離脱は組合からの脱退ではなく，契約の解除である。ただし，営業者が数名の出資者との間で匿名組合を成立させることは可能であり，そのときは出資者の数だけ匿名組合が成立する。その場合，出資者相互間には何らの法律関係も生じない（長崎控判明40・11・26新聞469号8頁）。

(2) 出資の目的

匿名組合員の出資の目的は「金銭その他の財産」のみであり（商536条2項），労務または信用の出資は認められない。金銭のほか動産，不動産，有価証券，債権，使用権その他財産的価値のあるものであればよい。他方，出資を受ける対象としての営業者の営業はその全部であることは必要でなく，収支損益を区別しうる独立したものであれば，特定の営業，支店の営業でもかまわない。

(3) 利益の分配

組合員の出資に対して利益を分配することを契約内容とするものであるから，利益の分配は匿名組合の要素であり，利益の分配を約束しない契約は匿名組合とはいえない。分配についてその最高限度を定めることは利益分配の性質に反しないが，最低限度を保障することは問題である。ましてや，営業者がその営業による損益を度外視して一定時期に一定率の利益分配をなすことを約するのは匿名組合ではない（東京地判昭32・7・26金法150号130頁）。この判例は，不特定多数の者（出資者）がある者に金員の運用を託して交付した事例につき，一定の時期にその金員を返還し一定の時期に一定利率の金員の支払を約した消費寄託であるとした。

匿名組合においては，株式会社における資本や配当可能利益などの観念がない。したがって，その利益とは，その営業年度の営業活動により生じた財産の増加額をいうことになる。その利益を営業者と出資者がどの割合で分配するかは契約で定めることができる。営業者の業務執行（労務出資）が利益の分配に際して考慮されるべきことになる。

匿名組合は，内部的には共同事業であるからその事業から利益が生じたときは利益の分配を受けうるが，損失が生じたときはそれを分担すべきことになる。しかし，利益の分配が行われるべきことは匿名組合の要素である（商535条）が，損失の分担はその要素ではなく，したがって，特約によって損失の分担を排除することはできる。匿名組合における営業に損失が生じたときの分担については，商法はとくに定めていないが，出資が損失によって減少したときは，その塡補の後でなければ匿名組合員は利益配当の請求をなしえない，と定めている（商538条）。特約で損失分担を排除していないかぎり，営業上損失が生じたときは，匿名組合員も損失を分担すべきことになり，その割合について別段の定めがなければ，利益の配分と同一の割合によるべきものと解される。そして，匿名組合員が損失を分担すべきこととなる場合において，その分担損失額（150万円）が出資額（100万円）を上回る場合，その損失分担額は100万円が限度かそれとも150万円かについては，理論的な争いがある。いずれの説によっても，現金による追出資（損失補塡）の必要はない。

　損失分担の限度額は出資額を限度とするという説は，合資会社の有限責任社員の責任との権衡を理由とする（西原寛一・商行為法182頁）。棉花綿布の仲次業（営業者）に出資し，損失の負担は平等の割合とするとの特約があったケースにつき，それは出資額の範囲において損失を分担し，それを超過する額は営業者の分担とする趣旨であると解した判例がある（大阪控判明45・1・29新聞773号20頁）。これに対して，学説の多数説は，損失分担は計算上の分担であって現実の支払で塡補する必要はないのであるから，計算上，分担損失額が出資額を上回っても，匿名組合員は超過額も分担すべきことになると解している（大隅健一郎・商行為法85頁，石井照久=鴻常夫・商行為法上98頁，和座一清・基本法コンメンタール商法総則・商行為法（第三版）122頁ほか）。いずれにしても，損失が生じたときは，次の営業年度以降の利益で損失を補塡した後になお利益があるときにはじめて匿名組合員は利益配当を請求することができる（商538条）。

(4) 匿名組合員の監視権

匿名組合員は営業者の行う業務を執行しまたはその者を代表する権限はない（商536条3項）。しかし，営業者の営業自体には相当な関心を有するのがつねである。

匿名組合員は，営業年度の終了時において，営業者の営業時間内に，貸借対照表が書面をもって作成されているときは，当該書面の閲覧又は謄写の請求，貸借対照表が電磁的記録をもって作成されているときは，当該電磁的記録に記録されている事項を法務省令の定める方法により表示したものの閲覧又は謄写の請求をすることができる（商539条1項）。また，匿名組合員は，営業年度の終了時において，営業者の業務及び財産の状況を検査することができる（商539条1項）。重要な事由があるときは，いつでも，裁判所の許可を得て，営業者の業務及び財産の状況を検査することができる（商539条2項）。

3. 匿名組合の対外関係

匿名組合は営業者と出資者との共同事業に関する内部的な契約にすぎず，対外的には，営業者が商人として営業活動をする。出資者から履行された出資は営業者の財産に帰属する（商536条1項）。営業者は出資された財産を自己の財産として営業の用に供することができる。こうして，匿名組合員は出資をするだけで，対外的な営業には何ら関与しないので，営業の行為につき第三者に対して権利義務を有することはない（商536条4項）。

しかし，例外的に匿名組合員が対外的に第三者に対して営業上の債務を負担しなければならない場合がある。それは，匿名組合員が自己の氏もしくは氏名を営業者の商号中に用いまたは自己の商号を営業者の商号として用いることを許諾したときであり，そのときには，その使用以後に生じた債務について営業者と連帯してその債務を弁済しなければならない（商537条）。名板貸の法理の一適用例である。この場合の責任については，第三者の善意・悪意を問わないとの見解（大隅・88頁，大阪区判大8・7・11新聞1605号18

頁）もあるが，名板貸の法理（商14条，会9条）による責任である以上，悪意の第三者を保護する必要はない（西原・183頁，和座・121頁）。

4. 匿名組合の終了

匿名組合は契約であるから，契約の一般的終了原因，たとえば合意による解除，存続期間の満了などによって終了するほか，商法は，当事者の意思による解除と当事者の意思によらない終了原因について定める。

(1) 予告による解除

組合契約をもって存続期間を定めなかったときまたはある当事者の終身間組合が存続すべきことを定めたときは，各当事者は営業年度の終りにおいて6カ月前に予告することによって契約を解除することができる（商540条1項）。営業年度の少なくとも6カ月前に予告することにより，営業年度の終りに解除の効果が発生する。

(2) 「やむを得ない事由」による解除

組合の存続期間を定めていたか否かにかかわらず，やむを得ない事由があるときは，各当事者はいつでも契約の解除をなすことができる（商540条2項）。やむを得ない事由とは，当事者が重要な義務を履行しない場合等である。営業者が利益の配当をせず，またその意思を有していないときはこれに当たる。すなわちXは多数のパチンコ店を経営しているYが，営業利益の3分の1として，通常なら毎月20万円，少なくとも10万円以上の利益を分配することができる旨言明したので，毎月相当の分配金を得ることを目的として匿名組合契約を結んだが，Yが10数カ月分にわたり利益の分配をせずかつその意思を有しないとしてXが解約の意思表示をしたのは，やむを得ない事由に当たる（大阪地判昭33・3・13下民集9巻3号390頁）。

(3) 当事者の意思によらない終了原因

組合の目的たる事業の成功または成功の不能，営業者の死亡，後見開始の審判を受けたこと，営業者または匿名組合員が破産手続開始の決定を受けたことは，匿名組合の当然終了原因である（商541条）。営業者の廃業または営業の譲渡はやむことを得ない事由による解約の事由（東京地判昭13・8・20 評論28巻商159頁）か，目的たる事業の成功不能（平出慶道・商行為法（第二版）342頁）か見解が分かれる。目的たる事業の成功または成功不能というのは，その事業目的が，たとえば特定の会社の再建計画である（後述のSPCの例）とか特定の地域の開発プロジェクトであるとかのように，契約当事者が成功，成功不能をとくに問題にし，その判定に困難を伴わないような場合をいうものと解すべきである。

営業者は匿名組合員に対し営業を行うべき義務を負っており，それは組合の規定の類推適用による善管注意義務であると解されており（民671条，644条），それゆえ，営業者が営業を開始せず，営業を廃止しまたは譲渡することは，営業者の重要な義務違反であって解約事由であり（商540条2項），損害賠償義務も生ずる。匿名組合員の同意のもとに営業を廃止または譲渡した場合には，契約の解除の合意が含まれているものと解すべきである。営業者の法令違反等で営業許可が取り消され，廃業としたことも，営業者の善管注意義務違反として，解除事由（商540条2項）と解すべきである。

5. 匿名組合契約の終了の効果

匿名組合が終了したときは，営業者は匿名組合員にその出資の価額を返還しなければならないが，出資が損失により減少したときはその残額を返還すれば足りる（商542条）。終了時に財産はすべて営業者に属するから，営業者は匿名組合員との間の債権債務を決済すべきことになるが，それは出資の価額の返還として規定されている。そして，出資が損失の分担により減少しているときはその残額を返還すべきことになる。この出資の返還請求権は，持分会社の社員の残余財産分配請求権（会664条）とは異なり，純粋の債権

であって，営業者の一般債権者と平等の地位に立つと解されている。

　営業者は「出資の価額」を返還すべきことになっている。金銭出資のときはもちろん，現物出資の場合もこれを金銭に評価して，その価額を返還すればよいと解されている。そして，出資の返還はつねに金銭をもってなすべきであると説かれている（大隅・90頁）。しかし，匿名組合は二当事者間の契約であるから，これを異なる特約が排除されるべき理由はない。終了時に，現物出資された財産をそのまま返還する旨の特約も有効と解すべきである。

5.2　匿名組合の特殊な利用例

1.　金融機関の不良債権処理

　バブル経済の崩壊に伴って，金融機関は莫大な不良債権を抱えることとなった。この不良債権を確実に処理して，金融機関の財務体質を健全にし，金融システムに対する信頼感をとりもどすことが，国民経済に対する課題となっていた。不良債権の性質・程度を考慮して，三つの処理方法が講じられた。①元本の回収が不可能な不動産担保付債権の共同債権買取機構への売却，②金融機関のノンバンク等に対する金利減免債権についての特別目的会社の設立による流動化，③担保物件の処分における自己競落会社の設立がそれである（田邊光政「金融機関の不良債権流動化スキームをめぐる法的検討」金法1400号12頁以下参照）。二番目の特別目的会社の設立による不良債権の流動化は，匿名組合の制度を利用するものである。そこで，この点につき，以下簡単に検討する。

2.　特別目的会社との匿名組合契約

(1)　金利減免支援と再建計画

　バブル経済の崩壊によりノンバンクの一般企業向け貸付債権は不良債権と化し，ノンバンクが経営困難に直面した結果，その連鎖として，金融機関のノンバンク向けの融資が不良債権となってしまった。そこで，当該ノンバン

クに債権を有する関係金融機関は自己の債権の回収を図るために，そのノンバンクの再建計画を協議し，再建計画の一環として金利減免による支援を行った。これが金融機関の金利減免債権であり，ノンバンクを再建して，将来，元本の回収をはかろうとした。

(2) 特別目的会社の設立

再建計画を合意している金融機関が，その再建計画の実行を管理するための特別目的会社（Special Purpose Company, SPC）を設立し，このSPCが営業者となり，関係金融機関がノンバンクに対する金利減免債権をその営業のために現物出資をする形で，商法上の匿名組合契約を締結している。各ノンバンクごとに多数の同様のSPCが設立されることが予想され，その第一号は1994年7月に設立された。SPCは株式会社または有限会社として設立され，その事業目的（定款の目的）は，①債権の譲渡，譲受けおよびその管理・回収業務，②ノンバンクの再建計画の実行管理，③②の業務を内容とする匿名組合契約の締結である。

(3) 匿名組合契約の内容

関係金融機関は，その再建計画の対象となっているノンバンクに対する貸付債権をSPCに現物出資する。債権譲渡の形式をとる。金利減免債権の現在価値は簿価を下る。そこで，その債権（100）を時価（60）で現物出資する。金融機関は簿価と時価との差額を損金処理する。たとえば，金利を0％に減免した償還期限10年の債権が100億円あるとし，市場の実勢利率を年5％とすれば，その時価は約60億円となり，簿価100億円の債権は60億円の評価で現物出資され，差額40億円はロス・カットされる。再建計画が成功すれば，その債権は10年後には100億円に価値を高める。

SPCはその営業（匿名組合の目的となる事業）から生じた収益から人件費，法人税その他の必要経費，および当該営業年度に損失が生じた場合にはその損失額を控除した後に，剰余があれば匿名組合員に利益配当を行う。いうま

でもなく，関係金融機関の数だけ複数の匿名組合が成立している。SPCは，役務提供の対価として一定額の利益を自らに留保する。

この匿名組合契約は，①期間（10年）の満了，②出資債権の回収完了，③再建計画の失効により終了する。契約が終了すれば，SPCは事業を清算し，残余財産から清算にかかる必要経費を控除した額を匿名組合員（というよりSPC設立のための出資者）に分配する。この場合の分配は，金銭によるほか出資債権を現状のままで返戻する。

3. SPC方式の特殊性

(1) 匿名性の欠如

匿名組合の一般的な特徴は，営業者の背後にいる出資者が明らかにならないことである。しかし，SPC方式においては，債務者であるノンバンクには出資者がすべて明らかにされている。債権者である金融機関がノンバンクに対する債権をSPCに現物出資として譲渡するにつきノンバンクは承諾している。SPCは当該ノンバンク以外の第三者との取引は予定していない。匿名組合は，当事者の一方が相手方の営業のために出資し，その営業により生ずる利益を分配することを約することによって成立するのであって，匿名性は要件ではない。

(2) 営業より生ずる利益

一般の匿名組合においては，営業者が組合員から受け入れた出資を用いて営業を行い，その営業より生ずる利益を出資者に分配することが想定されている。しかし，SPCは，出資として譲渡を受けた債権を運用することもなければ，その債権を現金化して営業のために用いるわけでもない。SPCは譲受債権の債務者について，すでに合意されている再建計画の実行の管理に当たるにすぎず，SPCに生ずる利益は，現物出資された債権自体から生ずるものである。このような事実は，商法535条の「その営業から生ずる利益」という要件をクリアするであろうか。

次のように考えることもできよう。たとえば、当事者の一方が数千頭の子牛を飼育会社（営業者）に現物出資し、飼育会社が飼育して成長させ牛の価値を高める形で上げた利益の分配に与るという匿名組合も考えられる。金利減免債権の価値を高めることが、ここでの利益であるが、何もしないで放置していたのでは債務者の財務体質は改善せず、債権の価値は高まらない。債務者の再建計画の実行を管理することが、SPC の営業であるところ、SPC による再建計画の実行の管理の成果として出資債権に利益が生ずるのであり、したがって、出資債権から生ずる利益は、SPC の営業から生ずる利益であるということであろう。

(3) 現物の返戻

匿名組合の終了時には、営業者は「出資の価額」を返還すべきことになっている。価額というのであるから、金銭を意味すると一般に説かれている。そして、現物出資の場合にも、金銭に評価してその価額をすればよいと考えられている。ところが、SPC 方式においては、終了時に債権をその時の現状で返戻する（再譲渡）ことも考えられている。匿名組合契約は、二当事者間の契約にすぎず、その内部契約に関することであるから、受けた現物出資をそのまま返戻するとの特約も有効と解すべきである。

6

仲 立 営 業

6.1 仲 立 人

1. 仲立人の利用

　仲立人とは，他人間の商行為の媒介をすることを業とする者である（商543条）。他人間における法律行為の成立に尽力する者である。会社が工場の用地を探しているとする。その場合，会社が自ら適当な土地を探し出すのは困難である。その地域の土地情報をもっている不動産業者に探索を依頼するのが常識である。適当な候補地が見つかれば，不動産業者の案内で現地に視察に行き，買う気になれば，土地の所有者と売買の交渉をすることになる。不動産業者は専門的立場から種々のアドバイスをし，両当事者間の売買契約の成立に尽力する。これが仲立人である。

　あるいは，われわれが特定の地方に旅行する場合，旅行業者に運送・宿泊等の旅行に関するサービスの提供が受けられるように手配をしてもらう（手配旅行）のが普通である。不動産業者は，会社の工場用地の買入れ（附属的商行為）につき土地所有者との間の売買契約の成立に尽力し，また旅行業者は運送業者（商502条4号）やホテル（商502条7号）の営業的商行為を行う者と旅行者との間の契約の成立を周施（媒介）するのである。また，証券会社が法人間の大量の株式の売買を媒介して契約の成立に努力する場合もあり，

これを専業とする証券会社（才取会員，仲立会員）もあった。有価証券の売買の仲介人である。傭船契約，海上保険取引，コールマネーの取引（短資会社）などの分野でも仲立人が利用される。商法の予定する仲立営業の中で，現在もっともよく利用されている旅行業や不動産業については，旅行業法および宅地建物取引業法などの特別な業法が制定されている。

2. 仲立人の意義

　商法上の仲立人は，他人間の法律行為の成立に尽力する事実行為を引き受ける者である。そして，受託者（仲立人）が契約の成立につき尽力すべき義務を負い，委託者が契約の成立に対して報酬を支払う義務を負うのが普通で，これを慣例的に双方的仲立契約と呼んでいる。不適切な表現であって，双務的仲立契約という方が分かりやすい。この場合の当事者の関係は，非法律的事務の委託であるから，準委任（民656条）と解される。これに対して，受託者が契約の成立に尽力すべき義務を負わないが，その尽力により契約が成立した場合には，委託者がこれに報酬を支払うことを約する形態のものを一方的仲立契約と呼んでいる。一方だけが義務を負う契約であるから，片務的仲立契約といえばよいのである。この場合には，受諾者は契約成立に尽力すべき義務を負わないので，準委任とはいえず，受託者は仕事の完成（契約の成立）を約しているわけでもないから，請負（民632条）でもないが，契約が成立すれば報酬を支払うというものであるから，請負に準ずるというのが通説である。

　仲立人は他人間の商行為を媒介する者である。当事者の一方にとって商行為であれば足りる。商行為以外の行為，たとえば非商人間の非投機的な宅地・建物の売買，賃借の仲介，婚姻の仲介を行う者は民事仲立人であり，商法上の仲立人ではない。商法上の仲立人はもとより，民事仲立人も商行為である「仲立に関する行為」（商502条11号）を営業とする者であるから商人である（商4条1項）。仲立人は，他人間の商行為を媒介する者であって，契約の成立に尽力し，その尽力の成果として契約が成立したときはみずから

契約書を作成すべきことになっている。したがって，取引の相手方を知らせ，取引の機会について情報を提供し，報酬を受ける指示仲立人（Nachweismakler）は仲立人ではないというのが多数説である。

3. 他の補助商との違い

問屋や代理商も仲立人と同じく補助商であるが，問屋は自己の名で物品の販売や買入を行うのに対し，仲立人は依頼者のために商取引の相手方を探索しこれと接触せしめて意思を伝達し双方を誘導してその意思の合致に斡旋努力するなど，他人間の商取引の成立を補助する者であって，自ら取引をする者ではない。代理商は特定の商人のために商行為の代理（締約代理商）または媒介（媒介代理商）をする者であるのに対し，仲立人は不特定の者のため広く媒介をする者である点で異なる。

6.2 仲立人の義務

1. 見本保管の義務

仲立人がその媒介する行為につき見本を受け取ったときは，その行為が完了するまでこれを保管する義務を負う（商545条）。これは，見本売買の場合の規定であり，見本売買でない場合は，仲立人は見本を受け取っても同条の保管義務を負わない。見本売買とは，売買の目的物が見本と同一の品質を有するものとして行われる売買である。仲立人に見本の保管義務を負わせたのは，後日における当事者間の品質をめぐる紛争の証拠保全のためである。受け取った見本の全部を保管する必要はなく，後日の紛争の際に立証するのに必要な限度で保管すれば足りる。その保管は善良な管理者の注意をもってしなければならない（民656条，644条）が，自己の責任において他人に保管させてもよい。法文は「その行為が完了するまで」これを保管すべきことを定めている。その意味は，見本保管の趣旨から解釈されるべきで，売買の目的物について当事者間で紛争が生じるおそれがなくなるまでと解される。

媒介による売買が成立し、目的物の引き渡しが行われただけでは足りず、買主が完全な給付のあったことを承認し、または買主による目的物の検査・瑕疵通知期間が経過し（商526条1項）、瑕疵担保請求期間がすぎるなど、目的物の品質に関する紛争の不発生が確実になるまで保管義務があると解されている。

2. 結約書作成・交付義務

　媒介により当事者間で契約が成立したときは、仲立人は遅滞なく結約書（仕切書、契約証など）を作成し、各当事者に交付する義務がある（商546条1項）。これは、仲立人の媒介により法律行為が成立した事実およびその内容を明確にしておき、後日における紛争に備えての一つの証拠方法とするためである（大判昭5・4・25法学2巻1486頁）。この結約書と当事者間の契約書（証）とは同じではない。結約書には、各当事者の氏名または商号、行為の年月日、契約内容の要領（目的物の名称、数量、品質、履行の方法・時期・場所、支払条件など）を記載し、仲立人が署名しなければならない。契約が直ちに履行されるべき場合には、仲立人は自己の署名後これを各当事者に交付すればよいが、履行が後日になされる場合には、仲立人は各当事者に結約書上に署名をさせた後にこれを相手方に交付しなければならない（商546条2項）。当事者の一方が結約書の受領を拒みまたはこれに署名しないときは、仲立人は相手方に遅滞なくその通知を発しなければならない（商546条3項）。結約書を受領せず、署名しない者は何らかの異議を有するからであり、これを相手方に遅滞なく通知して必要な対策の準備をさせるためである。通知義務を怠れば、仲立人が損害賠償の責を負うことになるが（損害が生じれば）、結約書の受領拒絶・署名拒絶は契約の成立を否定する効力はなく、仲立人は報酬請求権を失わない。

　結約書は当事者間に成立した契約内容の要点を正確に記載すべきであることはいうまでもない。しかし、それは唯一の証拠方法ではなく、当事者は他の証拠によってその記載と異なる事実を主張することができる。

3. 帳簿作成・謄本交付義務

　仲立人は，帳簿を作成し，その媒介によって成立した契約につき，各当事者名，行為の年月日，その契約の要領を記載する義務があり，各当事者はいつでも仲立人に自己のために媒介した法律行為につきその帳簿の謄本の交付を請求することができる（商547条）。この帳簿は仲立人日記帳といわれる。この帳簿は，裁判上，一般的な証拠能力を有する。帳簿上の記載は，結約書の内容と一致するはずであるが，両者が食い違っている場合，いずれかが優先するわけでもなく，当事者はそのいずれとも異なる事実を他の証拠によって主張することも妨げられない。帳簿の記載は，一応の証拠能力を有するにとどまる。

4. 名称黙秘義務・介入義務

　当事者は媒介を仲立人に委託するに当たり，自己の氏名・商号を相手方に示さないよう指示することができ，その場合には，仲立人は結約書および交付する帳簿の謄本にその当事者の氏名・商号を記載してはならない（商548条）。名称黙秘義務があるときも，帳簿にはその名称を記載しなければならない。名称の黙秘は委託者だけでなく，その相手方から要求されることもあり，そのいずれの場合も，黙秘義務がある。

　媒介の一方の当事者が名称の黙秘を要求するときは，仲立人自身が履行をなすべき義務を負う（商549条）。仲立人は委託者のために媒介行為をするにすぎず，自らがその契約の当事者たる地位には立たない。黙秘の場合も同じであって，契約は黙秘の委託者と相手方との間に成立し，仲立人は履行の責任を負うにとどまる。仲立人のこの履行責任を介入義務ともいう。介入義務を果たした仲立人が黙秘の委託者に求償権を有することはいうまでもない。仲立人が後日にいたって黙秘の当事者の名称を明らかにしたとき（たとえば，相手方から履行を求められたが仲立人には履行できないので委託者の名称を明らかにし，その者に請求するよう告げた場合）には，その両者の間に契約が成立しているのであるから，相手方は明らかになった当事者に履行の請求ができ

るのは当然であるが，仲立人が当事者名を明らかにした場合でも，相手方は，なお仲立人にも履行の請求をなしうるものと解される。逆にいえば，黙秘の当事者の名称を契約の成立後に開示したとしても，仲立人の履行義務は影響を受けない。

6.3 仲立人の権限と権利

1. 仲立人の給付受領権限

仲立人は，他人間の商行為を媒介するにとどまり，自己が法律行為の当事者となることもまたは当事者の代理人となることもないのであるから，別段の意思表示または慣習がないかぎり，仲立人は当事者のために支払その他の給付を受ける権限を有しない（商544条）。明示または黙示に別段の意思表示があれば，仲立人は給付受領権限があり，委託者またはその相手方が自己の名称の黙秘を指示した場合には，仲立人に給付受領の権限を与えたものと解される。その他の場合には，仲立人には給付受領権限がないので，仲立人に支払その他の給付をしても免責されない。

2. 仲立人の報酬請求権

仲立人は商人であるから，特約がなくても相当の報酬を請求しうるが（商512条），商法は仲立人の報酬請求権について特則を設けた。仲立人は媒介による当事者間で契約が成立し，結約書を交付した後に報酬を請求できる（商550条1項）。仲立人による契約成立のための尽力にかかわらず契約が成立しなかったときは報酬請求権は発生しない。有効に契約が成立したことが必要であって，無効事由があったり取消事由があって取り消されたときは報酬を請求できない。停止条件付の法律行為が成立したときは，条件が成就しなければ報酬を請求できない（西原寛一・商行為法285頁）。契約が有効に成立したかぎり，それが履行されたか否かは問わない。仲立人の介在により知り合った両当事者が，仲立契約を合意解除したのち，直接当事者間で契約

を成立させることがある。この場合，仲立契約の解除が報酬支払義務を免れるためであれば，当事者の行為は信義則に反する。種々の理論構成に分かれるが，仲立人の報酬請求権を認めるのが通説・判例である（最判昭45・10・22民集24巻1599頁，明石三郎・不動産仲介契約の研究（再増補版）110頁以下参照）。

報酬を請求しうる時期は，結約書を作成して各当事者に交付した後である。当事者が故意に仲立人を排除し，直接当事者間で契約を成立せしめたときは，仲立人は結約書を作成・交付することはないから，契約の成立したときに報酬を請求しうると解すべきことになる。

仲立営業においては，周旋事務の処理に通常必要な旅費通信費等は，その営業のための経費とみるべきものであって，一般には営業者が負担すべきものと考えられ，特約または慣習のないかぎり，仲立人は委託者に対しその償還を求めえない（大阪地判昭44・8・6判時591号91頁）。

6.4　当事者の報酬支払義務

仲立人の報酬は当事者双方が平分してこれを負担することになっている（商550条2項）。このことは，当事者間の内部分担の問題にとどまらず，仲立人の側から報酬の全額を一方当事者に請求できないことを定めたものである。逆に，当事者間でこれと異なる分担を定めても，仲立人には対抗できず，仲立人は当事者双方に半額ずつ請求することができる。商法は，仲立を依頼しなかった相手方にも報酬の半額の負担義務を定めているが，それは媒介の利益が当事者双方に及んでいると考えられるからである。

7

問 屋 営 業

7.1 問屋の意義と機能

1. 問屋の意義

　問屋とは，自己の名をもって，他人のために物品の販売または買入をなすことを業とする者をいう（商551条）。自己の名をもってとは，自己が法律行為の当事者となり，その行為から生ずる権利義務の帰属主体となることである。また，他人のためにとは，他人の計算においてということであり，その行為の経済上の効果（損益）が他人に帰属することをいう。自己の名をもって，他人のために法律行為をすることを引き受けることを取次ぎ（商502条11号）というが，問屋は取次業の典型例である。商法は，自己の名をもって他人のために「物品の販売または買入をなすことを業とする者」といっており，物品の売買行為自体が問屋の営業目的であるかのごとく表現しているが，問屋の営業目的は，委託者の委託に応じて物品の販売または買入をなすことを引き受けること（取次ぎ）である。

　物品の販売行為や買入行為は，引き受けた委託の実行行為（附属的商行為）にすぎない。すなわち，問屋の営業は，物品の売買の委託の引受け（基本的商行為）であり，引受けに対する手数料が収入源であって，物品売買の損益は委託者に帰属し，問屋にとっては営利の対象とはならない。問屋は，

他人のために行為をする点で代理商に似ているが，本人の名で行為をする締約代理商や法律行為を媒介する媒介代理商と異なり，自己の名で法律行為をする点が異なる。また，他人間の法律行為を媒介するにすぎない仲立人とも異なる。

問屋の取次の目的物は「物品」であるが，物品には，動産のほか有価証券も含まれる（通説，最判昭 32・5・30 民集 11 巻 5 号 854 頁）。問屋への物品の売買の委託行為が商行為である必要はなく，したがって委託者は商人である必要はない。問屋は，一般に不特定多数の者のために取次ぎを行うが，およそ自己の名をもって，他人の計算で物品の売買を行うのであるかぎり，特定の者のために平常その営業の部類に属する物品の売買をなすこと（取次代理店）も問屋である（大隅健一郎・商行為法 100 頁）。

ところで，俗に，卸売商のことを「薬問屋」とか「呉服問屋」などというが，卸売商は一般に自己の名で，自己の計算で売買する自己売買商であり，問屋とは異なる。自己売買商が問屋を兼ねることはさしつかえない。

2. 問屋の経済的機能

問屋は古くから存在していた。フェニキア人が地中海沿岸に商取引の拠点をもって，非常に活発な商業活動を行っていた事実はよく知られているが，商業中心地の特定の拠点で，問屋（factor）が，生産者や仲買商人から送られてくる商品の販売を委託され，委託販売をした問屋は，手数料を差し引いた後その売上金を委託者に引き渡したといわれる（G. Knopik, *Factoring*, S.25）。

問屋（agent factor）は中世のイギリスでも重要な商人であった。agent factor は，イギリスではノルマン人のイングランド征服（Norman Conquest (1066)）以来活躍しており，商品とりわけ毛織物マーケテイングにおいて重要な役割を果たした。生産者や地方の商人はロンドンのギルドホール（Guildhall）に拠点をもつ種々のファクターを通じて商品を市場に出した。ファクターは委託者の名を明らかにせず自己の名で商品を販売し，販売台帳の作成保管，代金取立の事務を行い，委託者から手数料をとった。当時の手

工業者や仲買商人は，衣服産業において，市場の傾向や需要についてアドバイスを受けるために，原料であるウールの供給（買入れ）を受けるために，商品の販路を探すために，前貸し（advance）の方法による金融の供与をうけるために，また買主としては信用販売を受ける（代金後払いで商品の供給を受ける）ために，それぞれファクターを利用した。

17,8世紀におけるイギリスの海外貿易においても，行商ファクターおよび定住ファクターが利用された。イギリスの商人は海外に行く船の船長ないし行商ファクター（travelling agent factor）を通じて商品を植民地その他で売却した。これらの者は，航海が終わると委託者に売却代金を支払い，手数料を受け取った。しかし，これらの者は，現地の需要や現地の買主の資力等について十分な知識を有しないので，やがて本国の商人の被用者や身内の者を海外に派遣し，現地に定住させるようになった。これが定住ファクター（resident agent factor）であり，この者が本国から送られてくる商品を植民地その他の商業中心地で販売し，責任をもって代金を回収した（田邊光政・ファクタリング取引の法理論17頁以下）。

現在わが国で最も典型的な問屋営業を行っているのは，証券取引所の会員・取引参加者（証券会社），商品取引所の会員・取引参加者，青果市場，海産物市場である。たとえば，「村の経営する魚市場は漁業者と仲買人との間に立ち一定の手数料を得て他人のために魚類の競売をなすもので，商法上の問屋営業に該当する」（大判大8・11・20民録25輯2049頁）。

7.2 問屋の権利義務

1. 問屋契約の性質

問屋が委託者から物品の販売または買入の委託を受ける契約を問屋契約という。この契約は物品の販売または買入という法律行為をなすことを委託するものであるから委任契約である（民643条）。商法は，問屋と委託者との間においては委任および代理に関する規定を準用すると定めているが（商

552条2項)、正確には、委任の規定を適用し、代理の規定を準用するの趣旨である（通説、判例、最判昭31・10・12民集10巻10号1260頁）。

　ところで、代理の規定が準用されるというのはどのような意味であろうか。それは、問屋と委託者との内部関係においては、問屋が行った売買の効果が当然に委託者に帰属するという趣旨に解されている（通説）。代理人は、やむを得ない事由があるときは復代理人を選任できるとする民法104条および代理人は復代理人の選任および監督について本人に対して責任を負うと定める民法105条が問屋契約における問屋と委託者との間にも準用があると解されている（通説）。それゆえ、委託者から売買の委託を受けた問屋は、やむをえない場合には、他人に再委託することはできる。この場合の再委託は、復代理人と違って、問屋の名で委託するのであり、委託者の名で再委託するのではない。そこで、民法107条2項が問屋の再委託の場合にも準用されるか、すなわち元の委託者は再委託を受けた者に対して委託者と問屋の関係に立つと主張できるかが問題になる。これが問題となった事例がある。

　青果物の販売業者Xは、青果物の委託販売を業とする問屋Aに西瓜の販売を委託し、運送人に運送を委託したが、Aの表示が正確でなかったので、荷物はAと同地の別の問屋Yに届けられ、誤配を知ったAがYに返還を求めたが、Yがすでに西瓜の一部を売却していたので、Xの許諾を得ることなく、AとYとの協議で、AがYに販売を委託することとした。Yが売却代金をAに支払ったのち、XからYに代金の支払請求がなされた。Yは、民法107条2項の準用により、直接Xに対し権利義務を有するというのが、Xの主張である。「民法107条2項は、その本質が単なる委任であって代理を伴わない問屋の性質に照らして再委託の場合にはこれを準用すべきでない」とされた（前掲、最判昭31年）。YはAから販売委託を受けたのであり、Xとは直接の法律関係に立たないから、XはYに対し何らの請求権もないということである。

2. 問屋の義務

問屋と委託者との法律関係については，商法が特別に定める事項を除いて，民法の委任に関する規定が適用されることになる。したがって，委託者のために善良な管理者の注意をもって物品の販売または買入をなし（民644条），また販売代金または買入物品を委託者に引き渡す義務を負うほか，商法上，次の各義務が定められている。

(1) 履行担保義務

問屋は委託者の計算で物品の売買を行う者である。問屋が委託を受けた物品を支払資力のない者に販売し，代金が回収できなければ，法律形式上は売主である問屋が損害を被ることになるが，実質的には委託者が損害を受けることになる。また，問屋が履行の能力も意思もない者との間で物品を買い入れる契約を結んだ場合に履行されなければ委託者が実質的に損害を受ける。このように，問屋がその取引の相手方について資力を調査せず，無責任な取引をされた場合には，委託者に損害が帰することになる。

問屋が無責任な行為をすることにより，とくに委託者に損害が生ずるのは問屋を通じて物品を販売するときである。買入の場合には，代金を支払わなければよいのであって，実損害は少ない。そこで，問屋をして無責任な行為をさせないためには，問屋に履行担保責任を負わせることである。商法は，別段の意思表示または慣習がないかぎり，問屋は委託者のためになした販売または買入につき，相手方がその債務を履行しない場合にはみずから履行をなすべき責任を負うことと定めた（商553条）。これは，問屋の取引における慣行でもあった。このように，販売先の資力を担保して委託を引き受ける問屋を del credere factor（or agent）と呼ぶ（T. G. Reeday, The *Law Relating to Banking*, p.55）。問屋が単に委託販売だけをしておれば，手数料収益を上げうるというような立場であれば，問屋の無責任な販売行為を阻止できないこと，問屋はその買主を選択することができる立場にあり，無資力な買主に販売しないよう期待できることが問屋の履行担保責任を認める理由である。

別段の意思表示があるときは,問屋の履行担保責任は生じない。その意思表示は明示のときだけでなく黙示でもありうると解され,かつ,手数料が普通よりも安いときは,黙示の別段の意思表示があったものと解すべきであるといわれる（大隅・103頁）。これは正当な見解であると思われる。けだし,問屋の手数料の中には,買主の資力引受料ないし買主の資力（信用）調査料が含まれているが,このコストを除外すれば手数料は安くて済むからである。

(2) 指値遵守義務

委託者が問屋に物品の売買を委託する場合には,一定の価額で売買を行うべきことを指定することがあり,これを指値という。これに対して,市場価額で売買を行うべきことを指定（売買価額を問屋に一任）する場合を成行売買という。指値の指定は,単なる希望価額ではなく,その指値未満の価額での販売または指値以上の価額での買入を委託しない旨の意思表示である。問屋はこの指値に従うべき義務があり,もし問屋がこの指値に従わないで売買を行ったときは,委託者はその結果の引受を拒否することができる。指値は売付けの最低価額,買付けの最高価額の指定であって（売付けにつき,大判大4・11・8民録21輯1838頁),問屋がそれ以上の価額で販売し,それ以下の価額で買い入れたときは,委託者に対して有効な取引となる。指値は委託者が一方的に指定しただけでは足りず,問屋が同意することが必要と解される。

問屋が指値より安く販売または高く買い入れた場合には,委託者はその結果の引受を拒否できるが,問屋がその差額を自ら負担するときは,委託者はその結果の引受を拒否することは許されず,その売買は委託者にその効力が生ずる（商554条）。問屋がその差額を負担するときは,結局,委託者は指値で売買が実行されたのと同一の経済的効果を収めることができるからである。ただし,問屋の側に差額の負担を申し出て委託者にその実行行為の効果を帰属せしめる権利が与えられているのであって,委託者の側から差額を負担するよう問屋に請求する権利は認められていない。委託者としては,問

屋が差額の負担を申し出ないかぎり，問屋の実行行為の効果が自己に及ぶことを拒否するほかない。

(3) 実行行為の通知義務

問屋が委託者のために販売または買入を行ったときは，遅滞なく委託者に対して通知を発しなければならない（商557条，27条）。民法上は，一般に受任者は委任者の請求があるときは，いつでも委任事務処理の状況を報告しまた委任終了の後はその顛末を報告すべきことになっているが（民645条），問屋は，代理商と同じく，委託者の請求をまたず遅滞なく通知をなすことを要求されている。この通知は，単に販売または買入をしたことのみならず，その売買の相手方，時期，内容などを含むべきものと解される（通説）。

3. 問屋の権利

(1) 報酬請求権

問屋は商人であるから，委託の実行行為として物品の売買行為をしたときは，特約がなくても相当の報酬を請求することができる（商512条）。問屋が，必要な費用（たとえば，関税，運送費，倉敷料）を立て替えたときは，その償還を請求することができる（民650条1項，商513条2項）。

(2) 留 置 権

問屋は，別段の意思表示がないときは，委託者のために物品の販売または買入によって生じた債権が弁済期にあるときは，委託者のために占有する物または有価証券を留置することができる（商557条，31条）。問屋の留置権は代理商の留置権と同じである（本書119頁参照）。

(3) 供託・競売権

問屋が委託の実行行為として買い入れた物品を委託者が受領を拒みまたは受け取ることができないときは，問屋は目的物を供託し，または相当の期間

を定めて催告したのち競売することができ，競売代金の全部または一部を委託者に対する債権の弁済に充当することができる（商556条，524条）。これを問屋の自助売却権というが，商事売買において売主に認められるのと同一の権利である。

(4) 介 入 権
① **意義**　委託者が物品の販売または買入の委託をした場合，その相手方が誰であるかは通常は問題でない。したがって，問屋が自己売買商をも兼ねているような場合，問屋がみずから買主または売主となってもさしつかえないばかりか便宜でもある。しかし，これを自由に認めると，情報が早く専門的知識に優れた問屋が委託者の不利益において自己の利益をはかる危険がある。そこで，商法は，委託の目的物について取引の相場がありかつその相場によるときにかぎり，問屋はみずからその目的物の売主または買主となることができるものとした（商555条1項）。このように，問屋が委託を受けた物品につきみずから買主または売主となりうる権利を問屋の介入権という。

② **介入の要件**　問屋が介入することができるのは，目的物について取引所の相場がある場合である。取引所は各地に存在することがありうる。ここでの取引所とは，委託者が売買を行うべき地を指定したときはその地の取引所，その他の場合には，問屋の営業所の所在地またはその所在地の相場を支配する取引所を意味する。そして介入のときに，その目的物についての相場が存在することを要する。委託者が販売または買入の相手方を指定しているときは，介入できないと解される。また，特約により介入を禁じている場合には，介入できないのは当然である。さらに，問屋がすでに委託者のために販売または買入の契約を結んだ後には，もはや介入できない。

③ **介入の方法**　問屋がみずから買主または売主となる旨の意思表示を委託者に対して，これをなす。その売買の価額は，介入の意思表示を発したときの取引所の相場である。相場には変動があるのがつねであるから，問屋がいつ介入の意思表示をするかは，委託者にとって重要な利害関係がある。

問屋は，受任者として，善良な管理者の注意をもって委託者のために販売または買入をしなければならないのであって，委託者の利益のために相当な時機を選ばなければならないものと解すべきである。

④ **介入の効果**　介入の意思表示により問屋は委託された物品の買主または売主の地位に立つ。それゆえ，委託者に対し買主または売主としての権利義務をもつことになる。問屋が介入する場合でも，問屋は委託者に対して報酬を請求することができる（商 555 条 2 項）。

介入の性質について，介入は法の認めた委託実行の一方法であり，問屋が純粋に売主または買主となるのではなく，売主または買主と同一の地位に立つにすぎないという見解が有力である（大隅・108 頁）。しかし，商法は明文で「買主又は売主となることを得」ると定めており，売主または買主となると解してよいであろう。そう解すると，なぜ，報酬請求権がこの場合にも認められるのか疑問になるが，介入権の行使により，問屋は委託行為を実行したことになり，売買当事者としての地位と問屋としての地位を併有する（西原寛一・商行為法 272 頁）と解すべきである。委託者としては，問屋が介入した場合にも，問屋が第三者に販売しまたは第三者から買い入れたときと同様の経済的効果を収めることができるので，報酬を支払うべきものとしたのである。

なお，商品先物取引法 212 条は介入を禁じ，また，金融商品取引法 40 条の 6 は商品関連市場デリバティブ取引にかかる介入を禁じている。

7.3　問屋の実行売買の効果

1.　問屋と第三者との関係

問屋が委託に基づいて第三者との間で売買をしたときは，相手方（第三者）に対して問屋が自ら権利を得，義務を負うことになる（商 552 条 1 項）。問屋は自己の名をもって売買をするのであるから，問屋が法律上権利義務の主体になるのは当然である。それゆえ，売買契約の成立および効力に影響を

及ぼすべき事情は、問屋についてみるべきことになる。たとえば、詐欺、強迫、錯誤その他による契約の無効ないし取消の事由は、問屋についてその存否をみるべきことになる。委託者と第三者との間に存する相殺その他の抗弁事由をもって問屋は第三者に、第三者は問屋に対抗することはできない。問屋が委託者のために売買していることを第三者が知っていても同様である。しかし、目的物に瑕疵等があることにつき、販売を委託した委託者に悪意があるときは（商526条3項参照）、問屋の悪意と同視すべきである（通説）。

　第三者の不履行による損害は、実質的には委託者に生ずるが、委託者は第三者と直接には法律関係がなく、損害賠償を請求することはできない。この場合、問屋は委託者との間の取次契約の不履行となるが、これは問屋の責に帰すべからざる事由によるものであるから、委託者に対して損害賠償の義務を負わない。問屋に損害がない以上、問屋もまた第三者に対して損害賠償請求をなしえないことになりそうであるが、問屋はこの場合履行担保責任を負い（商553条）、これは第三者が債務を履行しないことによる損害であるものと構成（大隅・110頁）し、または問屋は第三者に対し債務の履行を請求できるところ、債務不履行による損害賠償請求は債務の履行に代わるべきものである（鈴木竹雄・新版商行為法・海商法・保険法37頁）として、問屋から第三者に対する損害賠償の請求を認めている。

2. 委託者と第三者との関係

　問屋が委託の実行として第三者との間で売買をしたときは、問屋が売買の当事者であり、委託者と第三者との間には、直接何らの法律関係も生じない。それゆえ、問屋と取引した第三者が売買契約上の義務を履行しない場合でも、委託者は第三者に対して履行の請求をすることはできず、また問屋が売買代金を支払わないなどの債務不履行があっても、第三者は委託者に対して履行の請求をすることはできない。

3. 問屋と委託者との関係

(1) 基本的な関係

　問屋は自己の名をもって委託者の計算で売買をなす者であるが，問屋が委託に基づいて第三者との間でした売買により取得する目的物や代金は，いつどのようにして委託者に帰属するのであろうか。

　刑事事件に関してではあるが，問屋は委託者の計算において販売または買入をなす者であるから，販売によって得た代金は委託者との関係においては当然に委託者に帰属するものであって問屋の所有に帰するものではないとの見解がある（大判大 12・12・1 刑集 2 巻 895 頁，同旨，最判昭 34・8・28 判時 199 号 35 頁）。商法 552 条 2 項は，問屋と委託者との間においては委任及び代理に関する規定を準用しており，代理人の行為が直接本人に効果が生ずるのと同じように，問屋と委託者との間に関するかぎり，問屋の売買により取得した目的物の所有権等が当然に委託者に帰属するとの見解も成り立つ。この見解に立てば，問屋が委託の実行として買い入れた目的物は，問屋の手中にある間（引渡前）においても委託者との関係では委託者の所有に帰し，問屋が破産しても，委託者が取戻権を行使しうるのは当然となる。

　しかし，問屋が委託の実行として第三者との間でした売買により取得した権利は，いったん問屋に帰属するという見解が，学説上は有力である（大隅・112 頁，神崎克郎・基本法コンメンタール商法総則・商行為法（第三版）135 頁ほか）。したがって，問屋が第三者から受け取った販売代金は，引渡をするまでは問屋のものであり，問屋が委託に基づいて第三者から買い入れた目的物の所有権は，問屋が委託者に引渡をするまでは問屋に帰属すると解している。この立場に立ちつつ，問屋が破産手続開始の決定を受けたときに委託者に取戻権を認める見解もある。

(2) 問屋の破産手続開始の決定と委託者の取戻権

　法律形式的には，問屋が委託の実行として買い入れた目的物は買主である問屋の所有に帰するが，その買入は委託者の計算で行ったものであるから，

終局的には，委託者に移転されるべきものである。委託の実行として問屋が買い入れた目的物を委託者に移転する前に問屋について破産手続開始の決定があった場合に，委託者は取戻権を有するかについては，争いがある。問屋が移転行為をする前に破産手続開始の決定があったときは，委託者は取戻権をもたず，買入物品は問屋の破産財団に属するとの見解もある（小町谷操三・商行為法論223頁）。

しかし，委託者の取戻権を肯定するのが近時の通説である。その理由はさまざまに説かれる。第一に，問屋はその性質上他人のために物品の売買を引き受ける者であって，その債権者は問屋が委託の実行としてなす売買によって形式的に取得する権利についてまで自己の債権の一般的担保として期待すべきではなく，実質的な利益状態に基づいて，委託者は問屋およびその債権者に対し実質上自己に属する権利につき取戻権を行使しうるものと解すべきであるというもの（大隅・111頁），第二に，商法552条2項が，問屋と委託者との間では代理の規定を準用するという場合の「問屋」とは，問屋のほかその周囲に存在する債権者群を包含すると解し，委託者は問屋が所有権を取得すると同時に，問屋およびその債権者に対する関係で所有権を取得するから，取戻権を有すると解するもの（鈴木竹雄・商法研究1, 273頁以下，西原・266頁）などに分かれている。

証券会社が委託者のために委託者の預託した金銭で取得した株券を委託者に引き渡す前に破産したケースについて，「問屋の債権者は問屋が委託の実行としてした売買により取得した権利についてまでも自己の債権の一般的担保として期待すべきではない」との理由（前述の第一説と同旨）で委託者の取戻権を認めた判例がある（最判昭43・7・11民集22巻7号1462頁）。この判例には，取戻権を基礎づける理論構成が示されておらず，利益衡量のみがむき出しの形で前面に現れている（藤原弘道・民商60巻3号425頁）。前述の学説の第二の理論構成によるべきであろう。

7.4　準問屋

　自己の名をもって他人のために販売または買入以外の行為をなすことを業とする者を準問屋といい，準問屋には，問屋に関する規定が準用される（商558条）。たとえば，新聞社の発行する新聞，雑誌，テレビ・ラジオの広告の取次を依頼者のために自己の名で引き受ける業者などである。運送取扱人の業務も準問屋に属するが，これについては別に述べる。

8

運 送 営 業

8.1 運送の意義と種類

1. 運送の意義

　商取引は，商品をその生産者から最終の消費者または利用者の所まで流通させる目的で行われるが，その目的を実現するには，商品を現実に移動させる必要がある。当初の海上貿易においては，商人である船長が自船に商品を積み込んで自ら運送しながら商品の売買を行ったが，商取引の発展に伴い運送業は分化独立の途をたどってきた。こうして，現代においては，運送業は商人の営業活動の補助業として重要な機能を果たしている。

　商法は，運送を引き受ける行為を営業的商行為の一種としている（商502条4号）。運送の対象は物品にかぎらず旅客も含まれる。したがって，運送とは物品または旅客の場所的移動をいう。そして，運送業とは，陸上または湖川，港湾において物品または旅客の運送をなすことを業とする者をいう（商569条）。

2. 運送の種類
(1) 運送の分類
運送は，その対象の違いによって物品運送と旅客運送に分けられ，また運送の地域の違いによって陸上運送，海上運送，航空運送に分けられる。このうち，商法は「運送営業」の章において，陸上運送についてのみ定めている。海上運送については別個に定めており，航空運送については，商法は規定を設けていない。ここでは，陸上運送について述べるにとどまる。

(2) 陸上運送の意義
陸上運送とは，陸上，湖川，港湾において物品または旅客を運送することをいう。陸上とは，地上だけを指すのではなく，地中（地下鉄）を含む概念である。湖，川，港湾での遊覧船などの運送も陸上運送に含まれる。湖川，港湾以外の海における運送は海上運送になる。

8.2 物品運送

1. 物品運送契約
物品運送契約とは，運送人がその保管のもとに物品を一定の場所から特定の場所へ運送することを約する契約である。これは，諾成かつ不要式の契約であって，書面の作成や運送品の引渡がなくても契約は成立するが，実際には，何らかの書面が作成されるのが普通である。運送契約は，運送という仕事の完成を目的とする請負契約の一種である。物品運送にあっては，運送人が物品をその保管のもとにおき，運送品保管義務を負うが，その保管は運送を実行するための方法にすぎないから，請負契約のほかに寄託契約の併存を認める必要はないものと解される。運送契約に関する商法の規定は詳細であるから，民法の請負契約に関する規定を適用する余地はほとんどない。

物品運送契約の当事者は，運送の委託者（荷送人）と運送人とである。このほかに，目的地において運送品の引渡を受ける荷受人が存在する。荷送人

と荷受人とは別人であるのが普通であるが，同一人でもさしつかえない。

2. 荷送人と運送人との関係
(1) 運送人の権利
① **運送品引渡請求権**　運送契約は諾成契約であるから，運送品の引渡がなくても成立するが，運送品の引渡がなければ，運送人はその債務を履行できない。したがって，運送人は，荷送人に対し運送品の引渡を請求することができる。

② **運送状交付請求権**　荷送人は運送人の請求により運送状を交付しなければならない（商570条1項）。逆にいえば，運送人は運送状の交付を荷送人に対して請求する権利がある。運送状には，運送品の種類，重量または容積，その荷造りの種類，個数並びに記号，到達地，荷受人の名称，作成地および作成年月日を記載すべきことになっている（商570条2項）。

運送人は，その記載から運送品や荷受人，到達地等を知ることができ，運送契約の内容を荷受人に知らせるのに利用できる。運送状は，貨物引換証とは異なり，有価証券ではなくて，運送契約に関する証拠書面にすぎない。運送契約は要式契約ではないから，運送状の作成・交付がなくても運送契約は成立する（最判昭30・1・27民集9巻1号42頁）。運送状は単なる証拠書面にすぎないから，法定記載事項の一部を欠いても無効な運送状というべきではなく，その記載の範囲内において証拠力を有する。

③ **運送賃請求権**　運送人は特約がなくても相当の運送賃を請求することができる（商512条）。実際には，その額は特約をもって定めるのが一般である。

運送の途中で運送品の全部または一部が不可抗力によって滅失したときは，運送人はその運送賃を請求することができず，すでに運送賃の全部または一部を受け取っているときは，それを返還しなければならない（商576条1項）。ここでの不可抗力とは，「当事者双方の責めに帰することができない事由」（民536条1項）と同義に解するのが通説である。運送人の占有中に滅失し

た場合にかぎられる。また，運送品の毀損または延着とは区別しなければならない。毀損が甚だしくて物品の経済的価値が全く失われたときは滅失に当たる。運送品の全部または一部がその性質もしくは瑕疵または荷送人の過失によって滅失したときは，運送人は運送賃の全額を請求することができる（商576条2項）。荷造りが不完全だったような場合である。

④　**費用償還請求権**　運送人は，運送品に関して支出した立替金その他の費用（たとえば関税，保険料，倉敷料など）の支払を荷送人に対して請求できる（商513条2項）。

⑤　**留置権**　運送人は，運送品に関して受け取るべき運送賃，立替金その他の費用または前貸しについてだけ運送品を留置することができる（商589条，562条）。運送人のこの留置権は運送行為を完了して運送賃支払請求権が発生したことが必要であり，まだ運送を完了していないときは留置権は発生しない（大判昭5・4・28新聞3125号9頁）。また，運送人が留置権を有するとしても，立替金または前貸しにつき荷受人に対して弁済を請求することはできない（大判昭2・4・22民集6巻203頁）。なお，運送人は，この留置権のほか一般の商事留置権（商521条）をも有することはいうまでもない。

⑥　**先取特権**　運送人は民法によって，荷物の運送賃および付随の費用について，その手中にある荷物（運送品）の上に先取特権を有する（民318条）。

⑦　**運送品の供託・競売権**　商法は，運送人を保護するために，（イ）荷受人を確知できないとき，（ロ）運送品の引渡に関し争いがあるとき，（ハ）運送品が損敗しやすいとき，に運送人に供託権および競売権を付与している。運送人は，荷受人を確知できないとき（所在不明など）は，運送品を供託することができ，さらに荷送人に対し相当の期間を定めて運送品の処分につき指図をなすべき旨を催告し，その期間内に荷送人から指図がないとき，運送品を競売することができる（商585条1項，2項）。荷受人が無条件に受領を拒絶する場合も同様と解される。供託または競売したときは，遅滞なく荷送人にその通知を発しなければならない（商585条3項）。

荷受人が，運送品の数量不足，品質相違その他の理由で受領を拒む（運送品の引渡に関して争う）場合にも供託することができ，さらに競売することもできるが，そのためにはまず相当の期間を定めて荷受人に運送品の受取を催告し，その期間が経過してもなお受け取らない場合には，次に荷送人に期間を定めて指図を求め，その期間内に指図がなければ，運送人は競売することができる（商586条1項，2項）。

運送品が損敗しやすいものであるときは，運送人は催告することなく直ちに競売することができる（商587条）。

運送人が競売したときは，競売代価を供託しなければならないが，競売代価の全部または一部を運送賃，立替金その他の費用に充当することができる（商587条，524条3項）。

(2) 運送人の義務

① **運送義務**　運送契約の当然の義務として，運送人は，運送品を受け取り，保管し，到達地まで運送し，荷受人または貨物引換証が発行されたときはその所持人に運送品を引き渡すべき義務を負う。

② **貨物引換証交付義務**　荷送人の請求があるときは，運送人は貨物引換証を交付しなければならない。これについては後に詳しく述べる。

③ **荷送人の指図に従う義務（荷送人の運送品処分権）**　荷送人または貨物引換証の所持人は，運送人に対して，運送の中止，運送品の返還その他の処分を請求することができる（商582条1項前段）。運送の過程における市場の動向や買主の信用状態の変化に対処せしめるために荷送人等に認められた運送品の処分権である。処分権者は荷送人または貨物引換証が発行された場合はその所持人である。運送品が到達地に達したときは，荷受人が運送品について権利を取得するが（商583条1項），到達地に達するまでの間は，荷受人は処分権を有しない。

運送人が従うべき荷送人の指図の範囲は，一方的に運送人の義務を加重し，運送契約上の義務を本質的に変更するものであってはならない。「運送品の

返還」の指図は，運送品の現在地における引渡を意味する。発送地への返送の指図は，この返還義務の範囲を超え，新たな運送契約の申込に当たる。到達地より遠方への運送の指図も同様である。その他の処分の指図として，荷受人の変更は許される（東京高判昭27・7・7下民集3巻9号939頁，名古屋地判昭37・11・30判時342号33頁）が，運送品の競売の指図は運送人に過重の責任を負担させることになるので，運送人はこれに従う義務はない（長崎控判昭7・5・2新聞3414号8頁）。荷送人のこの処分権は，運送品が到達地に達したのち荷受人がその引渡を請求したときは消滅する（商582条2項）。

運送人が荷送人の指図に従って運送品を処分したときは，運送人はすでになした運送の割合に応じた運送賃，立替金およびその処分によって生じた費用の弁済を請求することができる（商582条1項後段）。

貨物引換証が交付されたときは，運送品の処分権は証券の所持人にある。荷送人から荷受人に対する売買を取り消した旨を告げて運送品の返還を請求された場合であっても，運送人は貨物引換証と引換でなければその請求に応じなくてよい（大判昭7・3・18新聞3407号16頁）。運送人が貨物引換証の返還を受けたときは，運送人は荷主または正当な質権者の処分の指図に従わなければならない（大判明41・6・4民録14輯658頁）。

(3) 運送人の損害賠償責任

① **債務不履行責任**　運送人は自己もしくは運送取扱人またはその使用人その他運送のために使用した者が，運送品の受取，引渡，保管および運送に関し注意を怠らなかったことを証明するのでなければ，運送品の滅失，毀損または延着につき損害賠償の責任を免れえない（商577条）。商法577条の規定は，ローマ法のレセプツム（receptum）責任（海上運送人，旅館および駅舎の主人は，その引き受けた物品を安全に保管して返還すべき義務を負い，返還できないときは無過失の損害賠償責任を負った）に由来する厳格な責任を運送人に課した特別規定と解されていたが，現在の通説は，民法の債務不履行に関する原則（民415条）と同様の責任を運送人について定めたにすぎない

と解している。同条により運送人は，自己または履行補助者に過失がなかったことを証明しないかぎり損害賠償責任を免れない（過失責任）。

② **責任原因**　同条により運送人が損害賠償責任を負うのは，自己またはその運送の履行補助者が，運送品の受取，引渡，保管および運送に関し注意を怠り，そのため運送品の滅失，毀損または延著により損害を生ぜしめた場合である。履行補助者に過失がなかったことを立証しないかぎり，その選任監督につき注意を怠らなかったことを証明しても，損害賠償責任を免れない（大判昭5・9・13新聞3182号14頁）。運送人が誤送して本来の荷受人以外の者に引き渡した場合には，この事実だけで滅失とは解されず，その運送品が現実に滅失したかまたは誤送された者がそれを処分（売却等）してしまったときにはじめて滅失と同視される（大判昭17・5・30法学12巻150頁）。

運送人の使用人が荷受人以外の者に荷物を引き渡した場合には，その使用人に過失がなかったとはいえない（最判昭35・3・17民集14巻3号451頁）。運送人が誤送し，荷受人以外の者が受け取り，本来の荷受人が運送品の返還を受けることができなかったときは，運送人の荷受人に引き渡すべき運送契約上の債務は履行不能に帰したものであり，かつその債務不履行は，特段の事情のないかぎり，運送人の使用人の重大な過失と推認される（最判昭53・4・20民集32巻3号670頁）。運送中に運送人の過失により汚損を生じ，受取を拒まれた運送品が，荷送人に返還すべく保管中に不可抗力によって滅失した場合には，運送人はその滅失につき責任がある（大阪高判昭38・10・30下民集14巻10号2155頁）。

③ **損害賠償請求権者**　運送契約上の権利者が損害賠償請求権者である。したがって，荷送人および運送品到着後の荷受人（商583条1項）が請求権者であり，貨物引換証が発行されたときは，もっぱらその所持人が請求権者である。貨物引換証が発行された場合には，その証券を所持しない者は，運送品の滅失を理由に損害賠償を請求できない（大判明41・5・4民録14輯534頁）。ところで，荷送人Xが荷受人A宛に運送を委託したのに運送人Yが誤ってたまたま運送品の所有者Bに配送し，XがBに返還請求をしたがBは

運送品がBの所有物であることを理由に返還を拒み，YのXに対する運送契約上の債務が履行不能となった場合に，XはYに運送品の滅失と同視すべき事由の発生を理由に損害賠償を請求できるであろうか。運送品が全部滅失したにもかかわらず，荷送人または荷受人に全く損害が生じない場合には，運送人は何ら損害賠償責任を負わないというのが判例・多数説である（前掲最判昭53）。損害が発生していない者には損害賠償請求権もないということである。

④ **損害賠償額** 運送人は大量の運送品を低廉な料金で運送することを考慮して，特別損害を除外し，通常生ずべき損害の範囲にとどめ，かつ損害額の算定の定型化をはかっている。運送品の全部滅失の場合の損害賠償額は，引渡をすべきであった日における到達地の価格により定めた額，一部滅失または毀損の場合には，その引渡をした日における到達地の価格を基準とし，一部滅失または毀損の状態における運送品の価格と完全で無きずであったならば有した価格の差額である（商580条1項，2項）。一部滅失または毀損と延着とが重なったときは，引き渡すべきであった日における到達地の価格によって損害賠償額を定める（商580条2項但書）。この基準で定まる賠償額より実損額が少ない場合にも，運送人は賠償額を下げることはできないと解されている（通説）。なお，運送品の滅失または毀損のため支払う必要のない運送賃その他の費用は賠償額より控除される（商580条3項）。

引き渡すべきであった日（引渡あるべかりし日）とは，普通の経過において運送品が引渡地に到着し，荷受人に交付することができたであろう時期であり，貨物引換証が作成された場合には，その証券を呈示すれば引き渡すことになっている日である（大判大11・6・26新聞2033号20頁）。

運送人の悪意または重過失により運送品が滅失，毀損または延着したときは，運送人は一切の損害を賠償しなければならない（商581条）。同条は「運送人の悪意または重過失」といっているが，履行補助者の悪意・重過失が含まれることは明らかである。

高価品については特則がある。貨幣，有価証券その他の高価品については，

荷送人が運送を委託するに当たりその種類および価額を明告したのでないかぎり運送人は損害賠償の責任を負わない（商578条）。高価品は盗難その他の滅失が生じやすく，損害も巨額にのぼり，もし高価品であることの明告があったならば，運送人は特別な配慮をすることができ，保険をかけることも考えることができ，また割増運賃を請求することができたであろうことが考慮され，特別規定が設けられた。

　高価品とは，容積または重量の割に著しく高価な物品をいい（最判昭45・4・21判時593号87頁），例示された貨幣，有価証券のほか貴金属，宝石，美術品，骨董品，毛皮等が含まれる。容積重量とも相当巨大であって，その高価なことが一見明瞭な研磨機は，商法578条の高価品には当たらない（前掲，最判昭45）。明告を要する「運送品の種類」とは，高価品に当たるか否かを識別できる程度の種別を意味する（大阪地判昭30・3・8判時75号18頁）。新聞原稿を高価品と認定した例がある（釧路区判昭2・9・12新聞2743号7頁）。運送品の内容等を運送人が知悉していた場合には，荷送人が明告しなかったとしても，運送人は賠償額の減免を主張できないというのが多数説である（大阪高判昭38・10・30下民集14巻10号2155頁）。荷送人が明告しなかったときは，高価品の滅失，毀損等による損害につき，運送人に損害賠償を請求できない。ただし，運送人に故意・過失があった場合に，不法行為による損害賠償の責任が問題になりうる。

　⑤　**運送人の責任の消滅**　荷受人が留保（運送人に運送品の一部滅失または毀損があることおよびその概要を知らせること）しないで運送品を受け取りかつ運送賃その他の費用を支払ったときは，運送人の責任は消滅する（商588条1項本文）。運送品の状態に関する証拠保全の機会を運送人が失うからである。ただし，運送人に悪意があった場合および運送品に直ちに発見することができない毀損または一部滅失があって荷受人が引渡の日より2週間内に運送人にその通知をしたときは，運送人の責任は消滅しない（商588条1項但書，2項）。悪意とは，運送人が運送品の毀損または一部滅失のあることを知って引き渡したことをいう（最判昭41・12・20民集20巻10号2106頁）。

⑥ **短期時効** 運送品の滅失，毀損および延着により生じた損害についての運送人の責任は，運送人が悪意の場合を除き，荷受人が運送品を受け取った日（全部滅失以外）または引渡をなすべきであった日（全部滅失のとき）から1年を経過すると時効により消滅する（商589条，566条）。

証拠保全の困難さが考慮されたためであり，運送品の滅失，毀損および延着により生じた損害についての責任のみに適用されると解される（通説）。運送行為が包括的な委託業務の一部として行われることもあるが（例えば，輸入品につき税関から荷主のために物品を受け取り，自己の倉庫で保管・検品・仕分けをした上で荷主の指示する取引先に物品の配送を行う一連の業務の引受），本条をこのような場合にまで適用すべきでないであろう。

また，運送人の委託者または荷受人に対する債権は1年の経過により時効消滅する（商589条，567条）。

⑦ **運送人の不法行為責任** 商法577条以下に規定される運送人の損害賠償責任は，債務不履行に基づく責任である。運送人が自己または使用人の故意または過失により運送品を滅失・毀損した場合には，債務不履行とは別に，運送品の所有権の侵害として不法行為の要件を備えることになる（民709条，715条）。これら二つの損害賠償請求権については，請求権競合説と法条競合説との見解に分かれている。判例は請求権競合説の立場に立ち，高価品の明告がないときは，運送人は債務不履行の責任は免れるが，不法行為責任を免れるものではないと解している（大判大15・2・23民集5巻104頁，国際海上物品運送につき，最判昭44・10・17判時575号71頁）。契約責任と不法行為責任とは局面を異にするものであるから，両賠償請求権は別個の権利であり，権利者はそのいずれかを選択行使できるという立場である。

これに対して，法条競合説は，1個の行為が二つの法規の適用を受けるような外観を呈するが，請求権の発生は1個にすぎず，この場合，契約法の規定と不法行為法の規定は特別法と一般法との関係に立ち，前者により後者の適用は排除されると解すべきであるとして，運送品が滅失または毀損した場合には，運送人は商法の規定によってのみ損害賠償の責任を負い，したがっ

て高価品につきその明告がないため運送人が商法上の責任を負わない場合には，不法行為責任も負わないと解している（大隅健一郎・商行為法142頁，西原寛一・商行為法306頁）。

　請求権競合説に対しては，商法が運送人の債務不履行責任について特則を設けまた免責を認めている（商578条）のに，別に不法行為責任を負うとすれば，商法の趣旨が没却されるとの批判がある。非高価品に関しては，商法は過失責任の原則に立っており（商577条），運送人は自己または履行補助者に故意・過失がなかったことを証明しなければならないので，契約責任のほかに不法行為責任をも認める必要性は乏しい。しかし，高価品については，明告がないかぎり運送人は滅失，毀損につきまったく賠償責任がなく，運送人に故意・重過失があっても不法行為責任も免れると解するのは問題である。法条競合説に立つ学者も，高価品につき運送人が故意に滅失または毀損させたときだけは免責されないと解している（大隅・141頁，西原・304頁）。非高価品については運送人は注意を怠ってはならない（過失責任）のに，高価品であるときは，明告がなければ運送人の契約上の注意義務がまったく排除され，滅失，毀損につきまったく賠償責任がないとする立法に問題がある。このような立法に合理性があるとすれば，運送人をして巨額の賠償額の支払を免れさせることであろう。解釈論としては，不法行為責任を認め，その賠償額につき過失相殺で調整すべきであろう。

　⑧　**免責約款**　運送人の責任に関する商法の規定は強行法規ではないがゆえに，当事者がこれと異なる特約をすることは妨げられない。実際にも，運送契約，ことに貨物引換証の約款中に種々の特約が記載され，運送人の責任を免除ないし軽減する条項（免責約款）が含まれる。使用人の過失による損害については責任を負わない旨の過失約款，運送人の損害賠償額を一定額に制限する旨の賠償額制限約款などである。免責約款は，債務者の債務不履行責任について適用されるものであるが，さらに不法行為責任にもその効力が及ぶであろうか。宅配便の運送約款に存在する賠償額制限約款について争われた事案がある。運送人（宅配便業者）Yの宅配便約款には，荷送人の氏

名，荷物の品名及び価格等を必ず記載すべきこと，損害賠償の限度額を30万円とする旨の条項があり，送り状には，30万円を超える高額な品物は引き受けない旨の文言が印刷されていた。荷送人Bは，ダイヤモンド等の宝石（約400万円相当）の宅配をYに依頼したが，その際，依頼主欄及び届け先欄（X）を記載したが，品名及び価格の欄は記載しなかった。Yによる運送の途上で紛失したが，Yに重過失はなかった。X（宝石加工業者）は顧客（所有者）に品物の価格を賠償し，所有者のYに対する不法行為に基づく損害賠償請求権を取得したとして，Yに対して賠償請求をした。Yは，賠償額制限約款により30万円を超える額については支払わないとして争った。最高裁は，「責任限度額の定めは，運送人の荷受人に対する債務不履行に基づく責任についてだけでなく，荷受人に対する不法行為に基づく責任についても適用されるものと解するのが当事者の合理的な意思に合致するというべきである」（最判平10・4・30判時1646号162頁）と説き，免責約款の効力は，債務不履行責任だけでなく不法行為責任にも及ぶとの立場を表明した（結論に賛成するものとして，落合誠一・本件評釈・商法総則・商行為判例百選（第五版）200頁）。

3. 荷受人と運送人との関係

(1) 貨物引換証が発行されていない場合

荷受人は運送契約の当事者ではないが，運送品が到達地に達した後は，荷受人は運送契約により生じた荷送人の権利を取得する（商583条）。運送品が到達地に到達した後でも荷送人は権利がなくなるのではなく，荷受人とともに運送品に対する処分権を失わない。しかも，荷受人が運送品の引渡を請求する前の段階においては，運送人に対し両者が処分についての指図をなしうるが，両者の指図が矛盾するときは，荷送人の指図が優先する（通説）。法が「荷受人は運送契約により生じた荷送人の権利を取得する」といっているのは，荷送人の権利と同一内容の権利を取得するという意味であって，権利が荷送人から荷受人に移転する趣旨ではない。もし，移転するのであれば，

荷受人だけが権利を承継し，荷送人は権利者でなくなる。荷受人が，運送品の到達後，その引渡を請求したときは，荷送人の運送品に対する処分権は消滅すると定める（商582条2項）。しかし，完全に消滅するのではなく，運送品の引渡に関して争いがある場合（数量不足，品質違いなど）には，運送人は荷送人の指図を求めるべき義務があり（商586条1項，585条2項），この段階では，荷受人の権利が優先するだけである。

荷受人の地位をどう説明するかをめぐって現在二つの見解がある。その一つは，第三者のためにする契約説である（大隅・146頁ほか）。すなわち，運送契約は荷送人と運送人との間の契約によって運送人が荷受人に給付することを約したものと解すべきである。荷受人が権利を取得する根拠を荷送人の意思表示に求める。この説に対しては，荷受人は受益の意思表示を要しないで当然に権利を取得すること（民537条2項参照），荷受人は権利だけでなく運送賃その他の費用を支払う義務をも負う（商583条2項）が，その義務は法の規定によるものであること，したがって一貫した説明ができないことが批判される。他の一つは，荷受人の権利・義務は法の特別規定に基づくと解する説である（鈴木竹雄・新版商行為法・保険法・海商法47頁，西原・313頁ほか）。第三者のためにする契約説には，上述のような無理があるほか，荷送人と荷受人とが同一人でもよいから，つねに第三者のためにする契約ともいえず，後説によるべきである。

(2) **貨物引換証が発行された場合**

貨物引換証が発行されている場合には，運送契約上の権利はその証券に表章され，証券の所持人が権利者となる。

❖**宅配便および引越運送**　運輸省（現国土交通省）は，平成2（1990）年に「標準宅配便運送約款」（平成2年運輸省告示第576号, 最終改正 平成15（2003）年3月国土交通省告示第170号）及び「標準引越運送約款」（運輸省告示第577号, 最終改正平成15年3月国土交通省告示第170号）を告示した。宅配便約款では，荷物1個ごとに契約内容を詳細に記載した「送り状」を発行すること，送り

状に荷物引渡予定日が記載された場合には，記載の日に，その記載がない場合には，運送距離が最初の 400 キロメートルについては受取日から 2 日，最初の 400 キロメートルを越える 400 キロメートルごとに 1 日を加算する日に荷物を引き渡すこと，荷受人が不在のときは「不在連絡票」によって通知した上で，営業所等で保管するのが原則であるが，荷受人の隣人の承諾を得て，その隣人に荷受人への荷物の引渡を委託することがあること，業者は，自己又は使用人等が荷物の受取り，引渡，保管及び運送に関し注意を怠らなかったことを証明しない限り，荷物の滅失，毀損又は遅延について損害賠償の責任を負うこと，荷物の毀損については，荷物引渡日から 14 日以内に通知を発しないかぎり賠償責任は消滅すること，荷物の滅失，毀損，遅延のよる損害については，荷物の性質による発火，腐敗，変色に事由，不可抗力による火災，予見できない異常な交通障害，地震，津波，地すべり，山崩れ等の天災などが免責事由とされること，などが定められている。

また，引越運送約款は，無料で見積書を発行すること，荷送人は荷物の性質，運送距離等に応じて運送に適するように荷造りをしなければならないが，荷送人の負担において運送人が荷造りを行うことがあること，実際に要する運賃等が荷送人の責任による事由により見積書に記載した合計額を超える場合にだけ，修正された運賃等の支払義務があること，荷送人は見積書記載の運送日の 2 日前までは無料で解約することができるが，運送日の前日に解約するときは見積書に記載した運賃の 10％以内，当日に解約するときは運賃の 20％以内を支払わなければならないこと，荷物の一部の滅失又は毀損については，引渡の日から 3 カ月以内に通知を発しないときは，運送人の責任は消滅することなどが定められているほか，荷物の滅失又は毀損により直接生じた損害について運送人は損害賠償責任を負うが，宅配便運送約款におけると同じ免責事由が定められている。

8.3 貨物引換証

1. 貨物引換証の意義
(1) 貨物引換証の意義
　貨物引換証とは，運送人が運送品の受取を確認するとともに運送品の引渡を約する証券であり，運送品引渡請求権を表章する有価証券である。この証券は，もともと海上運送の分野において普及した船荷証券の制度を陸上運送の分野に広げたものであるが，船荷証券のようには多用されていない。荷送人の請求があるときは，運送人は貨物引換証を作成・交付する義務がある（商571条1項）。

　荷送人（売主）は，この証券によって運送中の貨物を譲渡しまたはこれを担保として金融を受けることができ，荷受人（買主）は貨物到着前に貨物引換証によって運送中の貨物を転売することができる。

(2) 貨物引換証の記載事項
　貨物引換証の記載事項は法定されている（商571条2項）。それゆえ，貨物引換証は要式証券である。しかし，手形や小切手のような厳格な要式証券とは解されず，証券の記載自体から運送品および運送契約の内容を知ることができる程度に記載されていれば足りると解される（通説）。たとえば，運送賃，証券の作成地および作成年月日，荷送人など，非本質的事項の記載を欠いても証券は無効とならない。

　① **運送人の署名**　運送人は貨物引換証に署名（自署または記名捺印）しなければならない（商32条）。

　② **運送品の種類，重量または容積およびその荷造りの種類，個数ならびに記号**　これらの事項は引き渡されるべき商品の同一性を認識するための記載事項であるから最も重要な事項である。この記載をきわめて厳格に解し，その商品の取引に従事する者の間では運送品の種類・容積・個数を明確に知

ることができ，取引上何らの支障もないのに，荷造りの種類および記号の記載を欠いた貨物引換証を無効とした判例もある（大判大5・7・4民録22輯1314頁）が，その後，船荷証券に関してではあるが，同じく荷造りの種類および記号の記載の欠けたものを有効とするにいたった（大判昭12・12・11民集16巻1793頁）。この判例は貨物引換証にも妥当し，したがって判例も要式性について必ずしも厳格な立場をとらないことになった。

③ **到達地** 到達地とは独立最小行政区画を意味せず，一定の地域ないし場所（鉄道運送における着駅など）で足りる。この記載を欠けば証券は無効となる。

④ **荷受人の名称** 貨物引換証の名宛人とされた者は荷受人と解され，かつ荷送人が名宛人とされた貨物引換証も有効である（大判大4・5・14民録21輯764頁）。無記名式も許されるかどうかについては議論もあるが，選択無記名式が許される（商519条）以上，無記名式も許されるべきである（通説）。

⑤ **荷送人の名称** 運送契約における運送委託者が荷送人であって，運送品の所有者である必要はない。貨物引換証は運送人に対する物品の引渡請求権を表章するものであるから，荷送人の記載は必ずしも本質的事項ではなく，これを欠いても証券は無効とならない（通説）。

⑥ **運送賃** 運送賃前払いのときは，それを記載していなくても証券が無効となることはない（大判明37・6・17民録10輯852頁）。運賃未払いの場合にも，この記載がなくても有効というのが近時の通説である。運送賃の記載が全くない場合にも，運送人は相当の運送賃を請求できるという学説が多数説であるが（西原・326頁ほか），証券の文言的性質からいって，証券の所持人に運送賃を請求できないとの説も有力である（大隅・154頁）。「運送賃着払い」とか「運送賃先払い」等の記載があるときは，相当の運賃を請求できるが，何らの記載がないときは請求できないと解すべきである。

⑦ **貨物引換証の作成地および年月日** これらの事項は，証券の所持人に運送品の到達時期を推知せしめる意義があるが，これが記載されていなく

ても，証券は無効にならない。

2. 貨物引換証の流通

　貨物引換証は記名式のときでも裏書によって譲渡することができる（商574条本文）。いわゆる法律上当然の指図証券である。ただし，裏書禁止文句を記載することも許され，この場合には裏書譲渡はできない。運送人は荷送人の同意がないかぎり，裏書禁止文句を記載できないと解される。けだし，一般に荷送人がこの証券の発行を請求するのは，証券によって運送品を処分することを予定しているからであり，運送品の簡易・迅速な処分を予定していないときには，証券は不要だからである。

　裏書の方式およびその効力としての権利移転的効力・資格授与的効力については手形法14条2項および小切手法19条の準用がある（商519条），担保的効力（手15条，小18条）に関する規定は準用されておらず，貨物引換証の裏書には担保的効力はない。選択無記名式，または無記名式の貨物引換証は単なる交付により譲渡できる。裏書署名の方法として，会社の商号のゴム印と会社印の押捺だけでは足りず（無効），会社の代表機関が会社のためにすることを示して署名ないし記名捺印する必要があるというのが判例の立場である（最判昭57・7・8判時1055号130頁，倉荷証券に関する判例）。

3. 貨物引換証の効力

(1) **債権的効力**

① **文言的効力**　貨物引換証が作成されたときは，運送に関する事項は，運送人と証券の所持人との間においては，貨物引換証の定めるところによる（商572条）。運送人と荷受人との運送契約上の権利義務は，本来，その運送契約によって定まる事項であり，荷送人から証券を譲り受けた所持人と運送人との権利義務も運送契約によって定まることになりそうであるが，証券の取得者は証券の記載を信頼して取得するのであるから，商法は証券に文言的効力を認め，証券の所持人と運送人との間に関しては，証券の記載を基準

として，その債権的関係を定めることとした。運送人と証券所持人との間の債権的関係を決定する効力を証券が有することを，貨物引換証の債権的効力という。換言すれば，それは証券の文言的効力である。

証券の文言的効力は，貨物引換証の記載を信頼して取得した者を保護するために認められた効力であるから，善意の証券取得者に対する関係でのみ作用する。たとえば，品違いや数量・容積等の違いを知っていた悪意の証券取得者や荷送人自身が証券所持人である場合には，文言的効力は認められない（大判昭7・3・2新聞3390号13頁）。

② **貨物引換証の要因性**　判例によれば，貨物引換証は運送人が荷送人との間の運送契約に基づいて荷送人より運送品を受け取り，それによって運送人が運送品引渡の債務を負担した場合に作成されるべきもので，まだ運送品を受け取っていない間に作成された貨物引換証は原因を具備せず目的物が欠缺するがゆえに無効であると解される（大判昭13・12・27民集17巻2848頁）。すなわち，貨物引換証は要因証券であるという。学説上も，要因証券と解するのが通説である。条文上に根拠があるわけではなく，貨物引換証は，運送契約を前提とし，その運送品の受取を原因として発行されるべきものであるという，その制度に理由を求めている。

貨物引換証が要因証券だとすれば，運送人と証券所持人との間では運送に関する事項は証券の文言によって定めるとする文言性（商572条）との関係はどうなるのであろうか。要因性と文言性との関係については，学説は林立している（福瀧博之・商法総則・商行為判例百選（第五版）184頁，原秀六・商法の争点Ⅱ240頁参照）。現在の通説的立場は，要因性と文言性との両性質を認めたうえで，次のように説く。貨物引換証上の権利は，特定の運送契約に基づく運送品引渡請求権であるから，証券上の権利の運命は運送契約自体の運命に従う。したがって，運送契約が無効または取り消された場合には，証券上の権利も存在せず，また運送品が不可抗力によって滅失した場合には証券上の権利も消滅することとなる，という面で要因性が働くという（大隅・159頁）。他方，貨物引換証の文言的性質（商572条）から，証券の発行行為

自体が有効であるかぎり，証券上の記載どおりの効力が生じ，品違いや空券（全然運送品を受け取っていない場合）のときも，運送人は証券上の記載どおりの物品を引き渡す義務が生じ，その記載どおりの運送品を引き渡すことが実際にはできないが，債務不履行による損害賠償の責任を負うことになると説かれる（大隅・157頁）。あるいは，貨物引換証は，実質的な運送契約の存在を前提とする要因証券であり，空券は原因を欠くがゆえに無効であるが，運送人は証券の善意の取得者に対しては，禁反言則（商572条は禁反言則に基づく規定）の適用により，その無効を主張しえず，証券記載どおりの運送品の引渡ができないことにつき債務不履行責任を負うとの説も有力である（西原・321頁）。この説は，証券作成行為に関する瑕疵（詐欺，強迫，錯誤，偽造など），証券の性質により生ずる事由（不可抗力による運送品の滅失・毀損），直接に対抗できる事由について運送人は証券所持人に対して抗弁を主張しうると説く。

　近時，空券・品違い等に関する証券発行者の責任について，証券の要因性，文言性という性質論から考察するだけでは適当でなく，証券発行に基づく責任はいかにあるべきかという観点から要件・効果を考えるべきであり，証券発行者はその無過失を証明しないかぎり責任を免れず，証券所持人の信頼利益を賠償すべきであるとの説が唱えられている（落合誠一「物品証券不実記載発行者の損害賠償責任」鴻先生還暦記念263頁，江頭憲治郎・商取引法（七版）379頁）。正当な指摘である。前述の禁反言則による処理や権利外観法理による証券発行者の責任の基礎づけ（藤原雄三「貨物引換証の債権的効力」長谷川教授還暦記念135頁）は，同様の方向で解決しようとするものといえる。

　証券の発行者はその無過失を証明しないかぎり，責任を免れず，証券所持人の信頼利益を賠償すべきであるとの結論は，外観法理の適用により得られる。証券発行者の帰責事由と証券外観通りの権利を取得できるとの信頼利益の保護を受けるべき者の主観的要件を決定する必要がある。空券の場合には，特段の事情のないかぎり，発行者による帰責事由があることは疑いない。品違い，数量相違，品質相違などの場合には，運送品受領の際，運送人にどの

程度まで内容の検査が可能であったかを考慮して過失の有無を判断する必要がある。

単純に証券を作成したこと自体に帰責事由を求めることはできない。所持人保護の要件は悪意・重過失がないことであるべきであろう。これが，商取引ないし有価証券取引の一般的な要件である。信頼利益は証券の記載が基準となる。証券に記載通りの権利の取得を信じたのであり，損害賠償額の基準とされるべきである。権利外観の有責的作出に対する責任は，不法行為でも純粋な法律行為に基づく責任でもないが，取引上の債務不履行責任に準じて扱われる。

(2) 物権的効力
① **意義** 貨物引換証が運送品の上における物権関係を定める効力を貨物引換証の物権的効力という。この点につき商法は二つの条文を設けている。まず，貨物引換証が作成されたときは，運送品に関する処分は貨物引換証によってしなければならないこと（商573条），すなわち，貨物引換証の処分証券性が規定され，次に，貨物引換証の引渡は，運送品の上の行使する権利の取得につき運送品の引渡と同一の効力を有すること（商575条），すなわち，貨物引換証の引渡証券性について定められている。

② **処分証券性** 貨物引換証が発行された後も，権利者が証券によらないで運送品を処分できるものとすれば，証券の取得者を害することになる。したがって，貨物引換証が発行された後は，運送品の処分は証券によってのみなされるべきことになる。この場合の運送品の処分とは，運送品の譲渡や担保としての処分などを意味する。貨物引換証の発行後は，たとえ荷主であっても，運送品の処分は証券によってしなければならないが，証券によらないで直接に運送品について物権的処分がなされる場合がありうる。たとえば，貨物引換証を発行しているのに，運送人の履行補助者が発行の事実を知りながら証券と引き換えでなしに運送品を証券所持人以外の者に引き渡し，引渡を受けた者が自己の所有物としてその物品に質権を設定した場合，質権者が

平穏かつ公然に物品の占有をなし，善意・無重過失であったときは質権を善意取得（民192条）する。このように，証券の所持人と運送品を直接善意取得した者とがある場合には，後者の権利が優先する（大判昭7・2・23民集11巻148頁，淺木愼一・商法総則・商行為判例百選（第五版）188頁参照）。

③ **引渡証券性**　運送中の物品は荷主の占有を離れ運送人の占有保管のもとにおかれるため，荷主が運送品を譲渡しまたは質権を設定しても，譲受人または質権者の対抗要件（民178条）ないし効力要件（民344条）である引渡について問題が生ずる。そこで，商法は荷主が運送中の商人の処分を容易・迅速になしうるように，貨物引換証により運送品を受け取るべき者に貨物引換証を引き渡したときは，その引渡は，運送品の上に行使する権利につき運送品の引渡と同一の効力を有する（商575条）と定めた。すなわち，運送品を譲渡し，譲受人に貨物引換証を引き渡したならば，運送品自体を引き渡したのと同一の効力を有し，また運送品に質権を設定して貨物引換証を質権者に引き渡せば，運送品自体を引き渡したのと同一の効力を有するものとした。

「貨物引換証により運送品を受け取ることを得べき者」とは，証券の記載により証券上の権利者たる資格を有する者のことであり，指図式の場合には裏書の連続する証券の被裏書人，無記名式または選択無記名式の場合は証券の所持人である。

物権的効力ないし引渡証券性の法的構成については，絶対説と相対説とに分かれる。絶対説によれば，証券の引渡は物品の占有移転の絶対的方法であり，商法は，民法の占有移転の原則とは別に特殊の占有移転方法として，証券の引渡に特別な効力を認めたものと説き，運送人が占有すると占有を失った場合であるとを問わず，証券の引渡には運送品の占有を移転する効力があるとする（我妻栄・近代法における債権の優越的地位125頁，鈴木・53頁）。これに対して，相対説は，運送品の直接占有は運送人が有し，証券上の権利者は間接占有を有し，証券の引渡によって間接占有が移転すると解する。この説は，さらに二説に分かれ，厳正相対説によれば，証券の引渡により運送品

の間接占有の移転をするには，別に民法の指図による占有移転の手続（民184条）をとるべきものとされ（わが国にはこの説をとる者はない），代表説と呼ばれる説によれば，証券は運送人の占有にある運送を代表するものであって，指図による占有移転の手続をとるまでもなく，証券の引渡だけで物品の間接占有の移転の効力があるとする（竹田省・商法の理論と解釈524頁，大隅・162頁，西原・324頁，小島孝・判例と学説(6)155頁ほか）。

　いずれの説をとった場合でも，空券の場合や運送品が滅失しまたは物品が善意取得された場合には，占有すべき物が存在しないのであるから，証券の物権的効力ないし引渡証券性は維持できない。これらの説は，いずれも通常の過程において運送品が運送人に引き渡され，運送契約に基づいて証券が発行されたことを前提として，運送中に荷主が運送品を処分する方法として証券が引き渡された場合に，証券の取得者がいかにして運送品のうえに権利を取得することになるかについての説明の差異にすぎない。運送人が一時占有を失った場合についても，代表説は，運送人が占有回収訴権を有するかぎり運送人の占有を否定する必要はないと解している。

8.4　相次運送

1.　相次運送の概念

(1)　広義の相次運送

　商取引の行われる地域が拡大され，商品の運送距離が長くなるにつれて，一人の運送人が発送地から到達地までの全区間の運送を実行することが不可能な場合も生ずる。そのような場合には，同一の運送品を数人の運送人が関与して運送することになる。数人の運送人が同一の運送品につき区間を異にして運送する場合を広義で相次運送という。それには，次の形態がある。

　① **部分運送**　数人の運送人がそれぞれ独立して特定の区間の運送を引き受ける場合である。これには，（イ）荷送人が数人の運送人との間で各区間の運送につき独立の運送契約を締結する場合，（ロ）荷送人が第一の運送

人と運送契約を締結すると同時に，その運送人をして自己の代理人として第二の運送人との間の運送契約を締結させる場合，（ハ）第一の運送人をして運送取扱人として自己の名をもって荷送人の計算において，第二の運送契約を締結させる場合などがある。部分運送においては，各運送区間ごとに独立の運送契約が存在し，各運送人は自己の引き受けた区間の運送についてだけ責任を負い，各運送人相互の間には何らの関係もない。

② **下請運送**　最初の運送人（元請運送人）が全区間についての運送を引き受け，その運送を実行するために運送区間の一部または全部を第二以下の運送人（下請運送人）に運送させる場合である。第二以下の運送人との間の運送契約は元請運送人と下請運送人との間で結ばれる。荷送人との関係では一個の運送契約しかなく，下請運送人と荷送人との間には，直接の法律関係は存在しない。下請運送人は，元請運送人の履行補助者たる地位を有するにすぎない。下請運送人の過失については，元請運送人が使用した者の過失として元請運送人がその責任を負い（商577条），荷送人または荷受人は下請運送人に直接その責任を問うことはできない。

③ **同一運送**　数人の運送人が一人の荷送人との間で共同して全区間の運送を引き受ける契約を結び，内部関係においてそれぞれの担当区間を定めるものである。この場合は，1個の運送契約しかなく，数人の運送人の連帯関係（商511条）となる。

(2) **狭義の相次運送**

　数人の運送人が，順次に各区間について共同して運送を引き受ける場合である。荷送人は第一の運送人と全区間について運送契約を締結するが，その運送人は一部の区間の運送のみを実行して第二の運送人に引き渡し，第二の運送人も一部の区間の運送を実行して第三の運送人に引き渡すという形態であるが，それぞれの運送人が運送を引き継ぐに当たっては，最初の運送人が引き受けた全区間の運送関係に加入する場合である。

　狭義の相次運送（以下，単に相次運送という）の場合には，各運送人は運

送品の滅失，毀損または延着につき連帯して損害賠償の責任がある（商579条）。このような規定が設けられたのは，運送品の滅失，毀損，延着がどの運送人ないし区間で生じたかを立証することは困難であることから，荷送人または荷受人は，どの運送人に対しても損害賠償を請求できるようにする必要があるからである。

各運送人はその内部関係においては，自己の担当区域についてのみ責任を負い，損害賠償の支払をした運送人は過失のあった運送人に対して求償することができる。いずれの区間において損害が生じたか明らかでない場合には，各運送人はその参加した運送の割合に応じて損害を負担すべきものと解される。

2. 相次運送人の権利

同一の運送品の運送に数人の運送が関与する場合，先の運送人が運送賃・立替金などの請求権およびその請求権のための留置権や先取特権などの権利を有していても，運送品を後の運送人に引き渡したときには，運送品を占有していないため留置権や先取特権を自ら行使することができない。そこで，この場合には，後の運送人に，前の運送人に代位してその権利を行使すべき義務を負わせるとともに，後の運送人が前の運送人に弁済すれば，先の運送人の権利を取得するものと規定されている（商589条，563条）。

8.5　旅客運送

1. 旅客運送契約

旅客運送契約は，旅客の運送を目的とする諾成契約である。物品運送契約と同様の請負契約である。運送契約の当事者は，運送人と旅客自身とであるのが普通であるが，運送される旅客以外の第三者と運送人との間で結ばれることもある（旅行業者，子供のために親など）。

旅客運送は諾成契約であるが，乗車券（鉄道，バス）が発行されるのが一

般であり，その性質が議論される（諸説につき，椎原国隆「乗車券の性質」商法の争点Ⅱ 232頁参照）。そして，通説によれば，①普通乗車券（無記名）は，運送債権を表章する有価証券であって，その購入のときに運送契約が成立するという。ただし，鋏を入れた後の乗車券および乗車後に購入した乗車券は，運送賃の支払を証明する証拠証券にすぎないという。②記名式の定期乗車券は，自由に譲渡できないから，単なる証拠証券にすぎず，③無記名式の回数乗車券は，その買入により運送契約が成立し，回数券は運送請求権を表章する有価証券であると解している。

　乗車券が有価証券であるとすれば，それが交付された段階で運送契約が成立し，乗車券は運送契約を表章しているというべきことになる。そうだとすると，乗車券販売後に運送賃の値上げが行われた場合にも，運送人はその後，差額の請求はできないことになる。この点に関し，回数券の発売後に東京市の市電の値上げが内務省により承認され，回数券の所持人に差額を請求することができるかが争われたケースについて，判例は，回数券の発行によりその時点で運送契約が成立したのではなく，回数券は運送賃の前払いを証する票券すなわち運送賃に代用せられる票券にすぎず，実際の乗車の際に運送人は差額を請求することができると解している（大判大 6・2・3 民録 23 輯 35 頁）。乗合自動車（バス）の回数乗車券の発行会社が解散した場合に，回数乗車券は他日成立すべき運送契約を予想してその乗車賃の前払いがあったことを証し，乗車賃に代用される票券にすぎず，その発行により所持人と運送人との間に運送契約が成立しているわけではないから，所持人は運送契約ないしその予約の不履行による損害賠償ではなく，前払いの運賃の返還を請求できるにすぎないと説いた（大判昭 14・2・1 民集 18 巻 77 頁）。

　通説による乗車券の法的性質の理解の仕方には支持できないものがある。乗車券は有価証券であって運送請求権を表章しており，したがって運送契約が乗車券の発行時に成立しているというのであれば，定期乗車券についても同様のことをいうべきである。回数券と定期券との違いは運送サービスの利用者が特定されているかどうかだけである。通説によれば，無記名式の乗車

券や回数券は譲渡してもさしつかえないから有価証券であり，定期券は記名式で特定の者しか利用できないので証拠証券にすぎないと解されるが，これだけの理由で両者の法的性質に差異があるというのは正当でない。商法がある証券に有価証券としての法的性質を付与するのは，いずれも証券上の権利を容易・確実かつ迅速に処分（譲渡，質権設定）する必要があるためである。乗車券に関しては，それに運送請求権を表章させて，その権利の流通性を促進させようなどという目的はまったく存在せず，またその必要もない。乗車券を有価証券とみなければならない理由は存在しない。すべての乗車券は，運送賃を支払っていることについての証拠証券にすぎない。

　それでは，いつ運送契約が成立したとみるべきかであるが，乗車前においては，乗車券の発行・交付の時点で契約が成立し，乗車後に乗車券が購入されたときは，乗車時に契約が成立すると解すべきである（通説）。

2. 旅客運送人の責任
(1) 旅客の損害に関する責任

　運送人は旅客を安全に運送する義務を負い，自己またはその使用人が運送に関し注意を怠らなかったことを証明するのでないかぎり，旅客が運送のために受けた損害を賠償する責任を免れることはできない（商590条1項）。この責任は，債務不履行に基づく責任である。すなわち，旅客運送契約は，運送人が旅客を安全に目的地に運送することをその内容の一つとしており，運送人が運送中に自己または使用人の過失により旅客に創傷を与えたときは完全にその契約上の義務を履行したものとはいえない（大判大5・1・20民録22輯4頁）。

　運送人は旅客の運送につき善良な管理者の注意をもって当たらなければならない。判例上，過失が認められたものに，岩石の崩落のおそれのある場所に相当の予防設備を施さなかったために生じた列車事故（大判大9・6・17民録26輯895頁），線路の故障により列車の運転を危険ならしめるおそれがあるのに，線路を看守・巡視しなかったため生じた列車事故（大判大9・6・17

民録26輯902頁)，車内床面に塗布された防塵剤による転倒を免れようとして乗客が負傷した例（東京地判昭42・3・1判時483号51頁)，新幹線に乗車しようとしてドアに指を挟まれた旅客が，そのまま引きずられ，ホーム下に落下したという転落事故（静岡地沼津支判平13・3・7判時1752号90頁）があり，また運送人の過失が否定されたものに，通勤ラッシュ時に到達した電車の乗客に押されてホームに転倒し負傷した場合（東京地判昭44・10・8判時588号85頁)，進行中の列車から無謀な飛び降りによってみずから招いた旅客の転落事故（大阪地判昭46・2・10判時634号70頁）などがある。

　旅客の損害は，身体衣服の損傷，延着による損害など有形・無形を問わず一切の損害を含む。運送人の債務不履行による損害の賠償は，被害者が現に被った損害だけでなく，将来得べかりし利益喪失の賠償をも含む（大判大2・10・20民録19輯910頁)。

　運送人の損害賠償額の算定については，裁判所は被害者およびその家族の情況を斟酌することを要する（商590条2項)。被害者および家族の情況を斟酌するとは，被害者の地位や家族の生活程度によって損害賠償の額を斟酌せよということであるが，運送人の賠償責任に保険者的性質を与えることの是非については議論がある。

　前述のように，賠償額の中には，被害者の得べかりし収入額も含まれるが，その場合には，被害者がその生活のために費消するであろう金額は控除される（大判大2・10・20民録19輯910頁)。被害者が死亡したときは，死亡と同時に被害者は慰藉料請求権を取得し，その請求権を放棄したものと解しうる特別な事情がないかぎりこれを行使でき，相続人は当然にこの請求権を相続する（最判昭42・11・1民集21巻9号2249頁)。

(2) 託送手荷物に関する責任

　運送人が旅客から手荷物の引渡を受け，その運送の委託を受けた場合（託送手荷物）には，特に運送賃を請求しなかったときでも，物品の運送人と同一の責任を負う（商591条1項)。旅客が手荷物を運送人に引き渡し運送を

委託したときは，これによって旅客運送に付随して手荷物につき物品運送契約が成立したことになるが，物品運送に関する規定がすべて適用されるのではなく，物品運送人の責任に関する規定が適用される。タクシーの後部トランクに積み込まれた旅客の手荷物は託送手荷物と解される（東京地判昭41・5・31下民集17巻5・6号435頁）。

託送手荷物が目的地に到達した日より1週間内に旅客がその手荷物の引渡を請求しないときは，運送人は手荷物を供託しまたは催告した後に競売することができ，旅客の住所・居所が不明のときは，催告・通知をする必要がない（商591条2項，524条）。

(3) 携帯手荷物に関する責任

運送人は旅客より引渡を受けない手荷物（携帯手荷物）の滅失または毀損については，自己またはその使用人の過失による場合を除き，損害賠償の責任を負わない（商592条）。携帯手荷物については，運送人が保管するのではないから，これについては別個に物品運送契約は成立せず，旅客運送契約の一部と解される。それゆえ，運送人またはその使用人の過失によって手荷物が滅失または毀損した場合を除き，損害賠償の責任はないとされた。

9

運送取扱営業

9.1 運送取扱人の概念

1. 意　義

　自己の名をもって物品運送の取次をなすことを業とする者を運送取扱人という（商559条1項）。運送取扱人は，自己の名で他人の計算で法律行為をすることを業とする取次商である点で問屋と同様であるから，運送取扱人には，別段の規定がある場合を除き問屋に関する規定が準用される（商559条2項）。歴史的にみれば，運送取扱営業の起源は問屋にあり，はじめは問屋が委託された買入物品を委託者に送付するため運送人をみずから選び，委託者の計算で運送契約をしていたが，やがて問屋から運送取扱業だけをする者に分化し，独立の運送取扱営業が発生するにいたったといわれる（川又良也・基本法コンメンタール・商法総則・商行為法（第四版）147頁）。

　運送取扱人は，物品運送の取次，すなわち自己の名をもって委託者の計算で運送人を選んでその者と物品運送契約を締結することの委託を引き受ける者である。取次の目的である運送は陸上運送に限られず，海上運送や航空運送も含まれるが，旅客運送の取次を業とする者（交通公社など）は，運送取扱人ではない。

　運送取扱人の業務は，運送人を選んで物品運送契約を締結するだけでなく，

その営業の性質上，運送に必要な各種の行為をすることもその業務に含まれる。たとえば，運送品の包装の検査，運送品の計量，通関書類その他の必要書類の作成，運送人に対する指図（商 582 条），到達地において運送人から運送品を受け取りこれを受取人に引き渡すことなどである。運送取扱人がみずから運送営業を兼営していることもある。さらに，倉庫営業や保険の取次（準問屋）を兼営することもある（川又・147 頁）。

2. 到達地運送取扱人

運送品は，到達地において，運送人から直接に運送品受取人に引き渡されるとは限らず，到達地においてその地の運送取扱人が受け取り，保管，配達，通関手続などをしたのち運送品の受取人に引き渡されることが多い。到達地でこのような行為をする者は自己の名で運送人と運送契約を締結することはないから，商法上の運送取扱人ではない。しかし，このような業務は，本来の運送の取次に必然的に付随する業務であるから，運送取扱人に関する規定が準用されるべきものと解されている。到達地運送取扱人は最初の運送取扱人の指図に従い運送の取扱いをなすことを要し，これに違背したために生じた損害について，荷主に対し最初の運送取扱人と同一の責任を負うべき慣習が存在するとされる（大判大 13・6・6 新聞 2288 号 17 頁）。

9.2 運送取扱人の権利・義務

1. 損害賠償責任

(1) 債務不履行による損害賠償

運送取扱人は，善良な管理者の注意をもって，委託事務である運送の取次をすべき義務がある（民 644 条）。商法は，運送取扱人は自己またはその使用人が運送品の受取，引渡，保管，運送人または他の運送取扱人の選択その他運送に関する注意を怠らなかったことを証明しないかぎり，運送品の滅失，毀損または延着につき損害賠償の責任を免れない，と定める（商 560 条）。

この規定は，運送人の損害賠償責任に関する商法577条と同旨の規定である（284頁参照）。それゆえ，基本的な事項については，前述の運送人の損害賠償責任に関する説明に譲り，ここでは運送取扱人の責任に固有な事項を中心に述べる。

① **引渡**　荷送人が到達地運送取扱人に対し，運送品につき貨物引換証が発行された旨を通知したときは，運送取扱人は貨物引換証と引換えに運送品を引き渡すべきであり，このことは貨物引換証が法定要件の記載を欠き無効の場合でも同様であって，運送取扱人が貨物引換証と引き換えないで運送品を荷受人に交付し，これによって荷送人の運送品に対する権利を滅失せしめ，よって荷送人に生じた損害を運送取扱人は賠償しなければならない（大判昭3・12・28新聞2946号9頁）。運送取扱人は，到達地において荷受人またはその代理人に運送品を引き渡す義務がある。

この義務に違反した例がある。リンゴの販売業者Xは，物品運送の取次を業とするY会社に，リンゴ507箱を荷受人Xとして，運送の取次および到達地における引渡を委託した。ところが，Y会社の到達地の使用人は，Aにリンゴを全部引き渡し，Aが他に売却処分してしまった。これについて，裁判所は，運送取扱契約において，荷受人の指定がある場合，その指定を変更しうるのは荷送人または運送品が到達地に到達した後における荷受人だけであるところ，本件においては，荷送人も荷受人もともにXであるから，Xまたはその代理人において，荷受人をAに変更しないかぎり，Y会社はAにリンゴを引き渡してはならなかったのであり，いかなる点から考えても，AをXまたはその代理人と信ずべき正当な事由もないのに，Aに引き渡したことは，Y会社において運送取扱人として荷受人を確認するために払うべき注意を欠いた，として債務不履行に基づく損害賠償を命じた（東京高判昭27・7・7下民集3巻9号939頁）。

荷受人が荷物の受取を拒否した場合，運送取扱人としては，まず荷送人に対してその旨を通知して，荷物の処置につきその指図を受けるか，またはその了解のもとに適切な方法を講ずべきであり，僭称受取人Aが「塵紙が組

合宛に到達することになっているが，真の買主は自分であるから自分に引き渡してもらいたい」というので，この者の指示する倉庫に運び引き渡したところ，この僭称受取人の詐欺的行為による塵紙の買い入れであった（Aは組合名義で買い入れたが，組合は関知しなかった）場合には，引渡につき運送取扱人に当然の注意を怠った過失があるとされた（最判昭30・4・12民集9巻4号474頁，原審，広島高判昭28・3・27高民集6巻4号231頁）。

② **保管**　運送取扱人は，委託者から運送品を受け取ったときから，運送人に引き渡すまでの間，保管義務を負う。そして，運送取扱人は，委託を受けた貨物を善良な管理者の注意をもって保管する義務があり，その保管に当たり適当な倉庫に納めないで，防火設備等のない自己の営業所内に保管する場合等においては，盗難・火災等が生ずる危険を考慮して監視人を置くのでないかぎり，善良な管理者の注意を尽くしたとはいえない（大判大5・3・17民録471頁）。

③ **運送人・運送取扱人の選択**　運送取扱人の任務の中心は，委託を受けた荷物の運送人を選択して自己の名で運送契約を締結することである。その場合，他の運送取扱人（中間運送取扱人，最後の運送取扱人など）を選択することもある。運送取扱人はこれらの者の選択に際して，善良な管理者の注意を払わなければならない。味噌150樽につき東浜港（高松）から尼カ崎港までの運送の取次を委託された運送取扱人が，他の運送取扱人は同航路について同額の運賃で100トン以上の大型船を手配して行わせているのに，阪神向け航路には不適当な16トンの小型船の所有者を選択したのは過失があると解される（高松高判昭31・12・13下民集7巻12号3621頁）。また，運送取扱人の選択した運送人所有の船舶の老朽と，船長の過失に基づく運送人の責に帰すべき事由による船舶の沈没により船荷に損害を生じたときは，運送取扱人において運送人の選択に過失があると認められ，運送取扱人に損害賠償の責任がある（神戸地判昭34・3・17判時182号25頁）。

なお，運送取扱人が，委託者に対して貨物を運送すべき船舶名およびその性能等を案内し，かつ委託者の了承を得てその船舶に運送を委託したことを

証明したのみでは，運送品の滅失，毀損につき損害賠償責任を免れない（東京地判昭 39・5・30 判時 375 号 75 頁）。

④ **運送に関する注意** 商法 560 条は，運送取扱人に「運送に関する注意」をも要求している。しかし，運送取扱人はみずから運送するものではないから，運送に関して直接注意をなす義務を負うことはなく，特に運送取扱人がみずから運送した場合でなければ同条は適用されない（広島区判大 8・12・15 新聞 1659 号 16 頁）。

(2) **損害賠償額と免責約款**

① **損害賠償額** 運送取扱人が債務不履行に基づき責任を負う場合の損害賠償額については，運送人の責任についてとは異なり，商法は特別な規定を設けていないので，民法の一般原則によるべきことになる。運送品引渡不能の場合に，その不能となった日の運送品（リンゴ）の価格をもって損害額とすべきものとした例がある（東京高判昭 27・7・7 下民集 3 巻 9 号 939 頁）。

② **高価品** 高価品の明告義務に関する運送人の責任についての規定（商 578 条）が運送取扱人にも準用されている（商 568 条）。それゆえ，貨幣，有価証券その他の高価品の運送の取次を委託する場合には，その種類，価額を明告しなかったときは，その滅失，毀損による損害につき運送取扱人に賠償請求できない（287 頁参照）。

③ **免責約款** 商法 560 条は任意規定であるから，運送取扱人は特約によりその責任を減免することができる。実際にも，種々の免責約款を含む運送約款によって取引が行われている。それらの免責約款は，故意による損害については無効である（大判大 5・1・29 民録 22 輯 200 頁）が，運送取扱人の過失による損害惹起については，判例・学説により一般に有効とされている。そして，委託者がとくに運輸大臣（現在では，国土交通大臣）認可の運送約款を除外する特約をしないかぎり，その運送約款による意思をもって契約したものと推定される（京都地判昭 30・11・26 下民集 6 巻 11 号 2457 頁，大阪高判昭 38・10・30 下民集 14 巻 10 号 2155 頁）。

荷受人が無留保で貨物を受け取り運送賃を支払ったときは、運送取扱人の責任は消滅する（商588条参照）旨の免責約款は有効である（札幌高判昭33・11・12判時174号26頁）。馬鈴薯550俵を鉄道に委託して運送中に降雨により濡れ傷み、価値が下がったのであった。ただし、運送（取扱）人の責に帰すべき事由によって運送品を毀損せしめ、さらに委託者より返送の指示があったのにこれを遷延していた後に焼失した場合には、焼失につき重過失がなければ免責される旨の約款があり、かつ重過失がなかったとしても、責任を免れない（大阪高判昭38・10・30下民集14巻10号2154頁）。

(3) 不法行為責任との関係

運送取扱人の債務不履行責任については、商法560条に規定されているが、運送取扱人の故意・過失により損害が生じた場合に、不法行為に基づく責任をも追及できるかに関しては、運送人について述べたと同様に議論がある（288頁参照）。

2. 運送取扱人の権利

(1) 報酬請求権

運送取扱人は、特約がなくても、委託者に対して相当の報酬を請求することができる（商512条）。運送取扱契約は委任契約であり、運送契約が成立し、運送品を運送人に引き渡せば、その委任事務は終了する。したがって、運送取扱人は、運送人に運送品を引き渡したときは、直ちに委託者に対し報酬を請求することができる（商561条1項）。しかし、運送取扱契約において、到達地において運送人より運送品を受け取り、これを運送品受取人に引き渡すことまで運送取扱人が引き受けているときは、到達地において運送品を引き渡したときに委任事務は終了し、そのときに報酬を請求できると解される。運送人に運送品を引き渡した後、運送人の過失で運送品が滅失したとしても、運送取扱人の報酬請求権には影響がない。ただし、運送人の選択に過失があったときは、別に運送取扱人が損害賠償の責任を負うことになる。

運送取扱契約をもって運送賃の額を定めた場合（確定運賃運送取扱契約）には，運送取扱人は，特約のないかぎり，別に報酬を請求することはできない（商561条2項）。この場合には，当事者は運送取扱人の受け取るべき報酬をも含めて運送賃を確定したものと解される。運送取扱人が，それより安い運送賃で運送契約をすれば差額が報酬となる。

(2) 留 置 権

運送取扱人は，運送品に関し，受け取るべき報酬，運送賃その他委託者のためにした立替，前貸しについてのみ，その運送品を留置することができる（商562条）。運送取扱人の留置権は，運送人の留置権と同様であるので，そこでの説明に譲る（282頁参照）。

(3) 介 入 権

運送取扱人は，特約がないかぎりみずから運送をなすことができ，この場合には，運送取扱人は運送人と同一の権利義務を有する（商565条1項）。運送取扱人は委託者から運送の取次（運送人を選択して運送契約を締結すること）の委託を受ける者であるが，みずから運送人となることもでき，これを運送取扱人の介入権という。運送取扱人は運送営業を兼営していることもあり，また自らは運送営業をしていないときでも，他の運送業者を下請運送人として利用する方法で介入権を行使することもできる。

この介入権の性質は，問屋の場合と同じく（272頁参照），法律の認めた委託実行の一方法と解される。この権利は形成権の一種で，運送取扱人より委託者に対する明示または黙示の意思表示によって行われる。運送取扱人が介入権を行使するときは，運送人と同一の権利義務を有することになる。介入権の行使によって，運送取扱人は運送人と運送取扱人の地位を併有することになり，運送人としての運送賃請求権に加え，運送取扱人として報酬請求権その他の費用請求権を有することになる。

運送取扱人が委託者の請求により貨物引換証を発行したときは，みずから

運送をなすものとみなされる（商565条2項）。貨物引換証は運送人が発行するべきもので，運送取扱人にその発行を請求するということは，委託者は運送取扱人に同時に運送人となるべきことの申込（運送契約の申込）をなし，運送取扱人がこれに応じて貨物引換証を作成・交付するのはその承諾に当たると解することができる。一般には，介入の擬制と解されているが，申込と承諾による運送契約の成立を認めるべきである。

(4) 時効期間

運送取扱人の委託者または荷受人に対する債権は1年の時効に服する（商567条）。また，運送取扱人の責任は，荷受人が運送人を受け取ったときまたは運送品の全部の滅失の場合にはその引渡をなすべきであった日より1年の時効に服する（商566条1項，2項）。ただし，運送取扱人が悪意であったときは，その責任についての時効期間は5年である（商566条3項）。この場合の悪意とは，故意に運送品の滅失，毀損等を生ぜしめたことをいうとの解釈が有力であるが，そのように特殊に解すべき必要はなく，運送取扱人が運送品に一部滅失，毀損のあることを知って引き渡すことと解すべきである（最判昭41・12・20民集20巻10号2106頁）。

3. 運送取扱人と荷受人との関係

運送取扱契約は委託者と運送取扱人との間の契約であって，運送取扱人と荷受人との間には直接の法律関係は存在しない。しかし，荷受人は，運送品が到達地に到達したときは，運送取扱契約によって生じた荷送人（委託者）の権利を取得でき（商568条，583条1項），また荷受人が運送品を受け取ったときは，運送取扱人に対し運送賃その他の費用を支払わなければならない（商568条，588条2項）。

9.3 相次運送取扱

1. 相次運送取扱の概念

　数人の運送取扱人が同一の運送品の運送に相次いで関与する場合がある。その形態には，次の各種がある。

　① **部分運送取扱**　数人の運送取扱人が各区間の運送につきそれぞれ独立して委託者から運送取扱の委託を受け，委託者と数人の運送取扱人との間で複数の運送取扱契約が締結される場合である。この場合には，各運送取扱人相互の間には何ら契約関係は存在せず，狭義での相次運送取扱の概念から除外される。

　② **下請運送取扱**　これは，第一の運送取扱人が全区間にわたって運送取扱を引き受け，その全部または一部を他の運送取扱人をして行わしめる場合であり，第一の運送取扱人を元請運送取扱人，第二の運送取扱人を下請運送取扱人という。下請運送取扱人は，元請運送取扱人の履行補助者として，元請運送取扱人と委託関係に立つが，委託者との間では直接の法律関係はない。元請運送取扱人だけが，委託者に対して全体について契約上の権利義務を有し，下請運送取扱人の行為については，元請運送人がその使用人の行為として（商560条）責任を負うべきことになる。この下請運送取扱も狭義の相次運送取扱から除外される。

　③ **中間運送取扱**　たとえば，甲地から乙地までは自動車で運送し，乙地から丙地までは船舶で運送する必要がある場合や，到達地において運送人から運送品を受け取り運送品受取人に引き渡す必要がある場合には，第一の運送取扱人が自己の名で，委託者の計算で第二の運送取扱人を選任し，これに必要な運送取扱をさせることがある。この形態のものを狭義の相次運送取扱といい，商法はこれについて特則を設けている。第一の運送取扱人（元請運送人）に対して，第二以下の運送取扱人を中間運送取扱人（中継運送取扱人と到達地運送取扱人とに区別）という。元請運送取扱人は自己の名で委託

者の計算で中間運送取扱人との間で運送取扱契約を結ぶ。第一の運送取扱人は，委託者に対し中間運送取扱人の選定については責任を負う（商560条）が，中間運送取扱人自身の過失については責任を負わない。元請運送取扱人が，中間運送取扱人を選定する行為については，復委任であるという説も有力（大隅・123頁）であるが，自己が一度引き受けた事務処理を他人に任せるのではなく，元請運送取扱人は，中間運送取扱人との間で運送の取次をすることの委託をも引き受けているのであり，中間運送取扱人との間で取扱契約を結ぶことは自己の委任事務の処理そのものであるとの見解によるべきである（川又・157頁）。

2. 相次運送取扱人の権利義務
(1) 相次運送取扱人の義務

数人相次いで運送の取次をなす場合においては，後者は前者に代わってその権利を行使する義務を負う（商563条1項）。すなわち，第二の運送取扱人（中間運送取扱人）は，第一の運送取扱人のために手数料や立替金その他の費用を取り立て，またその支払がないときは留置権を行使する義務がある。ここにいう前者とは，自己に運送取扱を委託した直接の前者をいい，数個の相次運送取扱がある場合でも，そのすべての前者をいうのではない（通説）。前者に代わって，運送取扱人の報酬その他の費用の請求権を行使する義務が課されている以上，後者にはその前者（本人）に代わって権利を行使するに必要な代理権（一種の法定代理権）もあるものと解される。

(2) 相次運送取扱人の権利

相次運送取扱における後者が，前者に代わってその権利を行使する前に，債務者に代わって前者に弁済したときは，民法の弁済者の法定代位に関する規定をまつまでもなく，前者の権利を当然に取得するものと定められている（商563条2項）。この場合の前者は，直接の前者にかぎらず，すべての前者を含むと解される。

運送取扱人が運送人に弁済したときは，運送人の権利を取得する（商564条）。ここにいう運送取扱人とは，狭義の相次運送取扱における後者としての運送取扱人，すなわち中間運送取扱人ないし到達地運送取扱人を指すものと解される。

10

倉 庫 営 業

10.1 倉庫寄託契約

1. 倉庫営業の意義

　他人のために物品を倉庫に保管することを業とする者を倉庫営業者という（商597条）。倉庫営業者は，他人のために物品の保管，すなわち寄託の引受けを業とする者（商502条10号）であるから商人である。運送営業が財貨の転換を空間的に補助するのに対して，倉庫営業者はそれを時間的に補助するものである。

　倉庫営業者の存在によって，大量の商品の取引が可能となり，倉庫営業者の発行する倉庫証券の利用により，倉庫に保管中の商品の譲渡ないしそれを担保とした金融取引が可能となる。こうして，倉庫営業は国民経済的にきわめて重要な機能を果たしている。このような倉庫営業の重要性から，商法のほかに業法としての倉庫業法（昭和31（1956）年）が存在し，倉庫営業を国土交通大臣の許可営業とし，特別な許可を得た倉庫営業者でなければ倉庫証券を発行できないものとするなどにより，同法による行政上の保護監督が行われている。

2. 倉庫営業者

　倉庫営業者は，他人のために，物品を，倉庫に，保管すること，を業とする者である。他人が所有権または処分権を有する物品を保管する。物品は，その性質上保管に適する一切の動産であって，不動産を含まない。ただし，貨幣や有価証券等は一般に銀行の業務（保護預り）として行われており，また動物は商法の予定する寄託の目的物ではない。倉庫とは，寄託物の保管に適する設備，工作物であり，倉庫業法上は「物品の滅失もしくは損傷を防止するための工作を施した土地もしくは水面」をいうとされている（倉庫2条1項）。物品の蔵置および保管に適する設備であるかぎり，屋根付きの建造物である必要はなく，材木置場や石置場のように，水上または空地でもさしつかえない（大隅健一郎・商行為法172頁）。

　他人のために物品の「保管をする」とは，他人の物品を自己の占有下に，蔵置し保管することをいう。倉庫を所有しその全部または一部を他人に賃貸し，賃借人がその倉庫を自己の管理下で使用する場合には，その倉庫所有者は不動産の賃貸人であって倉庫営業者ではない。しかし，倉庫の全部または一部を特定人に貸切るが，物品の寄託を受けて自ら保管する場合は倉庫営業者となる。

　なお，商法は，寄託物が特定した物として寄託され，その原物が返還される特定物寄託を予定しているが，いわゆる混蔵寄託を目的とする倉庫営業も理論的には可能である。たとえば，石油とか穀物とかの同種同質の物品を数人の寄託者から寄託を受けて混蔵保管し，それぞれの寄託者がその全体のうえに共有持分を取得するものである。商法は，この種の混蔵寄託については規定を設けていない。

3. 倉庫寄託契約

(1) 性　　質

　倉庫寄託契約は，物品を倉庫で保管することを引き受ける契約である。これが要物契約であるか諾成契約であるかについては見解が分かれる。かつて

の通説は，この契約も民法上の寄託契約（民657条）の一種であるから，寄託者が倉庫業者に物品を現実に引き渡すことによって成立する要物契約であると解していたが，倉庫営業者は物品の保管を引き受けるのであり，保管の引受は，運送契約（諾成契約）と同じく，物品の引渡をその要素としないと認められることから，これを諾成契約と解する見解が，近時は支配的である（小町谷操三・商行為法論437頁，大隅・173頁，西原寛一・商行為法354頁ほか）。このように解しても，商法に特則がない事項については，民法の寄託に関する規定が補助的に適用されることを否定するものではない。

(2) 倉庫営業者の義務

① **保管義務**　商人である倉庫営業者は，その営業の範囲内において寄託を受けたときは，報酬を受けないときでも，善良な管理者の注意をもって受寄物を保管する義務を負う（商593条）。倉庫寄託契約は，その倉庫の所在場所，設備等を考慮してなされるものであるから，特約がないかぎり，倉庫営業者は自己の引き受けた物の保管を他の倉庫営業者に下受けさせることはできないものと解される（大隅・173頁）。受寄物に保険を付す義務はないのが原則であるが，倉庫業法14条は，倉庫証券発行の許可を受けた倉庫営業者が倉庫証券を発行するときには，原則として，寄託者のためにその受寄物につき火災保険に付さなければならないものとしている。

　保管期間は契約で定めるのが普通であるが，保管期間の定めがないときは，倉庫営業者は，やむことを得ざる事由がないかぎり，受寄物入庫の日より6カ月を経過した後でなければ，その返還をなすことはできない（商619条）。これは，倉庫営業者の保管義務を定めたものであり，寄託者または預証券の所持人の側からは，保管期間の定めの有無を問わず，いつでも寄託物の返還を請求することができる（民662条）。保管期間を定めていたときは，それが6カ月未満であっても，倉庫営業者は寄託者に引き取りの請求をなしうる。やむをえない事由とは，寄託物が腐敗して他の在庫品に損害を及ぼす場合，倉庫が被災して補修する必要がある場合などが考えられる。また，倉庫が滅

失したときは，保管期間の定めの有無にかかわらず，倉庫営業者は直ちに受託物の返還をなしうる（函館控判明42・10・6新聞600号13頁）。

② **債務不履行に基づく損害賠償責任**　倉庫営業者は，受託物を善良な管理者の注意をもって保管しなければならない（商593条）。倉庫営業者は，自己またはその使用人が受寄物の保管に関し注意を怠らなかったことを説明するのでないかぎり，その滅失また毀損につき損害賠償の責任がある（商617条）。この規定は，倉庫営業者の過失責任を定めたもので，かつその無過失の立証責任を倉庫営業者に負わせたものである。ただし，同条は任意規定であり，実際には，倉庫寄託契約において責任の軽減をはかる特約が利用されている。

受寄物の滅失とは，物理的な滅失だけでなく，盗難や倉庫証券の受戻のない引渡など倉庫営業者の返還債務の履行不能などを含む。

倉庫営業者は善良な管理者の注意をもって受寄物を保管しなければならないが，保管期間がすぎて，倉庫営業者より引取りの請求をされたときは，たとえ受寄物に一部滅失・毀損があっても寄託者はその引取りを拒みえず，これを拒めば寄託者の債権者遅滞となり，倉庫営業者は以後は自己の物に対すると同一の注意をもって保管すれば足り，倉庫営業者が自己の物に対する程度の注意すらも欠いたことの立証がないかぎり，その損害賠償の義務もないとの判例がある（福岡高判昭29・8・2下民集5巻8号1226頁）。

倉庫営業者が損害賠償をしなければならないのは，寄託者に損害が生じたときである。この点に関し，寄託者に損害が生じなかったとして賠償責任を否定した判例がある。AはBに代金完済まで所有権を留保して自動車を売り渡した。Bの友人Cが，XからBの名義で金銭を借り入れ，この自動車を売渡担保としてXに引き渡した。Xはこれを倉庫業者Yに保管のため寄託した。ところが，BがYの制止を振り切って倉庫の外に運転し，所有者であるAに返還した。受寄者Yの責に帰すべき事由によって寄託者Xに対する返還義務が履行不能となったとして，XがYに対し寄託物相当額の損害賠償を請求した事件において，Xが自動車を即時取得しなかったとの原審の

事実認定を踏まえて，最高裁は，当該寄託物は真の所有者の手中に帰ったのであり，寄託者に損害は生じなかったとして，Yの賠償責任を否定した（最判昭42・11・17判時509号63頁）。担保権者としてのXの損害については論じられていない。

損害賠償請求権者は，物品返還請求権者である寄託者であるが，倉庫証券が発行されたときは，その所持人である。

倉庫営業者の責任については特別の消滅原因が定められている。まず，寄託者または倉庫証券の所持人が，留保をなさないで寄託物を受け取り，かつ保管料その他の費用を支払ったときには消滅する（商625条，588条1項本文）。ただし，寄託物に直ちに発見することのできない毀損または一部滅失があった場合において，寄託者または倉庫証券所持人が引渡の日から2週間内に倉庫営業者に対してその通知を発したとき（商625条，588条1項但書）および倉庫営業者が悪意であったときは（商625条，588条2項），その責任は消滅しない。運送人の責任と全く同様である。倉庫営業者の責任については1年の短期消滅時効が定められている（商626条）。

③ **不法行為責任**　倉庫営業者の故意・過失による受寄物の滅失・毀損が，債務不履行であるだけでなく，同時に不法行為の要件を具備する場合に，不法行為に基づく損害賠償責任をも生じさせるかについては，運送人の責任についてとまったく同様に論じられる（288頁参照）。

④ **点検等に応ずべき義務**　寄託者または預証券の所持人は，営業時間内いつでも倉庫営業者に対して寄託物の点検もしくは見本の摘出を求めることができ，または保存に必要な処分をなすことができる（商616条1項）。倉庫営業者は，寄託者等のこれらの行為または処分に応ずる義務があることを明らかにした規定である。寄託物に質権を有する質入証券の所持人も，寄託物が安全・確実に保管されていることを確認することに利害関係を有するので，営業時間内にいつでも倉庫営業者に対して寄託物の点検を求めることができる（商616条2項）。

⑤ **倉庫証券交付義務**　倉庫営業者は，寄託者の請求があるときは，預

証券および質入証券または倉荷証券を交付する義務がある（商598条，627条）。これについては，別個に述べる。

(3) 倉庫営業者の権利

① 保管料・費用償還請求権　倉庫営業者は，特約の有無にかかわらず，相当の報酬，すなわち保管料（倉敷料）を請求することができる（商512条）。その保管料は，受寄物出庫の時でなければ請求することができず，受寄物の一部出庫の場合には，その割合に応じて請求できる（商618条）。保管料の請求の際に，立替金その他受寄物に関する費用の支払を請求できる。保管期間の定めがある場合に，期間満了前に出庫するときは，その保管期間に応じた保管料を請求できる。保管期間満了のときは，出庫前でも直ちに保管料を請求することができるものと解される。保管料の支払時期に関する商法の規定は任意規定であるから，これと異なる特約をすることができる。寄託物入庫のときに，全額前払いとすることまたは毎月既経過期間の保管料を支払うべきこととするなどの特約をすることも可能である。

　保管料を支払うべき債務者は寄託者である。このほかに，倉庫証券の所持人も，寄託物出庫の際に，未払いの保管料その他の費用の支払義務があるかに関しては，見解が分かれる。倉荷証券に，保管料等寄託物に関する費用は証券所持人が負担するものとする趣旨の文言の記載がある場合，第三者が裏書譲渡によりその倉荷証券を取得したときは，その所持人には記載の文言の趣旨に従い費用支払の債務を引き受けるという意思があったものと解するを相当とするというのが判例である（最判昭32・2・19民集11巻2号295頁）。

　証券の譲受人に保管料の支払義務があるというのが学説上も通説である。その理由付けは分かれる。第一に，運送の場合に準じ（商583条2項），証券に記載の有無を問わず，寄託物の返還を受けようとするときに，証券の所持人には保管料等の支払義務があるとする（大隅・178頁，西原・360頁）。商法583条2項類推適用説である。第二に，倉庫営業者は，寄託物の上に留置権および先取特権を有するから，証券所持人は保管料等の支払をするので

なければ寄託物の返還を受けることができないため，つねに保管料の支払をする意思をもって証券を譲り受けるものと解する説もある（石井照久・改訂商法Ⅱ117頁）。債務引受説である。前説が妥当である。

② **留置権・先取特権**　倉庫営業者の保管料等の債権については，物品運送人（商589条，562条）の債権についてのような特別な留置権は認められていないが，民商法上の一般留置権を有する（民295条，商521条）。動産保存の先取特権を行使することもできる（民321条）。また質入証券の所持人のために寄託物を競売したときは，その競売代金につき先取特権を有する（商611条）。

③ **供託権・競売権**　商事売買に関する商法524条の規定は，寄託者または預証券の所持人が，寄託物の受取を拒みまたは受け取ることができない場合に準用され，倉庫営業者はこれらの場合に，寄託物を供託し，または相当の期間を定めた催告の後にこれを競売することができる（商624条1項前段）。この場合には，競売代金は寄託者または預証券の所持人のために保管され，質入証券の所持人の権利は競売代金の上に存在する（商624条1項後段）。

10.2　倉庫証券

1. 倉庫証券の意義

倉庫営業者は，寄託者の請求によって，預証券および質入証券（商598条）またはこれらに代えて倉荷証券（商627条）を発行しなければならない。預証券，質入証券，倉荷証券を総称して，一般に倉庫証券と呼んでいる。倉庫証券は，倉庫寄託契約に基づいて寄託物を保管していることを証明し，寄託物返還請求権を表章した有価証券である。倉庫証券は，倉庫に寄託中の物品の譲渡・質入などの処分のために利用されるもので貨物引換証と同様の機能を有する。

倉庫証券の発行に関する立法主義には，①1枚の証券によって，寄託物の

譲渡と質入をなすべきものとする単券主義，②寄託物の譲渡は預証券によって質入は質入証券によってなすべきものとし，2枚の証券が発行される複券主義，③寄託者の選択によって単券または複券のいずれかを発行すべきものとする併用主義がある。わが国の商法は併用主義を採用している。すなわち，寄託者は，預証券および質入証券（2枚一組）の発行を請求することも，これに代えて，1枚の倉荷証券の発行を請求することもできるが，実際には単券の倉荷証券のみが利用されている。法律上の証券のほかに，実務上，荷渡指図書と呼ばれる各種の証券が利用されている。

2. 預証券・質入証券

(1) 発　　行

　倉庫営業者は，寄託者の請求により，寄託物の預証券および質入証券を発行しなければならない（商598条）。これらは2枚一組で発行されなければならず，いずれか一方だけの交付を請求することは許されない。倉庫業法上は，営業許可とは別の基準により国土交通大臣の許可を得た者のみが倉庫証券を発行することができ（倉庫13条），許可なく発行すれば罰金に処されるが（倉庫29条），業法に違反して発行された証券も無効とはならない（大隅・180頁）。

　預証券および質入証券の双方を所持する者は，これを倉庫業者に返還し，寄託物を分割しその各部分に対する預証券および質入証券の交付を請求することができる（商601条1項）。所持人が寄託物を分割して処分する利益のためであり，分割した証券交付に必要な費用は所持人が負担しなければならない（商601条2項）。

　倉庫営業者が預証券および質入証券を発行したときは，帳簿（倉庫証券控帳）を作成し，所定の事項を記載しなければならない（商600条）。倉庫証券控帳の記帳義務については，交付された証券の状況を明らかにし，後日の紛失等に備えるための義務であり，公法上の義務と解されている。ただし，この帳簿は，商人の営業上の財産および損益の状況を明らかにする（商19

条）ことを目的とするものではないから，商業帳簿ではない。預証券または質入証券が滅失（喪失と同義）したときは，その所持人は相当の担保を供して証券の再発行を請求することができ，この場合には，倉庫証券控帳にその旨を記載すべきことになっている（商605条）。

(2) 預証券・質入証券の形式

預証券および質入証券の記載事項は法定されている（商599条）。①受寄物の種類，品質，数量およびその荷造の種類，個数並びに記号，②寄託者の氏名または商号，③保管の場所，④保管料，⑤保管の期間を定めたときはその期間，⑥寄託物を保険に付したときは保険金額，保険期間および保険者の名称，⑦証券の作成地，作成年月日を記載し，かつ番号を記載して倉庫営業者が署名しなければならない。これらの証券の記載事項は法定されているという意味で要式証券ではあるが，その要式性を厳格に解する必要はなく，このうちの若干の要件（たとえば作成地，保管料など）を欠いても証券寄託物が特定され証券の表章する権利が明らかであれば，無効とすべきではない（通説）。

(3) 預証券・質入証券の効力

預証券および質入証券は2枚が一体となって寄託物返還請求権を表章する有価証券であり，貨物引換証におけると同様の文言証券性，処分証券性ないし引渡証券性が認められている。

① **指図証券性**　預証券および質入証券は，記名式のときでも，裏書禁止文句の記載がないかぎり，これを裏書により譲渡または質入することができる（商603条1項）。すなわち，法律上当然の指図証券である。預証券の所持人が未だ質入をなさない間は，預証券および質入証券を各別に譲渡することはできない（商603条2項）。これを二券同時譲渡の原則という。質入証券は質入前には独立して価値を有しないこと，かりに分離譲渡を認めると，すでに預証券を譲渡し，もはや寄託物について何ら権利を有しなくなった者

が，その者の手中に残った質入証券によって寄託物を質入する危険がある。そこで，質入証券に第一の質入裏書がなされ，債務負担付となった後に，預証券を分離して譲渡することができるものとした。質入がなされたときは，預証券にも債権額および利息が記載される（商606条1項）。

質入前に，預証券を譲渡（裏書）するときは，質入証券を一緒に交付（裏書は不要）しなければならない。預証券の所持人が寄託物につき質入するときに質入証券に質入裏書をする。

② **文言証券性**　預証券および質入証券を作成したときは，寄託に関する事項は，倉庫営業者と所持人との間においてはその証券の定めるところによる（商602条）。これは，倉庫証券の文言性について規定したもので，貨物引換証について述べたことが妥当する（295頁参照）。

倉庫証券についてであるが，その証券上に「受寄物の内容を検査することが不適当なものについては，その種類，品質および数量を記載しても当会社はその責に任じない」旨の免責条項が記載され，その効力が争われた例がある。これは，木製茶箱60箱の内容が緑茶であるとして寄託を受け，これらの茶箱は，蓋と本体との各面の境目に特殊なかすがい釘が打ちつけられ，その上に製茶業者の専用の封印紙で密封されていたものである。倉庫営業者はこの寄託を受けて倉庫証券をその記載されていた内容通りのものと信じて発行したが，内容物が相異していた。倉庫営業者はこの寄託者と10年間にわたり同一内容の取引をしてきたが，従来はまったくトラブルは生じていなかった。この証券上の，上記の免責約款（不知約款）の効力について，該証券に表示された荷造りの方法，受寄物の種類からみて，その内容を検査することが容易でなく，または荷造りを解いて内容を検査することによりその品質または価格に影響を及ぼすことが，一般取引の通念に照らして明らかな場合にかぎり，倉庫営業者はその免責条項を援用して所持人に対する文言上の責任を免れうると解するのが相当であり，本件は，一般取引の通念上，内容を検査することが不適当なものに該当するとした判例がある（最判昭44・4・15民集23巻4号755頁）が，妥当である。

③ 受戻証券性　預証券および質入証券を作成交付した場合においては，これら二証券と引換でなければ寄託物の返還を請求できない（商620条）。預証券は，質入証券に質入裏書がされた後は，その債務負担付きの状態で譲渡されるが，預証券の所持人が寄託物の返還を請求するには，質入証券の所持人にその債権額および利息を支払って質入証券を受け戻し，両証券と引き換えにのみ寄託物の返還を受けることができる。預証券の所持人は質入証券に記載した債権の弁済期前でも，その証券に記載された債権の全額と弁済期までの利息を倉庫営業者に供託して，寄託物の返還を請求することができ（商621条），この場合には，質入証券を返還（受戻）する必要がない。これは，質入証券の所持人が不明なときにおける預証券の所持人の便益を考慮したものであり，質入証券の所持人は倉庫営業者が受けている供託金の支払を受けうるので損害も生じないことによるものである。

同様のことは，一部についても認められる。すなわち，寄託物が，同種類，同一品質で可分物であるときは，預証券の所持人は，債権額の一部およびその弁済期までの利息を倉庫営業者に供託し，その割合に応じて寄託物の一部の返還を請求することができる（商622条1項前段）。この場合には，倉庫営業者は，供託を受けた金額および返還した寄託物の数量を預証券に記載しかつその旨を倉庫証券控帳に記載しなければならない（商622条1項後段）。

④ 物権的効力　預証券および質入証券には，いわゆる物権的効力が認められる（商604条, 573条, 575条）。貨物引換証について述べたと同様である（298頁参照）。

(4) 質入証券の特殊性

① 有価証券としての成立時期　質入証券は，寄託物の質入のために用いられる証券で，寄託物の質入のためにのみ裏書される。第一の質入裏書がされるまでは独立して価値を有しない。寄託者または質入証券を添付して預証券の裏書譲渡を受けた所持人が寄託物を質入するときは，質入証券に第一の裏書をなし，債権額（貸付額），その利息および弁済期を記載する（商606

条1項)。このとき，質権者が同様の事項を預証券に記載して署名することが，第三者に対する質権の対抗要件である（商606条2項)。質入裏書をして，債権額等を記載したうえでこれを質権者に交付した後は，その質入証券は，証券記載の債権とそれを担保する寄託物の上の質権とを表章する有価証券となる。

② **裏書の意義**　質入裏書と譲渡裏書とを区別しなければならない。質入証券の第一の裏書（第一の質入裏書）は，質権設定の裏書であって，これによって，質入証券が債権およびそれを担保する寄託物の上の債権とを表章する有価証券となる。第二以下の裏書はその質入証券が表章する権利の譲渡を意味する。質入裏書のある質入証券の所持人は，貸付金の債権者であるが，その債務者は，理論的には質入裏書人であるはずである。しかし，質入裏書人が預証券を他に譲渡する場合もある。そして，質入裏書後の預証券は，寄託物の価額から債権額および利息を控除した金額で譲渡されるのが普通である。そこで，商法は，預証券の所持人を債務者とした。ただし，預証券の所持人は，「寄託物をもって」債権および利息を弁済する義務を負う（商607条)。すなわち，預証券所持人の弁済義務は，寄託物をもってする物的有限責任である。預証券の所持人が質入証券所持人（質権者）に弁済しないときは，質権者は質権の実行として，寄託物の競売を倉庫営業者に請求することができる（商610条)。

　質入証券の所持人の請求に基づき，倉庫営業者が寄託物を競売したときは，競売代金の中より競売費用，租税，保管料その他の費用，立替金を控除した後，その残額を質入証券と引換に質権者に支払い，さらに余剰があるときは，預証券と引換にその証券所持人に支払うべきことになっている（商611条)。寄託物の競売代金をもって質入証券に記載した債権の全部を支払うことができないときは，倉庫営業者は，その支払った金額を質入証券に記載してその証券を質権者に返還し，かつその旨を倉庫証券控帳に記載しなければならない（商612条)。

　質入証券の所持人は，競売代金から全部の支払を受けることができなかっ

た場合，その不足額を質入証券の裏書人に請求できる（商613条1項）。たとえば，AがBに第一の質入裏書をなし，BからこれをCに第二の裏書（譲渡裏書）をした場合，Cが寄託物の競売代金の中より債権額の全部の支払を受けることができなかったときは，BまたはAに不足額を請求（遡求）することができ，さらにBはAに遡求できる。ただし，Cは弁済期に倉庫営業者の営業所において預証券の所持人に請求し，その弁済を受けられなかったときは，拒絶証書を作成し（商609条）その作成の日より2週間内に寄託物の競売の請求をしないとき，または拒絶証書を作成しないときは，遡求権を失う（商614条）。質入証券の裏書人は，不足額につき支払担保責任を負うが，所持人が遡求権保全手続（拒絶証書の作成，かつその日より2週間内に寄託物の競売を倉庫営業者に請求すること）を怠れば，所持人は質入証券の裏書人に対する遡求権を失う。

③ **時効** 質入証券所持人の預証券所持人に対する請求権は，弁済期より1年，質入証券裏書人に対する請求権は，寄託物につき弁済を受けた日（競売代金により一部支払を受けた日）から6カ月，質入証券裏書のその前者に対する請求権（再遡求権）は，償還した日から6カ月で，それぞれ時効にかかる（商615条）。

3. 倉荷証券
(1) 意　義
倉庫営業者は，寄託者の請求があるときは，預証券および質入証券に代えて倉荷証券を交付する義務がある（商627条）。倉荷証券は，貨物引換証と同じように，1枚だけで倉庫に寄託されている物品の返還請求権を表章した有価証券であって，権利の譲渡も質入もそれ1枚で行われる。実際界では，預証券および質入証券は使われておらず，それらに代えて倉荷証券が用いられている。倉荷証券については預証券に関する規定が準用されている（商627条2項）。したがって，その記載事項（商599条），当然の指図証券性（商603条），文言証券性（商602条）のほか，処分証券性・引渡証券性（商604

条）についてなど，預証券に関する規定が準用されることになる。しかし，倉荷証券は，預証券がもっぱら権利の譲渡のみに使われるのに対し，譲渡および質入の双方に用いられるのであって，その機能は預証券よりも広く，また倉荷証券の質入は証券の所持人と質権者が質権設定の合意をなし，寄託物の引渡に代えて倉荷証券に通常の裏書（譲渡裏書の形式）をなし，これを質権者は交付することで足りる（大判大10・4・25民録27輯773頁）。

(2) 質入寄託物の一部出庫

　倉荷証券をもって質権の目的とした場合においては，質権設定者である寄託者は，債務を弁済して質権者から倉荷証券の返還を受けないかぎり，その債務の弁済期前に寄託物の返還を倉庫営業者に請求できないことになる。しかし，商法は，寄託者による弁済期前の一部返還について特に規定を設けている。すなわち，寄託者（質権設定者）は，質権者の承諾があるときは債権の弁済期前といえども寄託物の一部の返還を倉庫営業者に対して請求することができ，この場合には，倉庫営業者は返還した寄託物の種類，品質および数量を倉荷証券に記載しかつその旨を倉庫証券控帳に記載すべきことになっている（商628条）。質権者から倉荷証券を一時借り出す必要がある。多くの場合，質権者は金融機関であり，寄託者が商機を得た場合には，寄託物を処分（売却）させる必要があることと，その処分代金を弁済に当てることは質権者にとっても利益であることが考慮されている。この場合，質権者が寄託者に倉荷証券を貸与することには，危険が伴うので相当の担保の提供が必要である。

　なお，寄託物の全部の返還については特則を設けていないが，その必要がないからである。寄託物の全部の返還を請求する場合には，倉荷証券と引換にのみ返還すれば足りるのであり（商627条2項，620条），そのためには，寄託者は債務を弁済して質権者から倉荷証券を受け戻していることが前提となる。

(3) 倉荷証券の性質・効力

倉荷証券の性質および効力については，貨物引換証について述べたことが妥当する（295頁以下参照）。

4. 荷渡指図書

商法上の制度ではないが，倉庫証券が発行されていない場合に，実際界で，荷渡指図書と呼ばれる書面が利用されている。それは，物品の保管者に対し，その物品の全部または一部をその書面の所持人に引き渡すべきことを依頼または指示するものである。大別して，三つの類型のものがある。第一に，倉庫営業者がその履行補助者ないし使用人に対して寄託物の引渡を指示する書面がある。第二に，寄託者が倉庫業者あてに寄託物の引渡を依頼する書面で，倉庫営業者が承諾の意思表示（副署）をしているもの，第三に，寄託者が倉庫営業者に寄託物の引渡を依頼した書面で，倉庫営業者の副署がないものである。

第一類型のものは，倉庫営業者内部の指令書にすぎないが，寄託物の返還義務者が引渡を指示して署名しているものであるから，一度これを発行して第三者に交付した以上，所持人が悪意でないかぎり，倉庫業者はその表示の物品を所持人に引き渡すべき義務がある（名古屋地判昭30・12・19下民集6巻12号2630頁）と解され，有価証券と解されている（西原・367頁ほか）。第二類型のものは，寄託物が倉庫営業者に引渡を依頼し，かつ倉庫営業者がその引渡を承諾（署名）しているものであるから，有価証券と解されている（通説）。第三類型のもの，すなわち，寄託者が単に倉庫営業者に寄託物の引渡を依頼したにすぎない書面は，免責証券にすぎない（倉庫営業者がその書面の所持人に引き渡したときは免責される）と解され（川又良也・商法演習Ⅲ133頁），第三者がこの書面を倉庫営業者に呈示する前であれば，寄託者から倉庫営業者に対して依頼の撤回をなすことができると解されている（最判昭35・3・22民集14巻4号501頁）。

第一および第二類型の荷渡指図書を有価証券と解する多数説も，その証券

の物権的効力は否定している（川又・136頁）。荷渡指図書が寄託物の引渡請求権を表章する有価証券であるならば，貨物引換証におけると同じく，寄託物に関する処分は荷渡指図書をもってのみこれをなすことができ（商573条参照），また荷渡指図書の引渡には寄託物の上に行使する権利の取得につき寄託物の引渡と同一の効力（商575条），すなわち物権的効力を認めてもよさそうであるが，多数説は，この効力を認めない。荷渡指図書にそのような効力を認めるためには，そのような商慣習がなければならないが，そのような商慣習はないからとされる。

　第一および第二類型のものに有価証券性を認めても，現在の判例・学説の状況の下では，その機能は限定的なものとなっている。有価証券の中心的な機能は，証券に表章された権利の確実・迅速な譲渡可能性にあるというべく，荷渡指図書の利用目的が，寄託中の物品の譲渡のために発行されているのか，あるいは寄託者が寄託中の物品を譲渡し，譲受人をして倉庫営業者から引渡を受けさせる目的のために発行されているのかを問題にすべきである。しかし，寄託中の物品の譲渡のためには，倉荷証券という法律上の制度があり，これを利用すれば足りることを考慮すると，荷渡指図書の発行の主たる目的は，寄託中の物品の引渡の依頼（出庫依頼）にあると推定せざるを得ない。そうだとすれば，荷渡指図書にまったく有価証券性を認めない立場（近藤良紹・NBL60号24頁）にも相当の理由がある。

11

場屋営業

11.1 場屋営業の意義

　場屋営業とは，客の来集を目的とする場屋の取引（商502条7号）を業としてなすことである。すなわち，公衆の来集に適する人的・物的施設を備えて，公衆の需要に応ずる営業をなすことである。ホテル・飲食店，浴場，パチンコ店，劇場その他がこれに属する。その契約の性質は，売買，賃貸借，請負などさまざまである。

　判例は，場屋の取引とは，客をして一定の設備を利用せしむることを目的とする取引を指称するものなるところ，理髪業者と客との間には，理髪なる請負もしくは労務に関する契約があるにとどまり，設備の利用を目的とする契約は存在しないから，理髪業は場屋営業に当たらないと解する（大判昭12・11・26民集16巻1681頁）。しかし，この判例のように，取引行為だけを取り出してその契約の性質を分析すべきではなく，契約の履行のためには，客が来店する必要があり，そこに特殊な人的・物的設備があれば場屋営業というべきであるというのが学説上の通説である（西原寛一・商行為法82頁ほか）。商法は，場屋の主人の責任について3カ条の特則を設けている。

11.2 場屋の主人の責任

1. 場屋主人の寄託責任

① **場屋営業の意義**　旅店（ホテル，旅館など），飲食店，浴場その他客の来集を目的とする場屋の主人は，客より寄託を受けた物品の滅失または毀損につき，「不可抗力によりたることの証明」をするのでないかぎり，損害賠償の責任を免れない（商594条1項）。場屋営業の主人（経営主体）に客よりの寄託品につき特別な責任を定めたものである。

一般に，この責任は，ローマ法上のレセプツム（receptum）責任に由来するといわれる。古代および中世においては，強盗等の危険が多く，かつ旅店主やその使用人がしばしば強盗等と通謀することがあったことから，ローマ法以来，伝統的に旅店主に厳格な責任を認め，客から物品を受領した事実に基づいてその損害につき結果責任を負わせる必要があったといわれる（加藤正治「羅馬ノ『レセプツム責任』法理ト後世ヘノ影響」海法研究二巻268頁）。外部の盗賊との通謀などは一般的に考えられない今日において，運送人などと異なる重い責任が場屋の主人に認められる理由として，場屋営業においては，多数の客の出入集散があり，客は自ら所持品の安全を守ることができないことなどがいわれる。

② **不可抗力の意義**　不可抗力とは，通説によれば，特定事業の外部から発生した出来事で，通常必要と認められる予防方法を尽くしても，なお，これを防止できない事故をいう。これは，主観説と客観説との折衷説である。主観説では，事業の性質に従い，最大の注意をしても，なお避け得ない事故が，不可抗力による事故と解される。この説では，不可抗力とは無過失と同義になる。したがって，場屋の主人の責任は，運送人や倉庫営業者のそれと同様になるが，場屋の主人に重い責任を認めるべき沿革的理由はなくなったのであるから，その差異を認めることは均衡を失するとの考慮がある（小町谷操三・商行為法論422頁，窪田宏・商法総則・商行為法163頁）。これに対し

て，客観説では，特定事業の外部から発生した出来事で，通常その発生を予期できないものと解する。この説によれば，予期はできたが，技術的・経済的に予防できなかった場合に酷であると批判される。

　主観説がいうように，場屋の主人にだけ重い責任を負わせるべき沿革的理由はなくなっている（黒沼悦郎・商法の争点Ⅱ 254 頁）。折衷説は，沿革的理由がなくなったことを認めたうえで，場屋営業では，多数の客の出入集散があり，客の携帯品に盗難等の危険が多いことを現代的理由とするが，この理由は寄託して場屋の主人に保管を移した物品については必ずしも妥当するものではない。寄託を受けた物品の滅失・毀損についての場屋主人の責任を運送人，倉庫営業者等のそれより重くすべき合理的理由に乏しく，したがって，その不可抗力を無過失（責に帰すべからざる事由）の意義に解すべきであろう。通説（折衷説）のいう通常必要な予防手段を尽くせば，過失がないといえるであろうから，通説と主観説とは，実質的に差異はないであろう。商法上，不可抗力の定義はなく，商法 576 条においては，これを「責に帰すべからざる事由」と解するのが通説である。

　不可抗力かどうかが問題になったケースがある。Y（旅館）では丘陵の前面部分を駐車場にしていたが，70 年振りの集中豪雨により丘陵が早朝に崩落し，宿泊客 X から預かっていた車両が土砂を被り損傷を受けた。Y は不可抗力による事故であると主張したが，裁判所は，丘陵部分は傾斜地であるのに何ら土留め設備が設けられておらず，崩落の勢いはさほど急激でもなかったのであるから，土留め設備が設けられていれば崩落事故は生じなかった可能性があり，Y の従業員等が迅速に対応（車の移動）していれば被害を防止できたと認定して，不可抗力であるとの主張を退けた（東京地判平 8・9・27 判時 1601 号 149 頁）。なお，Y はこの事故以後，擁壁設置工事を施した。この判決は，通常必要な予防手段（土留め設備）を講じていなかっただけでなく，被害防止のために迅速な対応をしなかったことの両者を考慮している。

　③　**寄託を受けた物品**　商法 594 条 1 項の場屋主人の責任は寄託を受けた物品についてのものである。客から物品の引渡を受け，場屋営業者に占有

が移転したことが要件である。たとえば，場屋営業者の駐車場で，門戸・囲障等がなく利用者が自由に使用でき，車の鍵を利用者自身が所持することになっている場合は，車の支配が場屋営業者に移転しているとはいえず，駐車場の提供は単なる保管場所の提供にすぎず，寄託は成立していない（高知地判昭51・4・12判時831号96頁）。客は商品（紬，大島等）を満載した自動車を上記の駐車場に駐車して宿泊中に，商品（1674万円相当）を盗取されたが，場屋営業者の責任は否定された。

客から車の鍵を預かった場合には寄託が成立すると解される。旅館の敷地内に自動車を駐車させること自体は，宿泊客に対するサービスの側面もあるが，その鍵を預かる場合には旅館側が整理のため車両を適宜移動させることができる側面があるから，宿泊契約をした際，客は車の保管を依頼し，旅館側はその鍵を受け取ることによって車両をその支配下においてこれを保管したのであって，寄託が成立したと解される（東京地判平8・9・27判時1601号149頁）。

④　**客の意義**　場屋主人は「客」より寄託を受けた物品については責任を負うが，客とは，場屋の施設の利用者である。しかし，必ずしも場屋の利用についての契約が成立していることは必要でなく，事実上客として待遇される者，すなわち待合室で部屋が空くのを待っている者なども含まれる（通説）。

2. 寄託を受けない物品に関する責任

客が寄託をしなかった物品といえども，場屋中に携帯した物品が場屋の主人または使用人の不注意によって滅失または毀損したときは，場屋主人はその損害賠償の責任がある（商594条2項）。寄託を受けていないのであるから，寄託契約はない。また，この責任は，不法行為に基づく責任でもなく，場屋の利用関係に基づく付随的な法定責任である。たとえば，宿泊客が物品を部屋に置き，鍵をかけて外出した留守中に，使用人が所用で入室し，鍵をかけないで放置していたために，物品が盗取された場合には，使用人の不注意に

よる滅失（盗難）として，場屋主人に損害賠償責任が生ずる。

不注意とは過失の意味に解され，過失の立証責任は客にあると解されている（通説）。客が物品を室内に置いていたか，身辺に携帯していたかを問わない。ゴルフ場のクラブハウス内にあるロッカーに貴重品を保管したところ，施錠時の暗証番号が盗撮されていたことにより保管物が盗難されたケースにつき，警備の程度が通常とられるべき水準に達していなかったと推認できるとしてゴルフ場の不注意を認めた例がある（秋田地判平17・4・14判時1936号167頁）。これに対し，ほぼ同様のケースで不注意を否定した例（東京高判平16・12・22金法1736号67頁）もある。

使用人とは，場屋営業に従事するすべての者をいい，営業主との間に雇用関係があるかどうかを問わない。したがって，家族も含まれる（通説）。場屋主人の選任監督ないし指揮命令に従うべき立場にある使用人にかぎるとして，ホテルの寝具製作請負人の人夫の過失について，ホテルの責任が否定された例がある（東京地判昭4・6・14新聞3013号17頁）。

3. 免責特約

以上の場屋主人の責任に関する規定は強行規定ではなく，特約によってその責任を減免することができるものと解される。しかし，客の携帯品につき責任を負わない旨の告示がなされただけでは，免責特約があるとはいえず，場屋主人は責任を免れえない（商594条3項）。

4. 高価品の特則

貨幣，有価証券その他高価品については，客がその種類および価額を明告して場屋主人に寄託したのでないかぎり，その物品の滅失または毀損によって生じた損害を賠償する責任を負わない（商595条）。高価品に関するこの責任は，運送人について述べたのと同様である（286頁参照）。

寄託の際に客が明告しなかったときは，その滅失または毀損による損害を，場屋主人は債務不履行に基づくものとしては負わないが，場屋主人または使

用人に故意または過失があり、不法行為の要件を具備する場合に、不法行為責任も免れるかに関しては、判例・学説間に争いがある。もっとも、故意によるときは、商法595条の免責を認めない点で、学説上も一致しているから、過失による所有権の侵害についてだけ結論を異にする。

高価品に関し次のような事案がある。宝石、貴金属の販売を業とするX会社の代表取締役Aは、Y（ホテル）に宿泊の際、YのベルボーイであるBに対して、段ボール箱を宅配便で発送する手続きを依頼すると同時に、特に在中品の内容を告げることなくX会社の宝飾品が入ったバッグを客室まで運んでもらうため預けたところ、Bがバッグをホテル1階に放置して、宅配便の手続きのため目を離した間に、そのバッグを何者かに盗まれた。Yの宿泊約款中には、宿泊客がホテル内に持ち込んだ物品であってフロントに預けなかった物品について、Yの故意または過失により滅失、毀損等の損害が発生したときは損害を賠償するが、あらかじめ種類および価額の明告がなかったものについては15万円を限度とする旨の責任制限特則があった。X会社が、Yに対して使用者責任（民715条1項）に基づき盗難によって被った損害の賠償を求めたところ、Yは本件特則の適用により責任は制限されるとして争った。

最高裁は、ホテル側に故意又は重大な過失がある場合に、本件特則により、Yの損害賠償義務の範囲が制限されるとすることは、著しく衡平を害するものであって、当事者の通常の意思に合致しないとして、本件特則はホテル側に重大な過失がある場合には適用されないと判示し、重大な過失の有無についてさらに審理を尽くすべく原審に差し戻した（最判平15・2・28判時1829号151頁）。この判例は、責任制限特則（責任制限約款）が不法行為責任にも適用されることを前提としている（本判例につき、山田純子・商法総則・商行為判例百選（第五版）218頁参照）。

高価品であることにつき明告がなかったときは、場屋主人は不法行為責任も負わないという説が、学説上支配的であり（大隅・商行為法142頁、西原・305頁ほか）、そのように解しなければ、運送人や場屋主人の債務不履行責任

を免除した趣旨が没却されるという。しかし，運送人についても（288頁参照），場屋主人についても（大判昭17・6・29新聞4787号13頁），判例は請求権競合説に立って，不法行為責任を認める。判例の立場が妥当である。学説の支配説によれば，客から寄託を受けた物品のうちで，非高価品の場合には，保管に不注意があれば場屋主人に責任が生じ，明告なく寄託を受けた高価品については，保管に不注意があって盗難にあっても場屋主人にまったく責任がないことになる。むしろ，不法行為責任を認めたうえで，賠償額につき過失相殺をなすべきである。

5. 時　　　効

　場屋主人の損害賠償責任は，物品の全部滅失の場合には，客が場屋を去った時より，一部滅失または毀損の場合には，寄託物が返還されまたは客が携帯品をもち去った時より，1年の時効に服する（商596条1項，2項）。ただし，場屋主人に悪意があったときは，一般の商事時効の原則により5年の時効に服する（商596条3項）。

参考文献

淺木愼一 『商法総則・商行為法入門（第二版）』（平成 17 年，中央経済社）
伊澤孝平 『商法要論』（昭和 33 年，有信堂）
石井照久・鴻常夫 『商法総則』（昭和 41 年，勁草書房）
江頭憲治郎 『商取引法（第七版）』（平成 25 年，弘文堂）
大隅健一郎 『商法総則（新版）』（昭和 53 年，有斐閣）
　　同　　 『商行為法』（昭和 37 年，青林書院）
大森忠夫 『商法総則』（昭和 34 年，青林書院）
　　同　　 『新版商法総則・商行為法』（昭和 56 年，三和書房）
鴻常夫 『商法総則（新訂第五版）』（平成 11 年，弘文堂）
落合・大塚・山下 『商法Ⅰ（第五版）』（平成 25 年，有斐閣）
神崎克郎 『商法総則・商行為法通論（新訂版）』（平成 11 年，同文舘）
北沢正啓 『商法総則・商行為法』（昭和 29 年，法文社）
小町谷操三 『商行為法論』（昭和 18 年，有斐閣）
近藤光男 『商法総則・商行為法（第六版）』（平成 25 年，有斐閣）
鈴木竹雄 『新版商行為法・保険法・海商法（全訂第二版）』（平成 5 年，弘文堂）
竹田省 『商法総則』（昭和 7 年，弘文堂）
田中耕太郎 『改正商法総則概論』（昭和 13 年，有斐閣）
田中誠二・喜多了祐 『全訂コンメンタール商法総則』（昭和 50 年，勁草書房）
田村諄之輔・平出慶道編 『商法総則・商行為法（補訂第二版）』（平成 8 年，青林書院）
西原寛一 『日本商法論第一巻』（昭和 25 年，日本評論社）
　　同　　 『商法総則・商行為法（改訂版）』（昭和 33 年，岩波書店）
　　同　　 『商行為法（増補第三版）』（昭和 58 年，有斐閣）
長谷川雄一 『基本商法講義（総則）』（昭和 62 年，成文堂）
服部栄三 『商法総則（第三版）』（昭和 59 年，青林書院）
堀口・石田・川村・土橋 『商法総則・商行為法』（昭和 62 年，青林書院）
蓮井良憲・森淳二朗編 『商法総則・商行為法（第四版）』（平成 18 年，法律文化社）
平出慶道 『商行為法（第二版）』（平成元年，青林書院）

浜田ほか編　『現代企業取引法』（田邊光政先生還暦記念論集）（平成10年，税務経理協会）
森本滋編著　『商法総則講義（第三版）』（平成19年，成文堂）
森本滋編著　『商行為法講義（第三版）』（平成21年，成文堂）
吉田直　『現代商行為法』（平成16年，中央経済社）

索　引

事項索引

あ行

預証券　325

インコタームズ　224

裏書　217
　　質権設定の――　330
　　白地式――　217
売主の供託権　224
売主の競売権　224
運送　279
　　――営業　279
　　――状　281
　　――証券　207
運送取扱人　307
　　――の留置権　313
　　中間――　310, 315
　　到達地――　308
運送人の責任の消滅　287
運送人の損害賠償責任　284
運送人の不法行為責任　288
運送の分類　280
運送品の供託　282
運送品の競売権　282
運用預り　64

営業意思客観的認識可能性説　51
営業意思主観的実現説　50
営業財産譲渡説　144

営業所　140
営業譲渡契約　148
営業の意義　75
営業能力　75
営業の自由　81
営業の譲渡　144
営業の制限　81
営業の担保化　162
営業の賃貸借　160
営業の補助者　103
営業標　83
営利意思　56
営利法人　8
エストッペル　13

か行

開業準備行為　50
会計帳簿　102
外国会社登記簿　124
会社更生法　198
会社法　5
買主の検査通知義務　229
貸金業者　67
株券　205
貨物引換証　293
　　――の記載事項　293
　　――の債権的効力　296
　　――の物権的効力　298
　　――の要因性　296

索　引

企業の維持　9
企業法論　6
擬制商人　39
寄託の引受け　68
記名証券　213
客観的意義の営業　143
行商人　41
行商ファクター　267
ギルド　23
　　──の裁判所　24
銀行取引　67
禁反言則　13
金融商品会員法人　59
金融商品取引所　58
　　株式会社──　59

倉敷料　324
倉荷証券　325, 331

経営委託　160
経営管理契約　160
経営の委任　160
経済法　19
形式的意義の商法　3, 7
携帯手荷物に関する責任　306
結約書　260
現行商法典　4
権利外観法理　15

公益法人　8, 46
高価品　286
交互計算　239
　　──期間　243
　　──の終了　243
　　──の消極的効力　241
　　──の積極的効力　243
　　──不可分の原則　241
公示催告　220
公法人　44
小切手　208
コンメンダ契約　245

さ　行

債務引受広告　157

詐害的営業（事業）譲渡　158
作業の請負　65
指図証券　213
指値遵守義務　270

資格証券　216
事業　146
　　──の譲渡　147
自主規制　25
自助売却権　226
下請運送　301
　　──取扱　315
　　──人　301
質入寄託物の一部出庫　332
質入証券　325, 329
質屋営業者　67
実行購買　58
実行売却　54
実質的意義の商法　5
支店　142
支配人　106
　　──登記簿　124
　　──の営業避止義務　112
　　──の義務　111
　　──の競業避止義務　112
　　──の代理権　108
　　表見──　112
社債券　206
準則主義　8
場屋営業　335
場屋の取引　66
商慣習　33
商業証券　60
　　──に関する行為　62
商業使用人　104
商業帳簿　101
商業登記　123
　　──制度　123
　　──の一般的効力　127
　　──の消極的効力　127
　　──の積極的効力　128
　　──簿　124
証券の文言的効力　296
商号　82

事項索引

――権　89
――使用権　89
――専用権　89
――続用　153
――単一の原則　87
――の譲渡　91
――の選定　84
――の登記　88
会社の――　85
類似――　90
商行為　53
――によって生じた債務　171
――の委任　177
――の営利性　166
――の代理　172
準――　72
一方的――　37
営業的――　62
基本的――　70
絶対的――　54
附属的――　70
商事会社　41
商事契約の成立　179
商事債権の時効期間　200
商事債務の履行　199
商事自治法　33
商事特別法　33
商事売買　223
商事法定利率　169
乗車券の法的性質　303
商事留置権　190, 198
　破産法上の――　195
商的色彩論　6
商人　33
――間の留置権　189
――資格の取得　50
――資格の消滅　52
――の諾否通知義務　180
――の物品保管義務　183
小――　41
固有の――　38
商人法　23
――主義　27
消費生活協同組合　47

消費貸借の利息請求権　168
商標　83
商品取引所　58
　会員――　59
　株式会社――　59
商法企業法論　6
商法の特色　7
除権決定　220
新株予約権証券　206
新株予約権付社債券　206
人材派遣業者　66
信託　69
　――信託の引受け　69
信用協同組合　47
信用金庫　48

請求権競合説　288
静的安全　11
設権証券　215
　非――　215
絶対的定期行為　235
絶対的登記事項　123
設定的登記事項　124
善意取得　12, 218

倉庫営業者　319
倉庫寄託契約　320
倉庫証券　325
相次運送　300
　――取扱　315
　狭義の――　301
双方的仲立契約　258
即時取得　12

た 行

第一の質入裏書　330
第一種金融商品取引業　59
貸借対照表　103
第二種金融商品取引業　59
代理商　117
　――契約　121
　――の沿革　117
　――の競業避止義務　120
　――の留置権　119

索　引

　　締約—— 118
　　媒介—— 118
託送手荷物　305
宅配便　291
立替金の利息請求権　169
頼母子　69

地位交替説　144
地位財産併合説　145
中間運送取扱　315
中間法人　46
重畳的債務引受　154

定期売買　235
　　——の解除　236
定住ファクター　267
抵当証券　208
締約強制　64
手形　207
手代　105
電力小売事業　65

問屋　265
　　——契約の性質　267
　　——の介入権　272
　　——の履行担保責任　269
　　——の留置権　271
　　準——　277
同一運送　301
登記官の審査権　126
投機購買　54
登記事項の広告　127
投機貸借　63
登記の創設的効力　135
投機売却　58
動的安全　11
特殊法人　49
特別目的会社　253
匿名組合　245
　　——の終了　250
　　——の対外関係　249
匿名組合員の監視権　249
取次　68
取引所　58

取引の安全保護　11
取引の定型化　11

な　行

名板貸　93
仲立ち　68
仲立人　257
　　——日記帳　261
　　——の給付受領権限　262
　　——の報酬請求権　262
　　指示——　259
　　民事——　258
捺印証書による禁反言　14

荷送人の運送品処分権　283
二券同時譲渡の原則　327
日本銀行　49
荷渡指図書　333
任意的登記事項　124

は　行

ハンザ同盟　24
番頭　105

引越運送　291
表示による禁反言　14
標準宅配便運送約款　291
標準引越運送約款　291

不可抗力　336
不在連絡票　292
不実登記　137
不正の競争の目的　153
不正の目的　86
普通取引約款　11
物品運送契約　280
物品運送の取次　307
物品販売店等の使用人　116
部分運送　300
　　——取扱　315
不良債権処理　252

報酬請求権　166
法条競合説　288

保険相互会社　68
保険代理店　118
本店　142

ま 行

未成年者登記簿　124
見積書　292
見本売買　259
民事会社　41
民法の商化現象　18

無因証券　214
無記名証券　214
　──の譲渡方法　218
無尽　69

名義貸　93
免責証券　216
免責的登記事項　124
免責約款　289

元請運送　301

や 行

有因証券　214
有価証券　205
　──の権利行使　219
　──の善意取得　218
　──の喪失　219
　──の特徴　211

ら 行

陸上運送　280
流質契約　187
両替　67
旅客運送　302
　──契約　302
　──人の責任　304

レセプツム責任　284
レヒツシャイン法理　15

労働者派遣法　66
労働法　20
労務の請負　65
露天商　41

判例索引

大判明 30・3・3 民録 3 巻 3 号 26 頁　34
大判明 33・11・7 民録 6 輯 10 巻 42 頁　150
大判明 34・3・22 刑録 7 輯 3 巻 37 頁　77
大判明 34・5・4 民録 7 輯 5 号 9 頁　178
大阪控判明 36・6・23 新聞 155 号 10 頁　232
東京地決明 37・5・20 新聞 210 号 5 頁　246
大判明 37・6・17 民録 10 輯 852 頁　294
大判明 37・12・6 民録 10 輯 1560 頁　185
大判明 38・5・30 新聞 285 号 13 頁　179
長崎控判明 40・11・26 新聞 469 号 8 頁　247
大判明 41・1・21 民録 14 輯 15 頁　201
大判明 41・5・4 民録 14 輯 534 頁　285
大判明 41・6・4 民録 14 輯 658 頁　284
大判明 41・10・12 民録 14 輯 994 頁　226
大判明 41・10・12 民録 14 輯 999 頁　128
大決明 41・11・20 民録 14 輯 1194 頁　85
函館控判明 42・10・6 新聞 600 号 13 頁　322
東京地判明 42・10・30 新聞 622 号 11 頁　227
大阪控判明 45・1・29 新聞 773 号 20 頁　248
大判明 45・2・29 民録 18 輯 148 頁　184

東京控判大 1・12・24 新聞 870 号 7 頁　150
東京控判大 1・12・24 新聞 870 号 8 頁　34
大判大 2・6・28 民録 19 輯 530 頁　149
東京高判大 2・6・30 高判集 538 頁　231
大判大 2・10・11 民録 17 輯 783 頁　202
大判大 2・10・20 民録 19 輯 910 頁　305
東京控判大 2・10・30 評論 2 商 367 頁　232
大判大 3・9・26 新聞 969 号 29 頁　71
四日市区裁大 3・11・30 新聞 987 号 22 頁　93
大判大 4・2・8 民録 21 輯 75 頁　171, 200
大判大 4・5・14 民録 21 輯 764 頁　294
大判大 4・9・29 民録 21 輯 1520 頁　94
大判大 4・11・8 民録 21 輯 1838 頁　270
大判大 4・11・20 民録 21 輯 1887 頁　55
大判大 4・12・1 民録 21 輯 1950 頁　128
東京高判大 4・12・25 新聞 1134 号 24 頁　231
大判大 5・1・20 民録 22 輯 4 頁　304
大判大 5・1・29 民録 22 輯 200 頁　311
大判大 5・1・29 民録 22 輯 206 頁　108, 177
大判大 5・3・17 民録 471 頁　310
大判大 5・5・10 民録 22 輯 936 頁　201

大判大 5・7・1 民録 22 輯 1581 頁　171
大判大 5・7・4 民録 22 輯 1314 頁　294
大判大 6・2・3 民録 23 輯 35 頁　303
大阪地判大 6・6・18 新聞 1284 号 24 頁　231
大判大 6・11・14 民録 23 輯 1965 頁　201
大判大 6・12・25 民録 23 輯 2227 頁　228
大判大 7・5・10 民録 24 輯 830 頁　152
大阪区判大 7・5・15 新聞 1425 号 18 頁　235
大判大 7・6・28 新聞 1452 号 22 頁　93
大判大 7・11・6 新聞 1502 号 22 頁　153
大判大 8・6・14 民録 25 輯 1031 頁　93
大阪区判大 8・7・11 新聞 1605 号 18 頁　249
大判大 8・11・20 民録 25 輯 2049 頁　267
広島区判大 8・12・15 新聞 1659 号 16 頁　311
大判大 9・6・17 民録 26 輯 895 頁　304
大判大 9・6・17 民録 26 輯 902 頁　304
東京控判大 9・10・22 新聞 1831 号 20 頁　231
大判大 9・11・15 民録 26 輯 1779 頁　235
大判大 10・1・29 民録 27 輯 154 頁　166
大判大 10・4・25 民録 27 輯 773 頁　332
大判大 10・6・10 民録 27 輯 1127 頁　227, 228
奈良地決大 10・10・12 新聞 1934 号 18 頁　76
大判大 11・4・1 民集 1 巻 155 頁　233
大判大 11・6・26 新聞 2033 号 20 頁　286
大判大 11・10・25 民集 1 巻 616 頁　226
大判大 11・11・2 民集 1 巻 732 頁　229
大判大 11・12・8 民集 1 巻 11 号 714 頁　83
大判大 12・6・30 判決全集 4 巻 13 号 4 頁　231
大判大 12・12・1 刑集 2 巻 895 頁　275
東京控判大 13・6・2 新聞 2278 号 21 頁　227
大判大 13・6・6 新聞 2288 号 17 頁　308
大決大 13・6・13 民集 3 巻 7 号 280 頁　87
大判大 14・2・10 民集 4 巻 56 頁　50
大判大 14・10・5 民集 4 巻 10 号 489 頁　178
大判大 15・2・23 民集 5 巻 104 頁　288
大判大 15・4・21 民集 5 巻 271 頁　93
大判大 15・11・15 新聞 2647 号 16 頁　235

大判昭 2・2・21 商事判例集追録（一）191 頁　180
大判昭 2・4・4 民集 6 巻 130 頁　182
大判昭 2・4・22 民集 6 巻 203 頁　282

判例索引

東京控判昭 2・5・28 新聞 2720 号 15 頁　122
釧路区判昭 2・9・12 新聞 2743 号 7 頁　287
大判昭 3・1・20 新聞 2811 号 14 頁　70
大判昭 3・12・12 民集 7 巻 1071 頁　230, 231
大判昭 3・12・28 新聞 2946 号 9 頁　309
東京地判昭 4・6・14 新聞 3013 号 17 頁　339
大判昭 4・9・28 民集 8 巻 11 号 769 頁　54
大判昭 4・12・4 民集 8 巻 12 号 895 頁　169
大判昭 5・4・25 法学 2 巻 1486 頁　260
大判昭 5・4・28 新聞 3125 号 9 頁　282
大判昭 5・9・13 新聞 3182 号 14 頁　285
大阪地判昭 5・12・20 評論 21 巻 627 頁　236
東京地判昭 6・3・2 新聞 3241 号 11 頁　201
大判昭 6・9・22 法学 1 巻上 233 頁　181
大判昭 6・10・3 民集 10 巻 851 頁　72, 186
大判昭 6・11・6 民集 10 巻 990 頁　71
大判昭 7・2・23 民集 11 巻 148 頁　299
大判昭 7・3・2 新聞 3390 号 13 頁　296
大判昭 7・3・18 新聞 3407 号 16 頁　284
長崎控判昭 7・5・2 新聞 3414 号 8 頁　284
大判昭 8・1・28 民集 12 巻 10 頁　225
大決昭 8・7・31 民集 12 巻 19 号 1968 頁　126
大判昭 8・9・29 民集 12 巻 2379 頁　167
大判昭 9・5・12 民集 13 巻 685 頁　63
東京地判昭 9・6・14 新聞 3713 号 11 頁　150
大判昭 10・10・29 新聞 3909 号 15 頁　202
大判昭 11・2・1 商法判例総覧第 1 巻 359 頁　63
大判昭 11・3・11 民集 15 巻 320 頁　242
大判昭 11・8・7 新聞 4033 号 8 頁　39
大判昭 12・3・10 新聞 4118 号 10 頁　186
大判昭 12・9・2 新聞 4181 号 13 頁　227
大判昭 12・11・26 民集 16 巻 1681 頁　67, 335
大判昭 12・12・11 民集 16 巻 1793 頁　294
大判昭 13・3・16 民集 17 巻 423 頁　186
大判昭 13・4・8 民集 17 巻 668 頁　201
大判昭 13・6・21 民集 17 巻 1297 頁　118
大判昭 13・8・1 民集 17 巻 1597 頁　177
東京地判昭 13・8・20 評論 28 巻商 159 頁　251
大判昭 13・12・27 民集 17 巻 2848 頁　296
大判昭 14・2・1 民集 18 巻 77 頁　303
大判昭 14・12・27 民集 18 巻 1681 頁　186
大判昭 15・3・13 民集 19 巻 554 頁　54
大阪地判昭 15・6・10 新聞 4593 号 12 頁　191
大判昭 15・7・17 民集 19 巻 1197 頁　71
大判昭 16・4・16 判決全集 8 巻 26 号 11 頁　237
大判昭 16・6・14 判決全集 8 巻 22 号 7 頁　231, 232
大判昭 16・9・6 新聞 4726 号 7 頁　93
大判昭 17・4・4 法学 11 巻 1289 頁　235
大判昭 17・5・16 判決全集 9 巻 19 号 6 頁　118
大判昭 17・5・30 法学 12 巻 150 頁　285
大判昭 17・6・29 新聞 4787 号 13 頁　341
大判昭 18・7・12 民集 22 巻 13 号 539 頁　63
福岡高判昭 25・3・20 下民集 1 巻 3 号 371 頁　117
京都地判昭 25・6・21 下民集 1 巻 6 号 958 頁　94
津地上野支判昭 25・12・19 下民集 1 巻 12 号 1991 頁　236
大阪地判昭 26・1・30 下民集 2 巻 1 号 100 頁　231, 233
東京高判昭 27・7・7 下民集 3 巻 9 号 939 頁　284, 309, 311
広島高判昭 28・3・27 高民集 6 巻 4 号 231 頁　310
最判昭 28・10・9 民集 7 巻 10 号 1072 頁　182
最判昭 29・1・22 民集 8 巻 1 号 198 頁　233
福岡高判昭 29・8・2 下民集 5 巻 8 号 1226 頁　322
最判昭 29・9・10 民集 8 巻 9 号 1581 頁　71
最判昭 29・10・7 民集 8 巻 10 号 1795 頁　154, 156, 157
最判昭 30・1・27 民集 9 巻 1 号 42 頁　281
盛岡地判昭 30・3・8 下民集 6 巻 4 号 432 頁　236
大阪地判昭 30・3・8 判時 75 号 18 頁　287
最判昭 30・4・12 民集 9 巻 4 号 474 頁　310
最判昭 30・9・8 民集 9 巻 10 号 1222 頁　171, 203
最判昭 30・9・9 民集 9 巻 10 号 1247 頁　97, 100
最判昭 30・9・27 民集 9 巻 10 号 1444 頁　67
最判昭 30・9・29 民集 9 巻 10 号 1484 頁　71
東京地判昭 30・11・15 下民集 6 巻 11 号 2386 頁　232
京都地判昭 30・11・26 下民集 6 巻 11 号 2457 頁　311
名古屋地判昭 30・12・19 下民集 6 巻 12 号 2630 頁　333
大阪地判昭 31・5・30 下民集 7 巻 5 号 1400 頁　47
最判昭 31・10・12 民集 10 巻 10 号 1260 頁　268
東京高判昭 31・11・23 下民集 7 巻 11 号 3343 頁　136
高松高判昭 31・12・13 下民集 7 巻 12 号 3621 頁　310

最判昭 32・2・7 民集 11 巻 2 号 227 頁　133
最判昭 32・2・19 民集 11 巻 2 号 295 頁　324
東京地判昭 32・3・8 判時 113 号 28 頁　143
最判昭 32・5・30 民集 11 巻 5 号 854 頁　266
東京高判昭 32・6・24 高民集 10 巻 4 号 252 頁　184
東京地判昭 32・6・27 判時 121 号 20 頁　186
東京地判昭 32・7・26 金法 150 号 130 頁　247
京都地判昭 32・11・13 下民集 8 巻 11 号 2060 頁　92
京都地判昭 32・12・11 下民集 8 巻 12 号 2302 頁　194
最判昭 33・2・21 民集 12 巻 2 号 282 頁　94, 97
大阪地判昭 33・3・13 下民集 9 巻 3 号 390 頁　250
最判昭 33・6・19 民集 12 巻 10 号 1575 頁　51
札幌高判昭 33・11・12 判時 174 号 26 頁　312
神戸地判昭 34・3・17 判時 182 号 25 頁　310
最判昭 34・6・11 民集 13 巻 6 号 692 頁　94
東京地判昭 34・8・5 下民集 10 巻 8 号 1634 頁　92, 156
最判昭 34・8・28 判時 199 号 35 頁　275
最判昭 35・3・17 民集 14 巻 3 号 451 頁　285
最判昭 35・3・22 民集 14 巻 4 号 501 頁　333
最判昭 35・4・14 民集 14 巻 5 号 833 頁　136
最判昭 35・5・6 民集 14 巻 7 号 1136 頁　200
最判昭 35・10・21 民集 14 巻 12 号 2661 頁　95
最判昭 35・11・1 民集 14 巻 13 号 2781 頁　201, 202
最判昭 36・9・29 民集 15 巻 8 号 2256 頁　87
最判昭 36・10・13 民集 15 巻 9 号 2320 頁　157
最判昭 36・11・24 民集 15 巻 10 号 2536 頁　62
岐阜地判昭 37・2・6 下民集 13 巻 2 号 170 頁　176
東京高判昭 37・4・30 下刑集 4 巻 3・4 号 210 頁　177
最判昭 37・7・6 民集 16 巻 7 号 1469 頁　47
名古屋地判昭 37・11・30 判時 342 号 33 頁　284
最判昭 37・12・25 民集 16 巻 12 号 2430 頁　141
最判昭 38・1・30 民集 17 巻 1 号 99 頁　219
最判昭 38・3・1 民集 17 巻 2 号 280 頁　156
京都地判昭 38・6・18 金法 350 号 5 頁　111
大阪高判昭 38・10・30 下民集 14 巻 10 号 2154 頁　312
大阪高判昭 38・10・30 下民集 14 巻 10 号 2155 頁　285, 287, 311
最判昭 39・5・26 民集 18 巻 4 号 635 頁　201
東京地判昭 39・5・30 判時 375 号 75 頁　311

大阪地判昭 40・1・25 下民集 16 巻 1 号 84 頁　156
大阪高判昭 40・3・24 金法 407 号 11 頁　182
最判昭 40・9・22 民集 19 巻 6 号 1600 頁　145, 147
最判昭 41・1・27 民集 20 巻 1 号 111 頁　98
東京地判昭 41・5・31 下民集 17 巻 5・6 号 435 頁　306
最判昭 41・6・10 民集 20 巻 5 号 1029 頁　100
岡山地判昭 41・12・7 下民集 17 巻 11・12 号 1200 頁　246
最判昭 41・12・20 民集 20 巻 10 号 2106 頁　287, 314
大阪高判昭 42・1・23 金商 50 号 18 頁　191
最判昭 42・2・9 金商 54 号 10 頁　97
最判昭 42・2・9 判時 483 号 60 頁　101
東京地判昭 42・3・1 判時 483 号 51 頁　305
東京地判昭 42・3・4 下民集 18 巻 3・4 号 209 頁　233
最判昭 42・3・10 民集 21 巻 2 号 295 頁　47
最判昭 42・3・31 民集 21 巻 2 号 483 頁　62, 203
最判昭 42・10・6 民集 21 巻 8 号 2051 頁　202
最判昭 42・11・1 民集 21 巻 9 号 2249 頁　305
福岡高判昭 42・11・11 判時 522 号 79 頁　101
最判昭 42・11・17 判時 509 号 63 頁　323
東京地判昭 42・12・20 判夕 219 号 159 頁　99
最判昭 43・4・24 民集 22 巻 4 号 1043 頁　172, 174, 175
最判昭 43・6・13 民集 22 巻 6 号 1171 頁　96
最判昭 43・7・11 民集 22 巻 7 号 1462 頁　276
最判昭 43・11・1 民集 22 巻 12 号 2402 頁　135
大阪地判昭 44・2・4 判時 564 号 72 頁　99
最判昭 44・2・20 民集 23 巻 2 号 427 頁　203
最判昭 44・4・15 民集 23 巻 4 号 755 頁　328
最判昭 44・6・26 民集 23 巻 7 号 1264 頁　167
最判昭 44・8・6 判時 591 号 91 頁　263
最判昭 44・8・29 判時 570 号 49 頁　236
最判昭 44・9・11 判時 570 号 77 頁　176
東京地判昭 44・10・8 判時 588 号 85 頁　305
最判昭 44・10・17 判時 575 号 71 頁　288
最判昭 45・4・21 判時 593 号 87 頁　287
東京地判昭 45・6・30 判時 610 号 83 頁　156
最判昭 45・10・22 民集 24 巻 1599 頁　263
大阪高判昭 45・11・30 下民集 21 巻 11・12 号 1499 頁　228
東京高判昭 45・12・17 判時 623 号 96 頁　193
大阪高判昭 46・2・10 判時 634 号 70 頁　305
最判昭 47・1・25 判時 662 号 85 頁　230

判例索引　353

最判昭 47・2・24 民集 26 巻 1 号 172 頁　51
最判昭 47・3・2 民集 26 巻 2 号 183 頁　156
最判昭 47・6・15 民集 26 巻 5 号 984 頁　137,
　139
最判昭 48・10・5 判時 726 号 92 頁　47
最判昭 48・10・30 民集 27 巻 9 号 1258 頁　175
最判昭 49・3・22 民集 28 巻 2 号 368 頁　129,
　132

最判昭 50・6・27 判時 785 号 100 頁　67
最判昭 50・12・26 民集 29 巻 11 号 1890 頁　167
最判昭 51・2・26 金法 784 号 33 頁　176
高知地判昭 51・4・12 判時 831 号 96 頁　338
最判昭 51・7・9 判時 819 号 91 頁　171
最判昭 52・12・23 民集 31 巻 7 号 1570 頁　101
最判昭 53・4・20 民集 32 巻 3 号 670 頁　285,
　286
東京地判昭 53・9・21 判タ 375 号 99 頁　114
那覇地判昭 54・2・20 判時 934 号 105 頁　157
最判昭 55・1・24 民集 34 巻 1 号 61 頁　202
最判昭 55・9・11 金法 949 号 39 頁　138
最判昭 57・7・8 判時 1055 号 130 頁　295
最判昭 58・1・25 判時 1072 号 144 頁　101
東京高判昭 58・3・30 金商 684 号 35 頁　140
東京高判昭 58・9・28 判時 1092 号 112 頁　182
東京高判昭 58・12・21 判時 1104 号 136 頁　181,
　182
最判昭 59・5・2 金法 1069 号 31 頁　182
最判昭 59・11・16 金法 1088 号 80 頁　182

東京高判昭 60・8・7 判タ 570 号 70 頁　115
最判昭 62・4・16 判時 1080 号 142 頁　139

最判昭 63・1・26 金法 1196 号 26 頁　140
最判昭 63・10・18 民集 42 巻 8 号 575 頁　48

仙台高判平 1・1・27 金商 826 号 31 頁　100
最判平 2・2・21 商事法務 1209 号 49 頁　115
東京地判平 2・2・26 金商 855 号 34 頁　216
東京地判平 4・10・28 判時 1467 号 124 頁　230
東京地判平 5・1・27 判タ 839 号 249 頁　161
東京高決平 6・2・7 金法 1438 号 38 頁　193
大阪地判平 6・2・24 金法 1382 号 42 頁　195
福岡地判平 6・3・8 判タ 877 号 279 頁　115
大阪高判平 6・9・16 金法 1399 号 28 頁　195
東京高判平 8・5・28 判時 1570 号 118 頁　192
東京地判平 8・9・27 判時 1601 号 149 頁　337,
　338

最判平 10・4・30 判時 1646 号 162 頁　290
最判平 10・7・14 民集 52 巻 5 号 1261 頁　197
東京地判平 10・10・5 判タ 1044 号 133 頁　230
東京地判平 10・11・26 判時 1682 号 60 頁　230
東京地判平 12・9・29 金商 1131 号 57 頁　155
最判平 13・1・25 民集 55 巻 1 号 1 頁　221
静岡地沼津支判平 13・3・7 判時 1752 号 90 頁
　305
最判平 15・2・28 判時 1829 号 151 頁　340
最判平 16・2・20 民集 58 巻 2 号 367 頁　156
東京高判平 16・12・22 金法 1736 号 67 頁　339
秋田地判平 17・4・14 判時 1936 号 167 頁　339

最判平 20・2・22 民集 62 巻 2 号 567 頁　71
最判平成 23・12・15 民集 65 巻 9 号 3511 頁　199

著者紹介

田邊　光政（たなべ　みつまさ）

1978年　法学博士（神戸大学）
現　在　名古屋大学名誉教授
　　　　大阪学院大学名誉教授

主要著書
ファクタリング取引の法理論（金融財政事情研究会，1979年）
分析と展開商法Ⅱ（共著，弘文堂，1985年）
やさしい会社法〔第3版〕（税務経理協会，2003年）
最新倒産法・会社法をめぐる実務上の諸問題（編著，民事法研究
　会，2005年）
約束手形法入門〔第5版補訂版〕（共著，有斐閣，2006年）
最新手形法小切手法〔五訂版〕（中央経済社，2007年）
会社法読本（中央経済社，2008年）

新法学ライブラリ＝13
商法総則・商行為法　第4版

1995年5月10日 ⓒ　　初　版　発　行
1999年6月25日 ⓒ　　第 2 版　発　行
2006年5月25日 ⓒ　　第 3 版　発　行
2016年8月10日 ⓒ　　第 4 版　発　行

著　者　田邊光政　　発行者　森平敏孝
　　　　　　　　　　印刷者　山岡景仁
　　　　　　　　　　製本者　米良孝司

【発行】　　　　　株式会社　新世社
〒151-0051　東京都渋谷区千駄ヶ谷1丁目3番25号
編集☎(03)5474-8818(代)　　サイエンスビル

【発売】　　　　　株式会社　サイエンス社
〒151-0051　東京都渋谷区千駄ヶ谷1丁目3番25号
営業☎(03)5474-8500(代)　　振替00170-7-2387
FAX☎(03)5474-8900

印刷　三美印刷　　　　　製本　ブックアート
《検印省略》

本書の内容を無断で複写複製することは，著作者および出版
者の権利を侵害することがありますので，その場合にはあら
かじめ小社あて許諾をお求めください。

ISBN 978-4-88384-243-8
PRINTED IN JAPAN

サイエンス社・新世社のホームページのご案内
http://www.saiensu.co.jp
ご意見・ご要望は
shin@saiensu.co.jp まで．